Roger Prott

Aufsichtspflicht

Rechtshandbuch für Erzieherinnen und Eltern

Roger Prott

AUFSICHTSPFLICHT

Rechtshandbuch für Erzieherinnen und Eltern

verlag das netz
Weimar · Berlin

Bitte richten Sie Ihre Wünsche, Kritiken und Fragen an:
verlag das netz
Redaktion Betrifft KINDER
Kreuzstr. 4
13187 Berlin
Telefon: +49 30.48 09 65 36
Telefax: +49 30.48 15 686
E-Mail: evagrueber@verlagdasnetz.de

ISBN 978-3-86892-047-5

Fotos: Titelbild Jügen Jabs, S. 8 Rolf Zöllner, S. 12 Sigrid Breitkopf, S. 90 Gerd Harms, S. 154 Joseph W. Huber, S. 198 Roger Prott, S. 214 H. Maillet, Voller Ernst
Gestaltung: Jens Klennert, Tania Miguez
Druck und Bindung: Druckhaus Gera GmbH
Printed in Germany

Weitere Informationen finden Sie unter www.verlagdasnetz.de

Inhalt

KONZERT- UND
BERLIN

Vorwort

Kinder rennen über den Flur. Sie klettern auf Bäume, springen von der Fensterbank, kippeln und balancieren – wenn man sie lässt. Sie erproben ihre Kraft und ihren Mut, überwinden Grenzen, probieren Neues und üben, was sie noch nicht können, bis sie es können.

Sie bilden sich. Aus eigenem Antrieb, mit Freude und großer Ernsthaftigkeit.

Die Kita als Bildungsort zu gestalten, bedeutet, diese Impulse der Kinder aufzugreifen, ihnen Raum und Gelegenheit zu verschaffen. So verlangt es das Gesetz – auch das zur Aufsicht.

Die Pflicht, Kinder vor Gefahren zu schützen, schließt ein, ihnen den Umgang mit Gefahren zu ermöglichen. Wie sonst sollen sie klug und geschickt werden? Wie sonst sollen sie lernen, Gefahren einzuschätzen und damit umzugehen? Wie sonst sollen sie ihre Fähigkeiten ausbauen und ihr Gespür dafür verfeinern, was sie sich zutrauen und wagen können und was besser (noch) nicht?

Astrid Lindgren lässt Ronja Räubertochter »sich hüten« vor den Gefahren des Waldes, indem sie alles ausprobiert, wovor Mattis, ihr Vater, sie gewarnt hat. Sie springt über den Wildbach und schreit »Ich hüte mich vor dem Wildbach…« Sie springt sogar über den Höllenschlund. Das hätte auch schief gehen können. Natürlich. Aber auch wenn sie weniger waghalsig agiert hätte: »Leben ist immer lebensgefährlich«, wusste schon Erich Kästner. Es kann alles Mögliche passieren.

Davor fürchten wir uns – vor allem als Eltern. Vom Moment seiner Geburt an haben wir Angst, dass unserem Kind etwas zustoßen könnte. Und diese Angst verlieren wir wohl nie.

Doch das darf nicht dazu führen, dass wir unsere Kinder daran hindern, sich zu erproben und zu entwickeln. Wer jede Beule verhindern will, provoziert andere Gefahren.

Man stelle sich vor, wir würden das Hinfallen beim Laufen lernen vermeiden wollen. Was käme dabei heraus? Oder wenn wir die Kinder jahrelang unter Aufsicht halten und sie dann plötzlich allein in die große Welt entlassen würden – wäre das verantwortbar?

Darum geht es bei der Aufsichtspflicht, auch in der Kita: Verantwortung zu übernehmen.

Was bedeutet, abzuwägen, zu differenzieren, das Kind, die Bedingungen, die Situation ins Verhältnis zu setzen und zu entscheiden, was zugelassen werden kann und was nicht. Das ist professionell.

Konkret: Ein Rennverbot ist erfahrungsgemäß wenig wirksam. Kinder müssen rennen, es ist ein elementares

Bedürfnis. So rennt jedes Kind, wie es kann und wie es gerade passt.

Egal, ob es den Erwachsenen passt oder nicht. In vielen Kitas ein ständiges Ärgernis.

Vorschlag: Hören Sie einfach auf mit Ihren Ermahnungen und filmen Sie stattdessen einen Tag lang die Rennstrecken und Kreuzungen. Was passiert da eigentlich tatsächlich?

Das wäre ein Beitrag zur Beobachtung der anderen Art. Und eine handfeste Grundlage für Diskussionen im Kreis mit Kolleginnen und Eltern über das Erleben von Kindern, über ihre Erfahrungsräume und deren Bedeutung für ihre Entwicklungschancen.

Gleiches gilt für andere »Schutzverbote«: Genauer hinschauen, die Wirklichkeit als Ausgangspunkt nehmen statt der geballten Ängste und Spekulationen darüber, was passieren könnte. Erfahrungsgemäß passiert sowieso, womit man nicht gerechnet hat.

Dann ist gefragt, was immer gefragt ist: Eine schnelle Auffassung der Gesamtsituation, besonnen handeln, eigenständige Entscheidungen treffen und verantworten.

Sind das nicht die zentralen Kompetenzen von Erzieherinnen? Jeder Tag im Zusammenleben mit Kindern fordert sie hundertfach heraus, zu entscheiden, was hier und jetzt richtig und vernünftig ist, was dem einzelnen Kind gut tut und was für alle wichtig ist.

Sich darauf zu besinnen, dafür liefert dieses Rechtshandbuch Unterstützung.

Es trägt mit konkreten Beispielen zu allen Fragen rund um die Aufsichtspflicht dazu bei, Ängste abzubauen. Ängste vor dem, was passieren könnte, wenn was passiert.

Es klärt und schafft damit Rechtssicherheit bei Erzieherinnen, Eltern und auf Trägerseite.

Wer will, kann diese Klärungen für sich nutzbar machen, kann im Team und mit Eltern genau bestimmen, was mit Aufsichtspflicht gemeint ist, worauf sie sich bezieht und wo sie bislang irrtümlich in einen Gegensatz zum Bildungsauftrag geraten ist.

Wer will, kann erkennen, dass sich pädagogische Kompetenz gerade darin ausdrückt, für das eigene Handeln und die eigenen Entscheidungen Verantwortung zu übernehmen – auf der Basis gemeinsamer konzeptioneller Leitgedanken und Ziele. Und dass ein solches Verständnis von Recht und Gesetz nicht nur gedeckt, sondern gefordert wird.

Wer will, kann sich in diesem Zusammenhang mit dem Thema Sicherheit auseinander setzen. Und zwar nicht nach der Seite der Sicherheit für Kinder, sondern nach der Seite der Sicherheit der Erzieherinnen. Die steckt ja in der Angst vor der Aufsichtspflicht vor allem drin.

Woher nehmen Erzieherinnen ihre Sicherheit? Was brauchen sie, um sich sicher zu fühlen? Und auf welche Art von Sicherheit kommt es an, um professionell handeln zu können?

Sicherheit im Sinne von rechtlicher Absicherung ist eine Sache.

Sicherheit der eigenen Überzeugungen, Standpunkte, Argumente eine andere.

Ich bin mir sicher, dass es darauf ankommt, eine innere Sicherheit zu entwickeln, die aus der grundsätzlichen Klarheit der eigenen Position erwächst: Hier bin ich, daran orientiere ich mich, dort will ich hin.

Je klarer diese Position, umso weniger ist Absicherung von außen notwendig.

Was übrigens auch die Urteile bei Verfahren in Sachen Aufsichtspflicht bestätigen.

Wer will, kann auf dieser Grundlage Gelassenheit üben und Verbote aufheben. Rennen und klettern, schaukeln im Stehen, hinter Büschen verschwinden, schwimmen gehen oder Übernachtungen in der Kita – alles kann mit der Aufsichtspflicht begründet werden.

Das Rechtshandbuch macht Mut, die pädagogische Arbeit von der Seite her zu betrachten, die ihren Kern ausmacht: Die Entwicklung der Kinder zu fördern. Was bedeutet, die Kita als einen Ort der Lebensfreude und des Abenteuers (wieder) zu entdecken.

Die Aufsichtspflicht nicht als Damoklesschwert und Verhinderungsgrund, sondern als Zauberstab bei der Öffnung gewohnter Denk- und Handlungsmuster, im Wandlungsprozess von Bildungs- und Rollenverständnis, beim Ausprobieren und Neues wagen – kurz, als Kompass auf dem Weg in eine neue Professionalität.

Ist das nicht wunderbar?

Gerlinde Lill
Berlin, März 2011

Buddelzone
für unsere
kleinen Gäste

Kapitel 1: Aufsichtspflicht, Pädagogik und Recht

Vorab

Der erste Text »Pädagogik, die Kunst mit Risiken umzugehen – nicht sie zu vermeiden« dient als Einstimmung. Er wurde 2010 für die Zeitschrift »Kinder in Europa« geschrieben. In 15 europäischen Ländern will man wissen, wie bei uns mit dem Spannungsverhältnis der Pädagogik zwischen Entwicklung und Risiko umgegangen wird. Viel Platz stand nicht zur Verfügung, deshalb geht es gleich richtig zur Sache.

Der zweite Text »Pädagogik und Recht / Recht und Pädagogik« ist der pädagogisch-rechtliche Hauptteil dieses Buches. Er enthält alles, was man über Aufsichtspflicht wissen sollte: Woher sie kommt, was sie umfasst, wie sie ausgeführt werden kann. Der Text aus dem »Rechtshandbuch für Erzieherinnen« ist jetzt rund zehn Jahre alt, doch inhaltlich von ungebrochener Aktualität. Einige Änderungen waren nötig, weil manche Vorschriften an neuen Fundorten stehen. Von der Substanz her hat sich jedoch wenig verändert. So wurde der Text – wie alle anderen – auf den neuesten Stand der Paragraphen gebracht und auch behutsam in der Rechtschreibung angepasst.

Der dritte Text wurde mit Simon Hundmeyer geschrieben und zuerst im »Zentralblatt für Jugendrecht« veröffentlicht. Prof. Hundmeyer arbeitete an der Katholischen Fachhochschule in München. Vermutlich hat niemand in der Bundesrepublik mehr über das Thema Aufsichtspflicht gearbeitet als er. Der gemeinsame Text entstand unter dem Eindruck eines Todesfalls in einer Hamburger Kindertageseinrichtung und einer darauf folgenden großen Fachtagung, die von der Hamburger Behörde organisiert wurde, um ein Signal gegen die Verunsicherung der Erzieherinnen zu setzen. In diesem Aufsatz ist alles versammelt beschrieben, was zeitgemäße Pädagogik leisten sollte und zulassen darf. Mein Lieblingstext.

Pädagogik, die Kunst mit Risiken umzugehen – nicht sie zu vermeiden

Pädagogische Praxis als Unterstützung von Kindern verstanden, den nächsten Entwicklungsschritt selbst zu tun, geht in einem gewissen Maß immer ins Ungewisse. Anders als das Unterrichten bestimmter Themen mit klaren Lernzielen, muss die Förderung von Selbstständigkeit und Verantwortung immer schon in Teilen darauf bauen, was Pädagogen erst als Ziel definieren.

Das deutsche Recht – Gesetze und Rechtsprechung bis hoch zum Bundesgerichtshof – sichert die Rechte und Pflichten von Eltern bei der Erziehung einschließlich der Pflicht zur Beaufsichtigung ihrer Kinder. Grundgesetz und Bürgerliches Gesetzbuch sind die Quellen für die wichtigsten Ziele in der Erziehung. Im Geist der Demokratie und unter dem Primat der freien Entfaltung der Persönlichkeit, ihres Potenzials, sollen Kinder zu Selbstständigkeit und Gemeinschaftsfähigkeit, zu Autonomie und Verantwortung, zu Sorge für sich und Sorge für Andere erzogen werden.

Die Erziehungspraxis umfasst darum ebenso den Schutz dritter Personen vor Schaden, wie den Schutz des Kindes davor. Das Instrument des Schutzes ist die Beaufsichtigung. Möglichst niemand soll geschädigt werden, doch jedes Leben birgt Risiken. Das ist ein unauflösbarer Widerspruch. Man könnte Kinder durch Verwahrung in kleinen Boxen schützen, einzeln oder zu zweit wie Kaninchen. Lässt man die Kinder doch lieber freier herumlaufen, bedarf es ununterbrochenen Blickkontaktes. Dann wären die Kinder sicher und Gefährdungen dritter Personen wären nahezu ausgeschlossen. Kein Risiko.

Oder doch? Zuviel Aufsicht ist ein Verstoß gegen die Zielsetzung der freien Entfaltung und damit ein Verstoß gegen das Grundgesetz. Zu viel Einschränkung behindert die Erziehung zu Selbstständigkeit und Verantwortung. Das Hauptziel ist nicht die Sicherheit von oder vor Kindern. Eltern – noch sind wir bei ihnen – müssen das übergeordnete Erziehungsziel »freie Entfaltung« im Blick behalten und Kinder entsprechend beaufsichtigen. Anders ausgedrückt ist die Aufsicht eine Nebenpflicht, sie ist ein Mittel, um Selbstständigkeit zu fördern, weder Selbstzweck noch vorrangig auf »Schutz und Sicherheit« ausgerichtet.

Bei der Bemessung der Aufsichtspflicht muss ferner zwischen den Erfordernissen eines Mindestbestandes von Sicherheit und Ordnung einerseits und dem pädagogischen Ziel der freien Entfaltung der kindlichen Persönlichkeit abgewogen werden. (LG Berlin Az. 7.0247/75)

Das deutsche Recht erkennt damit an, dass jeder Entwicklungsprozess risikobehaftet ist. Entwicklung, das Leben, ist nicht berechenbar. Schäden können und werden eintreten. Es gilt, sie durch vernünftiges Handeln selten und gering zu halten. »Sicherheit« ist der kompetente Umgang mit der Gefahr, nicht das Vermeiden von Risiken. Der selbstständige, verantwortliche Erwachsene übt Aufsicht über sich selbst aus. Das muss von Kind auf gelernt werden. Sind Recht und Pädagogik Verwandte?

Zum Spiel der Kinder gehöre auch, Neuland zu entdecken und zu erproben. ... Andernfalls würde jede vernünftige Entwicklung des Kindes, insbesondere der Lernprozess im Umgang mit der Gefahr, gehemmt. (BGH VI ZR 273/82)

Das gleiche Recht üben Erzieherinnen in Kindertageseinrichtungen aus. Eltern übergeben die Kinder und mit ihnen für eine vereinbarte Zeit sowohl ihr Erziehungsrecht als auch ihre Erziehungspflicht. Die einschlägigen Rechtsnormen für Kindertageseinrichtungen schließen unmittelbar daran an, bestätigen die Erziehungsziele, erweitern sie.

Im Gegensatz zum herrschenden Recht macht sich in den letzten Jahren ein Trend der Vermeidung jeglicher Risiken breit. Eltern lassen ihre Kinder selten allein und/oder draußen spielen; sie fahren die Kinder von Tür zu Tür, lassen sie per Handy orten. Die Sicherheitsvorschriften verlangen so hohe Standards, dass mancherorts das Geld für den Bau von Einrichtungen nicht mehr reicht. Erzieherinnen stehen dem nicht nach. Oft gewähren sie Kindern nicht die Freiheiten oder Tätigkeiten, die ihnen Eltern zu Hause erlauben.

Behauptet wird in allen Fällen, dass es um den Schutz der Kinder ginge, doch es ist nur der Wunsch nach eigener Absicherung. Entsteht kein Schaden, so scheint alles gut gelaufen. Doch die Annahme trügt. Eine Einrichtung, in der nie etwas passiert. kann eine für Kinder ganz gefährliche Einrichtung sein, weil sie dort zu wenige Möglichkeiten haben, selbstständig zu werden. Unfälle in Kindertageseinrichtungen können als Indiz stehen, dass eine Erzieherin versucht hat, ihren Aufgaben und Pflichten nachzukommen. Gehen Erwachsene – Eltern wie Erzieherinnen – kein Risiko ein, tragen Kinder das Risiko eingeschränkter Entwicklung und wenig entwickelter Eigenverantwortung.

Erzieherinnen arbeiten in eigens für die Aufgabe konzipierten Häusern. Kitas sind sichere Orte: geprüft, normiert, gefahrlos – zum Glück nicht gänzlich risikolos. Würde man sie weiter »absichern«, glichen sie Kinderbewahranstalten ohne pädagogischen Auftrag, einzig dem »Schutz« verpflichtet. Solche Häuser ähneln Gefängnissen: Sicherheit geht über alles, Selbstständigkeit und freie Entfaltung haben keinen Platz.

Das Maß der Aufsicht muss mit dem Erziehungsziel, die wachsende Fähigkeit und das wachsende Bedürfnis des Kindes zum selbstständigen verantwortungsbewussten Handeln einzuüben, in Einklang gebracht werden. Dieser erwünschten Persönlichkeitsentwicklung wäre eine dauernde Überwachung hinderlich ... (OLG Düsseldorf Az. 18U 225/94)

Wenn Kinder sich in Haus und Garten auskennen und sie drinnen oder draußen »allein« spielen, kann es zu Unfällen kommen. So gut wie nie ist ein Verstoß gegen die Aufsichtspflicht deren Ursache. Noch ist es in Deutschland nicht nur gestattet, sondern geradezu auch erforderlich, Kinder ohne unmittelbare Präsenz von Erwachsenen spielen zu lassen. Die Erwachsenen müssen ungefähr wissen, wie ein Kind sich verhält und was es treibt. Aufsicht heißt, einschätzen können, was Kinder tun, ihnen vertrauen, ab und zu sich vergewissern. Unter besonderen Umständen müssen Erwachsene eingreifen, das Handeln der Kinder einschränken – vorübergehend, nicht dauerhaft.

Eine ständige Beobachtung (eines Fünfjährigen) würde auf eine Gängelei hinauslaufen, die der gebotenen Erziehung zur Selbstständigkeit und Selbstverantwortlichkeit sogar zuwider laufen würde. (AG Bersenbrück Az. 1634-9-4C 1004/92)

Ein Auge auf die Kinder zu werfen, heißt nicht, sie unablässig zu sehen. Zwar gilt: Je jünger die Kinder sind und je weniger die Erzieherinnen von ihnen wissen, desto intensiver muss die Aufsicht ausgeführt werden; gefährliche Orte oder Spiele verdichten die Anforderung. Doch der Erziehungsauftrag gebietet, solche Phasen zu überwinden. Nur wenn Kinder mit Gefahren umgehen können, sind sie vor ihnen sicher.

Das gehört zum Erziehungsauftrag, ihn auszuüben, ist vorrangige Rechtspflicht der Erzieherinnen. Die Art und Weise der Aufsichtsführung soll ihn unterstützen. Insofern gehört Kleinkinderziehung zu den gefahrengeneigten Berufen. Doch leider wächst der Druck zu Risikovermeidung und die Nebenpflicht zur Hauptpflicht zu machen. Erzieherinnen schaden ihrem professionellen Ansehen, wenn sie dem Druck nachgeben. Sie wecken das Bild von der Spieltante, die nur brav aufpassen muss, dass ein paar Regeln eingehalten werden.

Fast durchgängig bestätigen Richter in ihren Urteilsbegründungen pädagogische Überlegungen und dass es im normalen Alltag keinen isolierten Auftrag zum Schutz des Kindes gibt. Dürfen Erzieherinnen nun einfach alles geschehen lassen? Ganz und gar nicht. Doch müssen sie beherzigen, dass zu viel Aufsicht ebenso falsch ist wie zu wenig. Sie sollen sich fragen, welche pädagogischen Überlegungen ihrer Planung zugrunde liegen:

1. Handelt es sich um einen Schritt in Richtung auf freie Entfaltung, Selbstständigkeit und Verantwortungsbewusstsein?
2. Sind konkrete Gefahren bei der geplanten Aktion absehbar?
3. Lohnt das konkrete Ziel das vermutliche Risiko oder gibt es einen risikoärmeren Weg, der zum gleichen Ergebnis führt?
4. Habe ich den Überblick über das Geschehen?
5. (Wie) Bin ich auf einen Unglücksfall vorbereitet?

Bedenken Erzieherinnen diese Fragen bei ihrer Planung und können sie »ihr Vorgehen einigermaßen schlüssig begründen«, droht ihnen keine Gefahr. Die Kinder aber können sich auf ein verantwortungsvolles Leben vorbereiten.

Pädagogik und Recht / Recht und Pädagogik

Auf den Kern reduziert handeln zwar die meisten Kapitel dieses Buches von den zwei Themen Pädagogik und Recht, doch diskutieren wir das Verhältnis der beiden Bereiche zueinander im vorliegenden Abschnitt ausdrücklich und ausführlich. Für die Überschrift aber konnten wir uns nicht entscheiden, in welche Reihenfolge wir die Begriffe stellen sollen. Jede Reihenfolge suggeriert eine Wertigkeit. »Das Wichtigste zuerst!«, heißt es. Die Priorität ändert sich jedoch mit dem Betrachter und seinem Standpunkt. Wer bestimmt, was wichtig ist?

Sollen wir die Themen von unserem Wunsch her bearbeiten? Der Wunsch lautet: die Pädagogik muss an erster Stelle stehen, weil sie die Profession der Erzieherin legitimiert. Außerdem bietet die Pädagogik die entscheidende Orientierung für die Bemessung und die rechtliche Beurteilung der Aufsichtsführung.

Sollen wir die Themen von der Wirklichkeit her bearbeiten? Die Realität sieht ängstliche Erzieherinnen, eingeschränkte Kinder, unsinnige Vorschriften. Nicht ausschließlich, doch viel zu oft. Es hat den Anschein, als bestimmen rechtliche Vorgaben (oder was dafür gehalten wird) den Alltag in vielen Kindertageseinrichtungen und anderen Institutionen der Erziehung. Recht steht dort vor Pädagogik, Aufsicht vor Erziehung. Mit ihrem starren Blick auf wirkliche oder vermeintliche Rechtsvorgaben schwächen Erzieherinnen ihre pädagogische Professionalität.

Woher kommt das? Was lässt sich dagegen tun? Aus welcher Richtung können wir das Verhältnis von Recht und Pädagogik bearbeiten und so darstellen, dass unser Wunsch zur Realität werden kann? Nur eine Erkenntnis ist in den Jahren der Beschäftigung mit dem Themenkreis sicher: mit der korrekten Darstellung von Informationen allein kann das Ziel nicht erreicht werden! Aufklärung allein scheint nicht zu genügen, um das Spannungsverhältnis zwischen Pädagogik und Recht, zwischen Erziehungsauftrag und Aufsichtspflichten, konstruktiv zu nutzen.

Manche Erzieherinnen haben »Angst vor der Aufsichtspflicht«[1], andere versuchen in doppelter Absicherung »mit Gürtel und Hosenträgern«[2] zu arbeiten, wieder andere sehen »die Pädagogik im Netz der Paragraphen«[3] und den Freiraum der Erziehung durch Rechtsvorschriften gefährdet. Über die Jahre sehen wir Fortschritte. Die Reaktionen auf eine Serie zu Rechtsfragen im Alltag von Kindertageseinrichtungen in der Zeitschrift »Theorie &

1 Mörsberger, T.: Die Angst vor der Aufsichtspflicht. In: Theorie & Praxis der Sozialpädagogik. Heft 6/1980

2 Bauer, J.: Mit Gürtel und Hosenträgern? In: Welt des Kindes. Heft 3/1986

3 Rothenspieler, F.W.: Pädagogik im Netz der Paragraphen. In: Welt des Kindes. Heft 3/1986

Praxis der Sozialpädagogik« im Jahr 1997 waren sehr ermutigend; hier sprachen sich selbstbewusste Erzieherinnen gegen zu bevormundende Interpretationen der Gesetze und Vorschriften aus. Gang und Gäbe ist dies leider nicht. Durch die Angst vor der Aufsichtspflicht wird manche Erzieherin gehindert, ihr Handwerk vernünftig auszuüben. In der Folge werden Kinder gehindert und behindert, elementare Lebenserfahrungen rechtzeitig und in notwendigem Umfang zu machen. Das nun wiederum kann nicht Ziel der Pädagogik sein.

Wer Angst vor der Aufsichtspflicht hat, kann und muss dagegen etwas unternehmen. Ein erster Schritt ist, zwischen Befürchtungen und Ängsten zu unterscheiden. Befürchtungen gründen sich meist auf Unkenntnis oder Desinformation. Befürchtungen und Zweifel gehören zusammen. Man ist sich nicht ganz sicher. Aber man ist noch handlungsfähig, um sich die benötigte Unterstützung zu beschaffen, die in weiteren Informationen, praktischer Hilfe durch andere Personen oder genauerem Nachdenken bestehen kann.

Ängste hingegen sitzen tiefer. Ängste gründen in negativen Erfahrungen und/oder dem Willen, negative Erfahrungen um jeden Preis zu vermeiden. Wer Angst hat, zweifelt nicht mehr. Bloße Informationen reichen nicht aus, um Ängste zu beheben; das Denken führt eher in eine Bestätigung. Wer wirklich ängstlich seine (pädagogische) Arbeit ausführt, bedarf der Beratung und Unterstützung.

Auch wenn Ängste in gewisser Hinsicht als wirkungsvolle Signale für eigene Grenzen angesehen werden können, die die betreffende Person daran hindern, sich zu überfordern, so muss doch festgestellt werden, dass die Behinderung elementarer Lernerfahrungen von Kindern auf Grund von Ängsten einer Erzieherin kein auf Dauer geduldeter Zustand sein kann. Hinzu kommt, dass die Erzieherin sich dabei selbst schadet. Angst und Vernunft schließen sich tendenziell aus. Vernunft aber ist in erster Linie gefragt, wenn es um die Frage geht, wie Kinder zu erziehen und zu beaufsichtigen sind. Diese Aussage belegen wir in den folgenden Abschnitten ausführlich. Auf der Ebene der Information und des Wissens kann nach der Lektüre alles geklärt sein, für die Bearbeitung von Ängsten kann jede Leserin nur selbst geeignete Unterstützung suchen.

Bemerkenswert erscheint, dass in der erzieherischen Praxis nicht alle Rechtsvorschriften gleichermaßen wirken. Die Frage »Dürfen wir das überhaupt?« wird viel häufiger gestellt als die Frage: »Was sollen wir unbedingt tun?« Einschränkende Rechtsvorschriften, selbst wenn sie nur als Gerücht kursieren, werden schneller übernommen als erleichternde Vorgaben, die einen eigenen Interpretationsspielraum lassen. Warum ist das so? Bereitwillige Akzeptanz von einschränkenden Vorschriften, weil sie in gewisser Weise arbeitserleichternd wirken, müssen wir hier ausschließen, weil sie hier nicht diskutiert werden kann. Mangelnde Übung oder mangelndes Selbstvertrauen können weitere Gründe sein; dagegen kann und sollte jede Erzieherin etwas unternehmen.

Ein wichtiger Grund liegt auch im Recht selbst. Das Recht erscheint als klar definierter Rahmen mit eindeutigen gesetzlichen Regelungen. Recht und Unrecht, so scheint es, lassen sich deutlich unterscheiden. Selbst das Wissen darum, dass diese Ansichten falsch sind, weil Rechts- und Staatsanwälte sonst nicht um Auslegung und Anwendung des Rechts streiten könnten, hilft nicht allzuviel weiter. Es handelt sich schließlich um einen Streit unter Experten. Die Profession der Juristen diskutiert untereinander.

Über das, was richtige oder falsche Pädagogik ist, lässt sich dagegen vortrefflich streiten, vor allem auch professionsübergreifend. Jede und jeder waren einmal Kind, haben als solches Erziehungsmaßnahmen genossen oder erlitten; viele Menschen haben selbst Kinder, haben zumindest darüber gelesen. Während man im Alltag eher gewohnt ist, dass jede und jeder zum Thema Pädagogik etwas beitragen kann, gilt dies nicht für viele andere Professionen. Pädagoginnen räumen dem Recht deshalb oft Vorrang ein und ordnen ihre eigene Profession der der Juristen unter. Wir werden zeigen, dass in der Praxis von Erziehung und Aufsicht ein anderes Verhältnis zutrifft: Pädagogik hat gehörigen Einfluss auf die Beantwortung der Frage, was rechtlich zulässig ist und was nicht.

Rechtliche Vorschriften haben andererseits Einfluss auf die Beantwortung der Frage, was pädagogisch zulässig ist und was nicht. Recht und Pädagogik/Pädagogik und Recht stehen in Wechselwirkung zueinander, und diese Wechselwirkung gilt es aufzuklären. Angefangen bei den Kindertagesstättengesetzen über die vielen Rechtsvorschriften, ohne die kein Bau einer Einrichtung vollzogen wird, bis hin zum arbeitsrechtlichen Rahmen, dem Recht der elterlichen Sorge und den Grundrechten jedes Menschen wirken zumindest schwer zu durchschauende juristische Einflüsse auf die Erzieherinnentätigkeit ein. Die Beschäftigung mit dem Verhältnis von Pädagogik und Recht zueinander erlangt damit recht große Bedeutung. Merkwürdigerweise wird das umfassende Thema Pädagogik und Recht oft verkürzt auf das Verhältnis von Erziehungs- zu Aufsichtsfragen. Der Teilaspekt steht dann stellvertretend für das gesamte Thema, doch lässt es sich so nicht zufriedenstellend bearbeiten. Andere Aspekte bleiben außen vor. Wir wollen die Pädagogik stärken und Unsicherheiten abbauen helfen. Deshalb konzentrieren wir uns auf die pädagogische Arbeit und berücksichtigen dabei Aufsichtsprobleme, erweitern die Problemstellung jedoch um wichtige Grundlagen aus anderen Rechtsgebieten. So können wir das Thema in einem großen Bogen umspannen. Wir bewegen uns dabei in einer paradoxen Situation. Je mehr wir über beide Themen schreiben, desto komplizierter erscheint zunächst deren Verhältnis zueinander. Je mehr wir die rechtlichen Aspekte um der Information und Aufklärung willen ausführen, desto gewichtiger erscheinen sie gegenüber den pädagogischen Überlegungen und Voraussetzungen. Dies kann vorhandene Unsicherheiten mehr bestärken als mindern, trifft unsere Vorgehensweise doch auf eine im Erzieherinnenalltag zu beobachtende Paradoxie: Aus Unsicherheit über den rechtlichen Rahmen und seine Ausgestaltungsmöglichkeiten wird nach genauen rechtlichen Regelungen gerufen. Sie sollen Orientierung geben.

Der Preis für den Ruf nach detaillierten Vorschriften ist hoch. Er führt zu einer Delegation von Wissen, Können und Macht an andere Experten, entmündigt die Rufer und bringt sie auch da in Abhängigkeit, wo sie vorher mitentscheiden oder gar selbst gestalten konnten. Die Delegation von Wissen führt zu Unwissenheit, womit der Teufelskreis perfekt ist, denn nun bedarf es spezieller Zugangsweisen, um die Wissenslücken zu füllen. Klagen Erzieherinnen über den Mangel an klaren Rechtsvorschriften, so mögen sie gleichzeitig darüber nachdenken, ob sie nicht den Teufel mit dem Beelzebub austreiben wollen. Was könnte bei einer klaren Regelung der Aufsichtsproblematik durch nicht pädagogisch vorbelastete Menschen (zum Beispiel Juristen) herauskommen?

Warum erhoffen sich manche Erzieherinnen Vorteile für die pädagogische Arbeit durch Regelungen, die notwendigerweise nur von Nicht-Pädagogen erarbeitet werden können?

Viele Vorschriften und Dienstanweisungen sind praxisfremd. Warum sollten sich detaillierte Vorschriften über Aufsichtsfragen als günstiger erweisen? Der hier scherzweise abgedruckte Entwurf eines Gesetzes über die Aufsichtspflicht in Kindergärten und Kindertagesstätten (siehe Anhang S. 216) soll den Un-Sinn solcher Regelungen im Allgemeinen und weitreichender Vorschriften im Besonderen verständlich machen. Wem könnte ein solches Gesetz nutzen? Welche Auswirkungen auf das Berufsbild der Erzieherin hätte es? Eigenverantwortung und pädagogische Fachlichkeit hätten kaum noch die Bedeutung und Berechtigung, die sie jetzt innehaben. Und selbst wenn einige Erzieherinnen ein Aufsichtspflichtgesetz entwickeln dürften, so wären mit Sicherheit andere Erzieherinnen in der Bundesrepublik Deutschland damit nicht einverstanden.[4]

Wenn wir in Frage stellen, was Nicht-Pädagogen zu einer klaren Regelung der Aufsichtsfragen beitragen können, soll damit keineswegs die Berufsgruppe der Juristen diffamiert werden, die, wie wir finden, einen sehr vernünftigen Umgang mit dem Problem entwickelt hat. Vielmehr wollen wir auf die in jeder Berufsgruppe vorhandenen spezifischen Qualifikationen hinweisen, die gleichgewichtig zur Klärung des Verhältnisses von Pädagogik und Recht betragen können.

Klagen über einen Mangel an klaren Regelungen zur Aufsichtspflicht kann man sogar widerlegen. Die Regelungen sind vermutlich nur nicht so detailliert, wie manche Erzieherinnen sie sich wünschen. Die Aufsichtspflicht ist als unbestimmter Rechtsbegriff klar umrissen, das heißt sie ist nicht bis ins Einzelne definiert, sondern muss im Einzelfall nach bestimmten Anforderungen ausgestaltet werden. Nicht nur im Zweifels- also im Konfliktfall muss geprüft werden, ob eine Aufsichtsführung gehörig war oder nicht. Die Ausgestaltung der Anforderungen an gehörige Aufsichtsführung und die Anforderungen selbst sind weitgehend mit pädagogischen Überlegungen zu füllen und mit pädagogischen Begriffen zu beschreiben.

Der Begriff ›gehörige Aufsichtsführung‹ verweist ... teilweise auf außerrechtliche, insbesondere pädagogische, soziale und gesellschaftliche Bewertungsmaßstäbe. Um im Einzelfall beurteilen zu können, ob die Aufsicht ›gehörig‹ wahrgenommen worden ist, bedarf es einer Einformung jener außerrechtlichen Beurteilungsmaßstäbe in den ausfüllungsbedürftigen Begriff ›gehörige Aufsichtsführung‹. Dadurch werden die genannten Beurteilungsmaßstäbe ›verrechtlicht‹; ihr Wandel ist zu berücksichtigen, sofern er sich allgemein durchgesetzt hat und nicht gegen geltendes Recht verstößt. Der Begriff der ›gehörigen‹ Beaufsichtigung muss diesem Wandel der pädagogischen, sozialen und gesellschaftlichen Bewertungsmaßstäbe jedenfalls teilweise angepasst werden.[5]

Umgekehrt wird also ein Schuh daraus. Der unbestimmte Rechtsbegriff wird durch die einschlägige pädagogische

4 Bislang ist eine Verständigung über Grundstandards der Pädagogik noch so wenig denkbar, wie weiland eine Reise zum Mond. Wenn schon im eigenen Metier keine Einigung möglich ist, warum dann durch die Juristen?

5 Claussen, H./Vent, H./Knappertsbusch, P.: Aufsichtspflicht und Aufsichtspflichtverletzung unter besonderer Berücksichtigung von Einrichtungen der Jugendhilfe. Hannover, AFET e.V., Heft 12/1995, S. 11

Fachkompetenz gefüllt. Die Juristen enthalten sich einer Kompetenzüberschreitung. Die Rechtsexperten fragen die pädagogischen Expertinnen und urteilen auf dieser Grundlage im Einzelfall. Der Zusammenhang von Pädagogik und Recht wird (auch) gestaltet, indem pädagogische Maßstäbe zu Recht werden, ins Recht einfließen, Recht ausgestalten. Pädagogik ist nicht hilfloses Opfer willfähriger Juristen, sondern nimmt Einfluss auf die Rechtsprechung, wenn die Möglichkeiten dazu genutzt werden.

Diese Argumentation kann durch den Hinweis auf die Rechtspflichten von Erzieherinnen unterlegt werden. Die wichtigste Pflicht einer Erzieherin ist die Erfüllung des Erziehungsauftrages. Erzieherinnen sind zu fachlichem Handeln verpflichtet. Wer dem Erziehungsauftrag nicht nachkommt und einseitig Sicherheitsmaßstäbe vor die Gestaltung von Freiräumen stellt, verletzt ebenso die Aufsichtspflicht wie jemand, der sämtliche Sicherheitsüberlegungen außer Acht lässt.

Der Beruf der Erzieherin und der Beruf eines Piloten von Verkehrsflugzeugen haben vieles gemeinsam. Beide sind verantwortlich für viele Menschen, die in mancher Hinsicht von ihnen abhängig sind. Beide dürfen sich während der Berufsausübung keine Nachlässigkeit erlauben, weil in der Folge Menschen zu Schaden kommen können. Beide müssen die Sicherheit der in ihrer Obhut befindlichen Menschen im Blick haben. Sie dürfen beide jedoch keinesfalls ihre eigentliche Aufgabe vergessen. Lenkt der Pilot aus Sicherheitsgründen sein Flugzeug statt durch die Luft nur über die Autobahn zum Zielort, vernachlässigt er seinen Auftrag und macht sich letztlich überflüssig. Ebenso wenig darf eine Erzieherin darauf bedacht sein, die ihr anvertrauten Kinder um jeden Preis vor Schaden zu bewahren. Ihr Auftrag ist die Erziehung. Erziehung muss Freiräume nutzen und erweitern. Freiräume beinhalten Risiken, die zum Leben nun einmal dazugehören.

Erzieherinnen, die diese Freiräume verantwortlich und qualifiziert nutzen, handeln nicht gesetzeswidrig, sondern gesetzeskonform. Den oft beschworenen Widerspruch zwischen Sicherheit und Pädagogik gibt es nicht. Es gibt nur einen Widerspruch zwischen begründeter, qualifizierter Arbeit und dem Gegenteil. Es wäre nicht nur paradox, sondern in höchstem Maße absurd, würden pädagogische Zielvorstellungen wie Selbstständigkeit und Handlungskompetenz als konträr zu rechtlichen Normen gelten. Die Übereinstimmung pädagogischer Zielvorstellungen mit gesetzlichen Bestimmungen und ihre Vereinbarkeit mit einer freizügigen Ausgestaltung des Erziehungsalltages lässt sich auf verschiedenen Wegen belegen. Wir versuchen, Ziele und Inhalte pädagogischer Arbeit, die in jedem Lehrbuch zu finden sind, in einschlägigen Gesetzestexten nachzuweisen. Dieser Nachweis ist kein Taschenspielertrick, sondern der Versuch, durch eine neue Argumentationslinie den Themenkomplex verständlich aufzubereiten. Widersinnig wäre doch die Annahme, Erzieherinnen würden ihre pädagogischen Zielsetzungen gegen den allgemeinen gesellschaftlichen Konsens durchsetzen müssen. So heterogen pädagogische Vorstellungen in unserer Gesellschaft vertreten werden, einige wichtige werden von allen gleichermaßen anerkannt. Sie sind u.a. zu finden in Gesetzen und Empfehlungen sowie in der anerkannten pädagogischen Fachliteratur. Wer diese allgemeinen Grundlagen bei seiner pädagogischen Arbeit beachtet, verfügt über genügend gesicherten Freiraum. Wer diese Freiräume nicht nutzt, muss sich fragen lassen, wie verantwortlich sie ihre Aufgabe wahrnimmt. Und als weitere Frage schließt unmittelbar an: »Wie können unter solchen Umständen die zu betreuenden Kinder zu Verantwortungsbewusstsein und Handlungsfähigkeit erzogen werden?« Gilt diese Frage schon für alle Eltern (= Personensorgeberechtigten), stellt sie sich für professionelle Erzieherinnen recht drastisch mit den Worten eines Buchtitels, der für Sozialarbeiter bestimmt war: »Wofür wirst Du eigentlich bezahlt?«[6]

Pädagogische Arbeit ist wie das Zusammensetzen eines Puzzles ohne Vorlage. Man sucht, sammelt, fügt Einzelteile zusammen und hat, wenn überhaupt, nur ein ungefähres Bild von dem im Kopf, was einmal entstehen soll. Jedes Teil wird benötigt. Am Anfang sind vielleicht die Teile des Rahmens etwas wichtiger, doch zum Schluss muss sich eins ins andere fügen. Es hilft nicht weiter, ein Teil wegzulassen, das gerade nicht passen will. Es hilft auch nicht, Teile zu verdoppeln, die einem besonders gut gefallen. Bleiben wir im Vergleich der Pädagogik mit einem Puzzle, so kann ein Teil davon die angemessene, die gehörige Aufsichtsführung bedeuten. Sie ist Teil des Gesamtbildes »Erziehung von Kindern«. Zentrale andere Teile des Bildes sind die Erziehungsziele, dazu kommen Fürsorge, anerkannte Methoden, Prinzipien und vieles mehr. Das Bild entsteht unter angemessener Einbeziehung aller Teile, nicht durch Auslassen, nicht durch Überbetonen. Jedes Teil muss an die richtige Stelle.

Eltern und Erzieherinnen müssen die richtige Stelle, das heißt das richtige Maß für die gehörige Aufsichtsführung finden. Wonach bemisst sich das Maß? Ganz allgemein ausgedrückt hängt es vorrangig ab

- von den Erziehungszielen
- und den Rechten anderer Personen.

Eigenverantwortung und Selbstständigkeit des Kindes sind zeitgemäße Erziehungsziele, die mit geeigneten Methoden erreicht werden sollen. Eine Beschränkung der Erziehungsziele erfolgt nur dann, wenn das einzelne Kind in bedrohliche Gefahr gerät oder wenn sogenannte Dritte in ihren Rechten unzumutbar eingeschränkt werden. Erziehung muss zwischen den Polen Selbstständigkeit und Schutz vermitteln. Folgende Spannungsverhältnisse können dabei entstehen:

a) noch nicht erreichter Erziehungserfolg beim Kind (das wäre Verantwortung) gegenüber dem aktuellen Schutzbedürfnis der Gemeinschaft;
b) kurzfristiger Erfolg beim Kind (aktuelle Sicherstellung) gegen den langfristigen, tragfähigeren Erfolg (Selbstständigkeit; eigenverantwortliche Sicherung);
c) Erfolg im Einzelfall (Schutz eines Kindes) gegen die Interessen vieler Altersgenossen.

Zur Erläuterung:

a) Wer Kindern und Jugendlichen Freiräume ermöglicht, kann nicht von vornherein sicher sein, dass sie mit der übertragenen Verantwortung (schon) angemessen umgehen. Es gilt abzuwägen zwischen dem Erziehungsziel Verantwortung und dem Schutz der Gemeinschaft. Wenn ein Kind den Freiraum wahrscheinlich nicht angemessen nutzt, muss der Schutz der Gemeinschaft Vorrang haben. Wenn der Freiraum vermutlich vernünftig oder auch nur folgsam genutzt wird, kann das Risiko zu Gunsten der Erziehung zur Selbstständigkeit eingegangen werden.
b) Wird ein Kind von allen Gefahren ferngehalten, ergibt sich unweigerlich die Frage, was passiert, wenn es plötzlich mit einer Gefährdung konfrontiert wird. Je älter Kinder werden, desto mehr Gefahren werden sie ausgesetzt. Wer nicht rechtzeitig und durch Erfolg lernt, kleinere Anforderungen zu meistern, wird

6 Aly, G.: Wofür wirst Du eigentlich bezahlt? Berlin 1978

an größeren scheitern. Totale Sicherheit gibt es nicht. Entscheidend ist neben der Höhe des Risikos auch der Zeitpunkt, zu dem das Kind ihm gegenüber steht sowie die Vorbereitung darauf: *Selbstständige Kinder sind ›sicherer‹ als Verbote.*[7]

c) Was für ein Kind angemessen sein mag, muss nicht für alle Kinder der Gruppe oder seines Alters gelten. Sieht sich eine Erziehungsperson gezwungen, den Freiraum für ein einzelnes Kind zu beschneiden, müssen andere Kinder nicht darunter leiden. Und umgekehrt: Muss der Freiraum für viele Kinder eingeschränkt werden, kann es gleichwohl geboten sein, einem Kind die Chance zu geben, sich auszuprobieren. Nach einem Vorfall in einem Erziehungsheim wurde vom Gericht folgender Leitsatz formuliert: *Es ist besser, dieses gewisse Risiko einzugehen, um bei vielen Zöglingen den Erziehungszweck, zumindest teilweise, verwirklichen zu können, als auf diese Möglichkeiten weitgehend zu verzichten mit der Folge, dass viele Zöglinge später eine um so größere Gefahr für die Allgemeinheit werden.*[8]

Obwohl Juristen und Pädagoginnen bei genauer Analyse von Urteilen – nicht überraschend – gleiche Ansichten vertreten, werden gleiche Schlussfolgerungen mitunter durch unterschiedliche Sprachroutinen verwischt. Hier handelt es sich lediglich um ein Kommunikationsproblem. Es tritt auf, wenn Erzieherinnen die Juristensprache rigider deuten, als sie gemeint ist. *Da ist die Rede von Geboten und Verboten, von Belehrung und Anweisungen und von Kontrolle und Überwachung. Diese Terminologie mag manchen Erzieher, der sich als Berater und Partner der ihm anvertrauten Kinder versteht, befremden, weil sie ihm autoritär und unpädagogisch erscheint.*[9] In der Tat sind sich Juristen dieses Problems bewusst. Erzieherinnen sollten sich durch das Juristendeutsch nicht ins Bockshorn jagen lassen, sondern ergründen, was jeweils gemeint ist. Wie bereits erwähnt, überlassen Juristen die pädagogisch-inhaltliche Füllung der verwendeten Begriffe letztlich den Expertinnen. Sie verwenden beispielsweise die Worte Belehrung, Anweisung, Kontrolle eher neutral, quasi als Arbeitsschritte. Das Wie, die konkret erforderliche Methode der Ausführung muss die Pädagogin wählen. Sie kann sich darauf verlassen, dass Juristen in einschlägigen Verfahren ein reiches Erfahrungswissen gesammelt haben, so dass folgende Schlussfolgerung von ihnen vertreten wird: *Die konkrete Beaufsichtigung in Form von Ermahnungen, Bevormundungen, Verboten ist erfahrungsgemäß kein Mittel, Schäden zu vermeiden, da jede Eigenverantwortung im Keim erstickt wird und Kinder herausgefordert werden, vorgegebene Normen im unbeobachteten Augenblick zu durchbrechen.*[10]

Eine genaue Vorgabe beispielsweise über die Form von Belehrungen wird sich ein Jurist kaum anmaßen. Kinder sind auf Gefahren hinzuweisen, doch jede erfahrene Erzieherin weiß auch, dass eine »vorsorgliche Belehrung« Kinder erst auf »dumme Gedanken« bringen kann. Sie wird also entscheiden (müssen), wie weitgehend und wie intensiv sie vorsorgt. Ebenso muss sie mit ihrem Fachwissen, ihrem Wissen über das einzelne Kind und

7 Bauer, J. a.a.O. S. 193
8 Urteil Hans. OLG Hamburg vom 22.06.1965, nach Claussen u.a. a.a.O.
9 Claussen, H. u.a.: A.a.O., S. 11
10 Bauer, J. a.a.O. S. 193

den ihr zu Gebote stehenden spezifischen sozialpädagogischen Methoden einschätzen können, wie sie das Kind anspricht, damit es die notwendigen Zusammenhänge verstehen kann. Wieder gilt es festzustellen: Wer als Erzieherin nicht sein sozialpädagogisches Fachwissen anwendet, sondern sich die angemessene Form der Belehrung durch eine fremde Profession vorgeben lassen will oder wem bei dem Wort Belehrung ausschließlich eine schulische Form der verbalen Zuwendung einfällt, der sollte sein Handwerkszeug überprüfen.

Wenn wir schreiben, dass Erzieherinnen durch Ausgestaltung unbestimmter Rechtsbegriffe Einfluss auf die Rechtsprechung nehmen, dann stellen wir uns damit einem gängigen Vorurteil entgegen, das besagt, dass man als kleines Licht sowieso nichts zu sagen hat und dem juristischen Apparat hilflos ausgeliefert ist. Diese Meinung ist verbreitet und nicht ganz von der Hand zu weisen, denn Recht im weiteren Sinne ist immer auch Macht- und Herrschaftsinstrument.[11] Recht ist von Menschen gemacht; manchmal verhandelt, manchmal brutal durchgesetzt worden. Es ist aber auch entwickelt worden, um das Zusammenleben der Menschen erträglicher zu machen.

In einer Demokratie hat Recht die Funktion, die Beziehungen zwischen Menschen zu klären und verlässlich zu gestalten. Ob diese Beziehungen zu aller Wohlergehen gestaltet wurden oder nur Einzelnen dienten, hing immer von den konkreten gesellschaftlichen Bedingungen ab. Verhandlung oder Verordnung von Rechtsgrundsätzen, das herrschende Prinzip der Entstehung von Recht ist das der Auseinandersetzung. Die Formen der Auseinandersetzung mögen mehr oder weniger heftig gewesen sein, am Prinzip ändert dies nichts. Wer demnach hofft, ein genehmes Gesetz möge aus heiterem Himmel über einen herab regnen, verkennt, dass es im Leben kaum etwas (Vernünftiges) geschenkt gibt.

Ein weiteres Prinzip ist die Veränderbarkeit des Rechts. Gesetze werden verändert. Die Rechtsprechung (also die Richter) entwickelt Auslegungen der Gesetze weiter. Ganze Staaten können verschwinden, und ein neues Rechtssystem kann vertraute Strukturen für überflüssig erklären. Einflussnahme auf diesen Prozess ist möglich. Wie viel ist abhängig von den gesellschaftlichen Verhältnissen und von der Position des einzelnen. Ob der Einfluss als ausreichend empfunden wird oder nicht, kann nur jeder selbst entscheiden.

Im Zusammenhang von Pädagogik und Recht kann jedenfalls nicht über mangelnden Einfluss auf die Inhalte des rechtlichen Rahmens geklagt werden. Die Probleme scheinen eher auf Seiten der Erzieherinnen zu liegen. Was sollen Juristen davon halten, wenn sie erfahren, dass Erzieherinnen in einer Einrichtung das pädagogische Handeln in einer Nachbareinrichtung als völlig unmöglich hinstellen?

In unseren Seminaren haben Erzieherinnen regelmäßig Fallbeispiele strenger bewertet, als die Richter es taten. Die strengere Beurteilung wurde stets so begründet, dass der pädagogische Freiraum für die Kinder zu groß gewesen sein soll. Die eigene Praxis wurde als weniger freizügig geschildert. Diese Tatsache ist problematisch für den Erziehungserfolg. Noch problematischer wird es,

11 Zu diesem Themenkomplex und allgemein zum Thema Recht zwei Literaturempfehlungen, recht einfach und amüsant zu lesen: Wesel, U.: Fast alles, was Recht ist. Jura für Nichtjuristen. Frankfurt/M. 1991; Wesel, U.: Geschichte des Rechts. München 1997

wenn der eigene enge pädagogische Spielraum gegenüber der Urteilsbegründung verteidigt wird. Denn diese Haltung provoziert genau das, was angeblich befürchtet wird: eine weniger großzügige Rechtsprechung. Wie soll ein Richter zu Gunsten einer offensiven, fortschrittlichen Pädagogik entscheiden, wenn die Expertinnen behaupten, so viel Freiraum oder so großzügige Erziehungsmethoden wären unverantwortlich? Folgte man der Einschätzung dieser Erzieherinnen, stünden wir kurz oder lang vor dem Dilemma, die Rechtsprechung zu verschärfen oder aber die vernünftigen Kolleginnen anzupassen. Besser, doch leider unmöglich ist es, übervorsichtige Erzieherinnen auszutauschen. Kurt Tucholsky schrieb 1927: *Kollektivurteile sind immer ungerecht, und sie sollen und dürfen auch ungerecht sein. Denn wir haben das Recht bei einer Gesellschaftskritik den niedersten Typus einer Gruppe als deren Vertreter anzusehen, den, den die Gruppe gerade noch duldet, den sie nicht ausstößt, den sie also im Gruppengeist bejahend umfasst.* Es entbehrt nicht einer gewissen Ironie, dies zu zitieren, denn Tucholsky schrieb hier gegen die Richter in der Weimarer Republik.

Erzieherinnen können aus diesem Zusammenhang:

- eine Erklärung dafür ableiten, dass ihr Berufsstand nicht überall gebührend gewürdigt wird;
- die Schlussfolgerung ziehen, dass nicht die Stimme aus den eigenen Reihen das letzte Wort hat, die – aus welchen Interessen auch immer – Freiräume zu eng bemisst, Auseinandersetzungen meidet und Verantwortung negiert.

Kritik ist noch immer nicht allgemein als Methode kollegialer Beratung oder als Zeichen von Professionalität anerkannt. Durch mangelnde Offenheit schaden sich Erzieherinnen zumindest langfristig selbst am meisten. Die Bedrohung, die in einer Aufsichtspflichtverletzung liegt, bezieht sich auf das Versagen des Aufsichtspflichtigen, auf die nicht pädagogisch vertretbare Situation, sei es aus Versehen, aus Unachtsamkeit oder aus Mangel an wahrgenommener Verantwortung. Gegen ein Versehen kann man sich kaum wappnen. Gegen Unachtsamkeit helfen eigene Kontrollen und Erfahrung. Für die Folgen muss die betreffende Person gerade stehen. Verantwortungslosigkeit einzelner Erzieherinnen kann durch aufmerksame Kolleginnen, Leiterinnen und Träger verhindert werden. Für die Folgen mangelnder Verantwortung stehen letztlich alle Erzieherinnen ein, auch wenn dies im ersten Moment nicht so aussieht, besonders natürlich die, welche von dem verantwortungslosen Verhalten wussten.

Die Wichtigkeit kollegialer Kontrolle steigt mit dem Maß an Eigenständigkeit, das Kindertageseinrichtungen zugestanden wird. Die Kompetenzen bestimmen die Verantwortung. Wer mehr Rechte hat, hat auch mehr Pflichten. Im Allgemeinen wird der Alltag in Erziehungseinrichtungen, entgegen anders lautenden Klagen, kaum von außen kontrolliert. Im Gegensatz zu anderen Arbeitsfeldern herrscht eine paradiesisch anmutende Selbstbestimmung. Doch leider wird der Freiraum häufig nicht produktiv genutzt; im Gegenteil werden Auseinandersetzungen, die für die Pädagogik und für die Erfüllung der rechtlichen Anforderungen so lebenswichtig sind, durch inhaltliche Beliebigkeit und selbst verordneten Zwang zur Anpassung an den kleinsten gemeinsamen Nenner vermieden.

Wieder schließt sich ein Kreis. Die Angst vor Auseinandersetzungen führt zur Angst vor Zwischenfällen, die mit allen Mitteln verhindert werden sollen. Dadurch wird die pädagogische Arbeit auf ein vorhersagbares Maß eingependelt. Risiken wird aus dem Weg gegangen. Erklärungen brauchen nicht gegeben zu werden, und Diskussionen über Alternativen finden nicht statt. Solche Spiralen führen qualitativ abwärts.

Da immer auch Außenfaktoren diesen Trend begünstigen, bedarf es allerhöchster Wachsamkeit, um dagegen vorzugehen. Kindertageseinrichtungen haben, wie andere Institutionen, einen geschlossenen Charakter. Sie wirken selbstgenügsam. Der die Einrichtung umgebende Zaun prägt ihren Charakter. Unbefugte dürfen nur ausnahmsweise eintreten, Insassen dürfen während der offiziellen Öffnungszeiten nur ausnahmsweise nach draußen. Unsere Gesellschaft hat sich daran gewöhnt, dass Kinder eingesperrt gehören. Erzieherinnen begründen ihren Beruf damit. Kinder benötigen aber weitaus mehr, als ihnen die beste Institution bieten kann. Die einander widersprechenden Interessen von Erwachsenen und Kindern lassen sich nicht auflösen, jedoch durch bewussten Umgang mit dem Widerspruch als ein allgemeines Lebensrisiko für die Kinder so gestalten, dass sie beides, Schutz und Herausforderung, zugleich erhalten. Der Interessenausgleich stellt Erzieherinnen vor hohe Anforderungen, zugleich können sie daraus Selbstbewusstsein schöpfen, wenn sie in brenzligen Situationen nicht mit Scheinargumenten der Aufsichtspflicht reagieren, sondern die Erfolge ihrer pädagogischen Bemühungen wahrnehmen.

Besonders in Horten wird die Diskrepanz zwischen notwendigem Freiraum und Sicherheitspädagogik offensichtlich. Sind die Kinder nach der Schule erst einmal heil dort angelangt, gibt es kaum einen Weg heraus. Erzieherinnen beschneiden hier den Aktionsradius der Kinder, obwohl deren persönliche Kompetenzbereiche psychisch, physisch und räumlich weit über die Einrichtung hinausweisen. Jedes Kind, das sich nicht im Hort aufhält, beweist, dass es ohne diese Einrichtung auskommen kann. Jedes Kind außerhalb eines Hortes stellt daher scheinbar die Notwendigkeit von Horterzieherinnen in Frage. Ist dies ein Grund, warum Hortkindern so wenig Freiraum außerhalb gewährt wird, Freiraum, der ihnen in der Familie schon zugestanden wird? Warum sollten die Kinder nicht allein zu Freunden, zum Sport oder auf Streifzüge gehen dürfen? Jede Erziehung muss die Erziehungsperson irgendwann überflüssig machen. Je aktiver sie daran arbeitet, desto höhere Kompetenz wird ihr zugeschrieben. Drinnen und draußen stehen in engem Zusammenhang. Das Ermöglichen selbstständiger Erfahrungen, auch schon bei jüngeren Kindern, belegt nicht die Überflüssigkeit von Pädagogik, sondern ihre Notwendigkeit. Vielleicht ist die folgende Formel etwas verkürzt, doch soll sie eher als Gedankenstütze dienen, denn als detaillierte Beschreibung der Zusammenhänge: Pädagogik soll Selbstständigkeit anstreben. Diese besteht weitestgehend in der Wahrnehmung von Verantwortung gegenüber sich selbst und anderen. Verantwortung heißt, für eigenes Handeln (Tun und Lassen) einzustehen. Damit niemand sich dabei übernimmt, werden entsprechende Kompetenzen und Eigenkontrolle benötigt. Selbstständigkeit ist nichts anderes als die Aufsicht über sich selbst!

Was bei einer Erziehung, die diesen Ansprüchen genügen kann, pädagogisch und rechtlich zu beachten ist, soll nun ausführlich begründet werden. Wir zeigen, dass unser gesamtes Rechtssystem fortschrittliche Pädagogik fördernd begleitet. Ausgehend von den Erziehungsrechten und -pflichten der Eltern werden die Kriterien für die Erziehung in Kindertageseinrichtungen entwickelt und um die fachspezifischen Vorschriften ergänzt. Als Beweis werden ein Urteil zur Aufsichtspflicht analysiert und die möglichen Folgen einer Aufsichtspflichtverletzung erörtert.

Erziehungsziele in der Eltern-Kind-Beziehung

Die Grundlagen der pädagogischen Arbeit, soweit sie mit rechtlichen Aspekten verbunden sind, stehen in der Bundesrepublik Deutschland für professionelle Erziehungspersonen im allgemeinen Rahmen der elterlichen Erziehung. Zuvörderst sind Eltern für ihre Kinder zuständig. Es bedarf daher eines Blickes auf die Anforderungen, denen Eltern sich stellen müssen.

Eigenständigkeit von Geburt an

Mit der Geburt eines Kindes beginnen viele lebenspraktische Probleme für das Kind und für seine Eltern. Das Kind hat Hunger, es will genährt werden. Das Kind friert, es will gekleidet werden. Das Kind will Zuwendung, es macht auf sich aufmerksam. Das Kind will lernen und fordert Anregungen. Wohl nur wenige Eltern (und mit Sicherheit kein Kind) macht sich darüber Gedanken, dass die lebenspraktischen Probleme zugleich juristische Probleme sein können, denn das Kind hat ein Recht auf diese elterlichen Leistungen. Seine Eltern wiederum haben das Recht, diese Leistungen erbringen zu dürfen, und in Ergänzung des Rechts ihres Kindes haben sie sogar die Pflicht, für diese Leistungen Sorge zu tragen. Doch greifen wir nicht allzuweit voraus, verweilen wir ein wenig beim scheinbar Selbstverständlichen!

In § 1 des Bürgerlichen Gesetzbuchs (BGB) heißt es: *Die Rechtsfähigkeit des Menschen beginnt mit der Vollendung der Geburt.*

Die Geburt ist mit der Durchtrennung der Nabelschnur vollendet. Lebenspraktisch hat der Mensch in dieser Situation so seine Nöte, juristisch hat er Rechte. Ab diesem Zeitpunkt ist es offensichtlich, dass er erstens ein eigenständiger Mensch ist, doch zweitens noch nicht in der Lage, die Belange seines Lebens selbstständig zu regeln. Dieser Umstand zwingt Eltern oder andere Erwachsene, sich Gedanken darüber zu machen, was sie für das Kind tun wollen, wie sie es großziehen wollen, was sie von ihm erwarten, wie sie es unterstützen können und noch vieles mehr. Alle Gedanken kreisen um die Frage, wie aus dem hilfsbedürftigen Wesen ein eigenverantwortliches werden kann. Es sind schwerwiegende Gedanken, die sich die meisten Erwachsenen machen, gleichwohl sind euphorische Höhenflüge ob des schier unerschöpflichen Potentials der lieben Kleinen nicht ausgeschlossen.

In der Geschichte »Der kleine Lord« heißt es dagegen, Kinder seien Langweiler. Picasso hat, eigenen Aussagen zufolge, Jahrzehnte gebraucht, um endlich so zu sehen und zu malen, wie es ein Kind vermag. Emmi Pikler hat die These aufgestellt, dass ein Kind vom ersten Tag seines Lebens selbstständig ist: Obwohl es ganz offensichtlich viele Fertigkeiten noch nicht erworben hat, besitzt es doch unabhängig von einem Erwachsenen die wichtigsten Fähigkeiten und Voraussetzungen. Es lernt allein und entwickelt sich, unterstützt durch äußere Einflüsse, doch nach seinen inneren Prozessen.

Die Einstellung einem Kind gegenüber hat Auswirkungen auf den Umgang mit ihm. Das gilt für den einzelnen Erwachsenen wie für die Gesellschaft insgesamt. Ob es nicht einfacher wäre, wenn Kinder Nestflüchter wären? Niemand müsste sich Gedanken über den Umgang mit ihnen machen. Andererseits: wollte oder würde niemand darüber nachdenken?

Erwachsensein gilt als Synonym für die Selbstständigkeit. Wann ist man erwachsen? Gilt das Datum der Volljährigkeit oder was sonst? Italienische Männer gründen einen eigenen Hausstand, wenn sie knapp über dreißig Jahre alt sind. Auch in der Bundesrepublik Deutschland wird der Zeitpunkt der sogenannten zweiten Abnabelung immer weiter hinausgezögert. Junge Leute bleiben länger bei den Eltern. Auf dem Hintergrund von Massenarbeitslosigkeit, das heißt mangelnder ökonomischer Basis für eine eigene Wohnung, ist diese Entwicklung schon unmittelbar nachvollziehbar. Die längere Verweildauer in der elterlichen Obhut hat jedoch viele Ursachen. Eine davon ist die durchschnittlich geringere Zahl von Kindern in den Familien. Damit eng verbunden ist eine im Gegensatz zu früheren Zeiten umfassendere Fürsorge. Kurz und knapp: man hat weniger Kinder und kümmert sich intensiver um sie. Statt weitere Gründe für diesen Trend aufzulisten, wollen wir darauf hinweisen, dass die Versorgungsmentalität nicht bloß bei den Jugendlichen zu finden ist, sondern auch bei den Erwachsenen. Die Einschränkung des eigenständigen Lebensweges eines Kindes findet sowohl aktiv als auch passiv statt. Es gehören zwei dazu: das Kind, das sich so einrichtet, und die Eltern, die dies zulassen oder unterstützen, wobei zu Beginn eines Menschenlebens sicherlich den Eltern mit ihren Erziehungsvorstellungen der aktivere Part zukommt. Das »Hotel Mama« bietet mit seiner Fürsorge und seiner Versorgung im Laufe der Zeit so viele Annehmlichkeiten, dass der Preis einer mehr oder weniger freiwilligen Selbstständigkeitsbegrenzung schließlich sogar gern gezahlt wird.

Über diese Art von Beziehungen soll hier nicht gerichtet werden. Ein gewisses Unverständnis und eine Ablehnung dem Trend gegenüber wollen wir allerdings nicht verbergen. Interessant an diesem Phänomen ist für ein Rechtshandbuch zweierlei:

1. Der skizzierte Trend setzt sich lebenspraktisch gegen die gesetzlich festgelegte Volljährigkeitsgrenze durch; die Volljährigkeit aber definiert nach allgemeinem Verständnis die fast uneingeschränkte rechtliche Selbstständigkeit.
2. Lebenspraxis und rechtliche Basis haben gegensätzliche Trends. Nach der Absenkung des Volljährigkeitsalters in der Bundesrepublik Deutschland zum 01.01.1975 von 21 auf 18 Jahre[12] und einhergehender Absenkung der Altersgrenze für Wahlen werden mittlerweile politische Bestrebungen zu einer Verlegung der Wahlmündigkeit auf das vollendete 16. Lebensjahr umgesetzt. Mit anderen Worten: Jugendlichen wird die Fähigkeit zu größerer politischer Verantwortung (= größeres Entscheidungsrecht und Selbstständigkeit) zugebilligt als vorher. Einem Mehr an möglicher Verantwortung im öffentlichen Leben steht privat eine geringere Forderung nach Verantwortungsübernahme entgegen.

Daraus kann abgeleitet werden, dass lebenspraktische Selbstständigkeit mit politisch und rechtlich vorgesehener nicht übereinstimmen muss. Es kann weiter abgeleitet werden, dass der Begriff Selbstständigkeit in unterschiedlichen Kontexten unterschiedlich definiert ist. Man muss sich also jeweils über seinen Inhalt und seine Bedeutung auseinandersetzen, um sich zu verständigen. Ferner kann man die Frage ableiten, warum gesetzlicher Anspruch und Wirklichkeit so weit auseinander liegen und welche Wirkungen dieser verbreitete Gesetzesbruch auf das Zusammenleben in der Gemeinschaft hat.

12 § 2 BGB: *Die Volljährigkeit tritt mit der Vollendung des 18. Lebensjahres ein.*

Erziehungsauftrag und Verantwortung

Am Anfang dieses Kapitels behaupteten wir, dass Erwachsene spätestens dann gezwungen sind, sich Gedanken um ihr Kind zu machen, wenn sie ihr Neugeborenes in den Händen halten. Kehren wir von der Philosophie der Selbstständigkeit dahin zurück und begründen diese Behauptung nun juristisch. Artikel 6 des Grundgesetzes schreibt vor:

(1) Ehe und Familie stehen unter dem besonderen Schutz der staatlichen Ordnung.

(2) Pflege und Erziehung der Kinder sind das natürliche Recht der Eltern und die zuvörderst ihnen obliegende Pflicht. Über ihre Betätigung wacht die staatliche Gemeinschaft.

(3) Gegen den Willen der Erziehungsberechtigten dürfen Kinder nur auf Grund eines Gesetzes von der Familie getrennt werden, wenn die Erziehungsberechtigten versagen oder wenn die Kinder aus anderen Gründen zu verwahrlosen drohen.

(4) Jede Mutter hat Anspruch auf den Schutz und die Fürsorge der Gemeinschaft.

(5) Den unehelichen Kindern sind durch die Gesetzgebung die gleichen Bedingungen für ihre leibliche und seelische Entwicklung und ihre Stellung in der Gesellschaft zu schaffen wie den ehelichen Kindern.

Die grundlegenden Rechte und Pflichten von Eltern in unserem Staat werden in Artikel 6 des Grundgesetzes geregelt. Gesellschaftlich akzeptiertes Tun und Lassen wird in sehr allgemeiner Form beschrieben. Eltern, so heißt es in Absatz 2, haben ein Recht und eine Pflicht. Sie haben beides zu gleicher Zeit – untrennbar. Sie haben das Recht und die Pflicht zu pflegen und zu erziehen. Sie sollen ihre Kinder pflegen und erziehen, denn Eltern sind Erwachsene, die Kinder haben. Diese Kinder sind zuvörderst[13] von den Eltern zu pflegen und zu erziehen.

Aus dem Gesetzestext ist herauszulesen, dass das Recht nicht ohne die Pflicht existiert. Beide zusammen machen aus, was mit Verantwortung bezeichnet werden kann. Jemand (in diesem Falle Eltern) hat die Verantwortung, etwas zu erreichen bzw. zu gewährleisten, deshalb wird diesem jemand das Recht zum Handeln eingeräumt und zugleich erwartet, dass er es tatsächlich tut. So ist das Recht zugleich eine Verpflichtung. Jemand, der für etwas verantwortlich ist (»die Verantwortung übernommen hat«), muss seine Rechte und Pflichten wahrnehmen, sonst wird er oder sie zur Verantwortung gezogen.

Wer darf andere zur Verantwortung ziehen? Allgemein gesagt, sind es diejenigen, deren Verantwortlichkeit (Recht und Pflicht) darin besteht, andere an ihre Verantwortlichkeit zu erinnern. Wer kann das sein? Gibt es jemanden, der für die Wahrnehmung der Verantwortung durch Eltern zuständig ist? Auf der Grundlage des zitierten Artikels kann bislang nur gefolgert werden, dass die staatliche Gemeinschaft über die Betätigung der Eltern wachen soll. Die staatliche Gemeinschaft, alle Bürgerinnen und Bürger der Bundesrepublik Deutschland, wir, sollen aufpassen, dass alle Eltern ihrer Verantwortung nachkommen. Wachen sollen wir, aufpassen: mehr wird (vorerst) weder erlaubt noch erwartet.[14] Wenn jemand

13 Wo ein Vorn ist, gibt es auch ein Hinten, jedenfalls ein Hinterdrein; wen dies betrifft, dazu kommen wir später, eben nicht zuvörderst.

14 Was zu tun ist, wenn jemand feststellt, dass Eltern ihre Rechte und Pflichten nicht, nur ungenügend oder nicht angemessen nachkommen, behandeln wir weiter unten und auf den Seiten 53ff.

darüber wachen soll, dass und wie Eltern zur Pflege und Erziehung ihres Kindes tätig werden, muss es minimale Bewertungsmaßstäbe für eine sinnvolle Überwachung geben. Es würde beispielsweise nichts nutzen, genau zu beobachten, dass ein Elternteil ein Kind zehnmal schlägt. Erst die Bewertung des überwachten Verhaltens mit einem einigermaßen klaren Maßstab kann zu weiteren Handlungen führen. Ist es erlaubt ein Kind zehnmal, fünfmal, einmal oder gar nicht zu schlagen? Wie verhält sich das beobachtete Verhalten zum Erlaubten, das immer auch das Gewünschte ist?

Mit Worten aus der Fachsprache der Erzieherinnen: Wenn Sie das Verhalten eines Kindes beobachten wollen, brauchen Sie ein Beobachtungsobjekt, einen Beobachtungsanlass, ferner eine Beobachtungshinsicht, ein Beobachtungsziel und einen Bewertungsmaßstab für das Beobachtete.

Erst seit kurzem gibt einigermaßen klare gesetzliche Vorgaben, die das Schlagen von Kindern (dem Grundsatz nach) verbieten (vergleiche S. 53ff. Elterliche Sorge), doch wie verhält es sich in anderen Erziehungsbereichen? Gibt es außer dem Züchtigungsverbot vielleicht auch positiv formulierte gesetzliche Regelungen? Gibt es pädagogische Ideen in oder Vorgaben aus unseren Gesetzen, die Eltern als Orientierung dienen können für die Art und Weise, wie sie ihre Kinder pflegen und erziehen sollen? Gibt es eventuell sogar ausformulierte pädagogische Ziele oder allgemeine Verhaltensregeln, an denen sich elterlicher Umgang mit Kindern wenigstens grob einschätzen und bewerten lässt? Wenn ja, welche sind dies? Erst die Beantwortung dieser Fragen führt uns weiter sowohl in Richtung Wächteramt der Gemeinschaft als auch in Richtung Ausgestaltung des pädagogischen Angebots im Rahmen der Kindertagesbetreuung/Jugendhilfe.

Ziele, Prinzipien und Methoden

Ziele sind wichtig, wenn man etwas erreichen will. Sie dienen als Leuchtturm und weisen den Weg. Ziele werden gesetzt, vereinbart oder gesucht. Pädagogische Ziele gehören zum Handwerkszeug einer Erzieherin. Trotzdem manche Schwierigkeit schon bei der Zielfindung beginnt[15], bedarf dieser Begriff hier keiner weiteren Ausführung. Ist die Phase der Zielfindung erfolgreich beendet, hat man das Ziel jedoch längst nicht erreicht. Wie gelangt man dorthin?

In der Erziehung gibt es zwar keine Garantie, doch einige Möglichkeiten, auf seine Ziele hinzuarbeiten. Eine Möglichkeit besteht darin, geeignete Methoden anzuwenden. Darin sind sich die Fachleute in der Pädagogik einig[16]. Die Einigkeit endet häufig schnell, wenn zu einem Ziel die richtige Methode gesucht wird.

Eine zweite Möglichkeit, etwas für das Erreichen von Zielen zu tun, ist die Anwendung von Prinzipien. Dieser

15 Prott, R.: Über Erziehungsziele und wie man sie formulieren kann. In: Rieder-Aigner, H. (Hrsg.): Handbuch Kindertageseinrichtungen. Regensburg, Bonn 1994

16 Einverständnis herrscht nicht unbedingt bei der Frage, was Erziehungsmethoden sind. Wir verstehen darunter die (systematischen) Handlungsweisen, mit denen Kinder konfrontiert werden und mit denen bei den Kindern jeweilige Verhaltensweisen gefördert oder vermieden werden sollen.

Begriff ist missverständlich, deshalb wollen wir kurz erläutern, was wir darunter verstehen. Prinzipien sollen allgemeine Regeln oder Anleitungen sein, die helfen, Ziele zu erreichen. Sie müssen zu den gewählten Zielen passen und dürfen ihnen nicht widersprechen. Die Anwendung von (pädagogischen) Prinzipien hat nichts mit Prinzipienreiterei zu tun. Stures Beharren auf und Einhalten von Vorgaben um ihrer selbst Willen ist nicht gemeint. Bei der Entwicklung geeigneter Prinzipien kann an die (Wirkungs-) Prinzipien in der Physik gedacht werden. Dort erklären sie, wie etwas im Prinzip funktioniert, das heißt unter normalen Umständen mit einigermaßen verlässlicher Vorhersagbarkeit. Ein Prinzip erklärt nicht, was im Einzelnen abläuft oder wie stark welche Reaktionen ausfallen; mit einem Prinzip wird beispielsweise nur eine allgemeine Ablauffolge beschrieben, welche in vergleichbaren Situationen immer auftritt.

Die Übertragung dieser Denkweisen auf den Erziehungszusammenhang ist nicht nur sprachlich nicht ganz einfach. Schwierig ist auch die saubere Trennung zwischen den Kategorien Ziele und Prinzipien. Letztlich lohnen sich diese Gedanken, will man sich nicht zu sehr in Einzelheiten verstricken.[17]

An einem Erziehungsziel, das im nächsten Abschnitt aus einem Gesetzestext heraus entwickelt wird, skizzieren wir kurz diese Schwierigkeiten. Als Beispiel dient uns die erzieherische Überlegung, Kindern die freie Entfaltung der Persönlichkeit zu ermöglichen.

Einerseits kann diese Absicht als ein Erziehungsziel definiert werden. Am Ende seiner Entwicklung ist das Kind frei entfaltet. Freie Entfaltung bezeichnet eher den Endpunkt, weniger den Entwicklungsprozess des Entfaltens. Andererseits ist die freie Entfaltung der Persönlichkeit auch ein Prinzip. Wenn man nämlich Kinder zum Zustand der freien Entfaltung führen/befähigen/erziehen möchte, dann muss man das Prinzip der freien Entfaltung im Erziehungsprozess zur Geltung bringen. Dies schließt im Regelfall das gegenläufige Prinzip der Einschränkung aus. Wann immer ich als Erziehungsperson die Wahl habe zwischen Erziehungsmethoden, die einschränken, und solchen, die ein Kind sich entfalten lassen, muss ich letztere wählen, sonst widerspreche ich mir und arbeite meinem Ziel entgegen.

Für welchen Weg oder welche Erziehungsmethode ich mich tatsächlich entscheide, ist von sehr vielen Faktoren abhängig, doch klar ist: Eine Einschränkung des Kindes ist im Prinzip nicht erlaubt. Stattdessen suche ich Methoden, die eine freie Entfaltung eher begünstigen, wie zum Beispiel: Förderung, Unterstützung, Anregung, Eigeninitative zulassen, Entscheidungsspielräume eröffnen, Forschungsdrang mit Wohlwollen betrachten u.v.m. Ausgeschlossen müssen oder sollten sein: Verhinderung von Eigenaktivität, Schläge, Einsperren und andere entwürdigende Erziehungsmaßnahmen, jedenfalls alle Methoden, die die Entwicklung eines Kindes einschränken.

Auf der allgemeinen, eben der prinzipiellen Ebene erfährt eine Erziehungsperson nicht, wie sie sich im Einzelfall zu verhalten hat. Das muss sie selbst entscheiden. So muss jede Erziehungsperson die Frage klären, ob in einem Ausnahmefall vielleicht entgegen dem sonst

17 Bei der Erarbeitung pädagogischer Konzeptionen von Kindertageseinrichtungen kann, insbesondere wenn es zu unterschiedlichen Auffassungen im Team kommt, die hier vorgenommene Einteilung hilfreich sein.

Üblichen gehandelt werden muss und warum. Die Anwendung eines passenden Prinzips ermöglicht nur eine grobe Einteilung in Methoden, die für meine Ziele eher oder weniger tauglich sind.

Wir wollen die Diskussion um die Zuordnung nicht zu weit treiben – hundertprozentige Lösungen gibt es nicht. Es sollte deutlich werden, dass solche Überlegungen für notwendige Klarheit sorgen können und je nach Entscheidung unterschiedliche Konsequenzen nach sich ziehen. Wichtig ist, diese Überlegungen als Hintergrundwissen parat zu haben; wichtig ist nicht, sich dadurch in seiner Handlungsfähigkeit zu blockieren. Weil unser konkretes Beispiel der freien Entfaltung von einem Gericht als Erziehungsziel verwendet wurde und wir das dazugehörige Urteil zur Aufsichtspflicht ab Seite 56 interpretieren, übernehmen wir die Entscheidung des Gerichts für die nun folgenden Ausführungen und verwenden ebenfalls die freie Entfaltung des Kindes als Ziel.

Erziehungsziele und Prinzipien per Gesetz

Der Artikel 6 GG beschreibt die grundlegende Zuständigkeit der Eltern für ihre Kinder und das Verhältnis des Staates zur Institution Familie. Noch davor rangiert Art. 2 GG:

(1) *Jeder hat das Recht auf die freie Entfaltung seiner Persönlichkeit, soweit er nicht die Rechte anderer verletzt und nicht gegen die verfassungsmäßige Ordnung oder das Sittengesetz verstößt.*

(2) ...

Wie kann der Text im Hinblick auf Erziehungsziele interpretiert werden? Der Absatz 1 beginnt mit dem Wort »jeder«, das heißt er gilt für alle Menschen im Geltungsbereich des Grundgesetzes, zwischen männlich und weiblich wird ebensowenig unterschieden wie zwischen alt und jung. Alle Menschen dürfen sich solange frei entfalten, wie sie niemand anderen beeinträchtigen. Das Recht auf freie Entfaltung gilt auch für Kinder. Sie dürfen nicht diskriminiert werden, nicht wegen ihres Alters, nicht wegen ihres Geschlechts. Das bekräftigt Art. 3 GG:

(1) *Alle Menschen sind vor dem Gesetz gleich.*

(2) *Männer und Frauen sind gleichberechtigt. Der Staat fördert die tatsächliche Durchsetzung der Gleichberechtigung von Frauen und Männern und wirkt auf die Beseitigung bestehender Nachteile hin.*

(3) *Niemand darf wegen seines Geschlechtes, seiner Abstammung, seiner Rasse, seiner Sprache, seiner Heimat und Herkunft, seines Glaubens, seiner religiösen oder politischen Anschauungen benachteiligt oder bevorzugt werden. Niemand darf wegen seiner Behinderung benachteiligt werden.*

Aus diesen Passagen des Grundgesetzes können, kurz gesagt, zwei Erziehungsziele abgeleitet werden:

- freie Entfaltung der Persönlichkeit und
- Gleichberechtigung.

Die Beschäftigung mit dem Grundgesetz ist lohnend, doch wir erhalten für unser Thema Erziehungsziele und Prinzipien keine weiteren direkten Anhaltspunkte, deshalb wenden wir uns nun einem anderen bundesweit geltenden Gesetz zu. Im Bürgerlichen Gesetzbuch (BGB) finden wir weitere Ausformulierungen des elterlichen Erziehungsauftrages

§ 1626 BGB:

(1) *Die Eltern haben die Pflicht und das Recht, für das minderjährige Kind zu sorgen (elterliche Sorge). Die elterliche Sorge umfaßt die Sorge für die Person des Kindes (Personensorge) und das Vermögen des Kindes (Vermögenssorge).*

(2) Bei der Pflege und Erziehung des Kindes berücksichtigen die Eltern die wachsende Fähigkeit und das wachsende Bedürfnis des Kindes zu selbstständigem verantwortungsbewusstem Handeln. Sie besprechen mit dem Kind, soweit es nach dessen Entwicklungsstand angezeigt ist, Fragen der elterlichen Sorge und streben Einvernehmen an.

(3) Zum Wohl des Kindes gehört in der Regel der Umgang mit beiden Elternteilen. Gleiches gilt für den Umgang mit anderen Personen, zu denen das Kind Bindungen besitzt, wenn ihre Aufrechterhaltung für seine Entwicklung förderlich ist.

§ 1631 BGB

(1) Die Personensorge umfasst insbesondere die Pflicht und das Recht, das Kind zu pflegen, zu erziehen, zu beaufsichtigen und seinen Aufenthalt zu bestimmen.

(2) Kinder haben ein Recht auf gewaltfreie Erziehung. Körperliche Bestrafungen, seelische Verletzungen und andere entwürdigende Erziehungsmaßnahmen sind unzulässig.

(3) Das Familiengericht hat die Eltern auf Antrag bei der Ausübung der Personensorge in geeigneten Fällen zu unterstützen.

Wie im Art. 6 GG werden das Recht und die Pflicht der Eltern, sich um ihr Kind zu sorgen, in einem Atemzug genannt, doch ist die Reihenfolge umgedreht. Seit 01.07.1998 steht die Pflicht vor dem Recht, um den Bindungsgrad zu erhöhen, bis dahin war es umgekehrt.[18] Pflege und Erziehung werden als zu erfüllende Aufgaben der Eltern vorausgesetzt und bestätigt. Soweit ist alles aus der Interpretation des Art. 6 GG bekannt. § 1626 Abs. 2 BGB geht einen Schritt weiter. Dort werden Erziehungsziele und -prinzipien vorgegeben, nach denen Eltern sich richten sollen.

Es heißt, Eltern sollen das wachsende Bedürfnis und die wachsende Fähigkeit eines Kindes bei der Pflege und Erziehung berücksichtigen. Das kann als Prinzip durchgehen: »Liebe Eltern, überprüft von Zeit zu Zeit Eure Entscheidungen über Fernsehzeiten, Ausgangszeiten und Taschengeldhöhe; denkt daran, das Euer Kind, je älter es wird, mehr braucht und mehr möchte!« Das Gesetz schreibt nicht vor, wie häufig die Überprüfung erfolgen soll, und auch die Höhe des Taschengelds ist nicht vorgegeben. Eltern haben lediglich eines vorgesetzt bekommen: die Regel, den sich verändernden Status ihrer Kinder in die Entscheidungen einzubeziehen. Warum? Was bezweckte der Gesetzgeber mit diesen Vorgaben?

Das erschließt sich aus § 1626 Abs. 2 Satz 1 BGB. Die wachsenden Fähigkeiten und das wachsende Bedürfnis eines Kindes sind weder aus Gründen der Vernunft, noch aus rein pragmatischen Gründen zu berücksichtigen. Eltern ist wohl klar, dass ihr mittlerweile sechzehnjähriges Kind nicht mehr unmittelbar nach dem Fernseh-Sandmännchen schlafen gehen und dass es den Schulweg allein bewältigen kann und will. Eltern, die das Gesetz lesen und verstehen, erkennen, dass sie hier mit drei weiteren Erziehungszielen konfrontiert werden:

- Selbstständigkeit,
- Verantwortungsbewusstsein,
- Handlungsfähigkeit.

Die wachsenden Fähigkeiten und Bedürfnisse des Kindes sollen vor allem dann berücksichtigt werden, wenn sie zu selbstständigem verantwortungsbewusstem

18 An diesem Wortspiel ist zu erkennen, dass die Reihenfolge der Begriffe in einem Paragraphen nicht zufällig, sondern von Bedeutung ist.

Handeln führen. Aus dem Gesetz ist nicht ableitbar, dass die Fähigkeiten und Bedürfnisse der Kinder in jeder Hinsicht und jederzeit zu berücksichtigen sind, etwa der wachsende Wunsch eines Kindes nach größeren Nachtischportionen oder einem bequemeren Schulweg. Es ist die Verbindung der Wünsche und Bedürfnisse mit dem anzustrebenden selbstständigen, verantwortungsbewussten Handeln, die die besondere Qualität dieser Regelung ausmacht. Das von Eltern allgemein erwünschte Verhalten wird gesetzlich normiert.

Das Erziehungsprinzip

- Wachsende Fähigkeiten und Bedürfnisse des Kindes berücksichtigen!

darf nicht vergessen werden!

Im folgenden zweiten Satz des § 1626 Abs. 2 BGB stellt der Gesetzgeber den Eltern zwei weitere Erziehungsprinzipien vor:

- Mit dem Kind Fragen der elterlichen Sorge besprechen!
- Einvernehmen anstreben!

Das erste Prinzip heißt auf gut deutsch, dass Eltern ihr Erziehungsverhalten erklären und die Ideen der Kinder mindestens anhören müssen. Das zweite Prinzip bemüht Eltern zu Entscheidungen in der Weise, dass auch die Kinder damit einverstanden sein sollen. Durch Einverständnis erhöht sich die Wahrscheinlichkeit, dass eine Entscheidung nicht bloß toleriert, sondern akzeptiert und getragen wird. Auf der anderen Seite weiß der Gesetzgeber, dass eine lückenlose Vorschrift nicht praktikabel ist, zum Beispiel weil im Einzelfall Eltern eine Situation besser einschätzen können als ihr Kind. Deshalb steht im Gesetzestext nicht: »Eltern müssen Einverständnis erzielen«, sondern anstreben. Was als Regelfall gilt, hat auch Ausnahmen zur Folge.

Aus diesen beiden Handlungs- bzw. Erziehungsprinzipien lässt sich noch ein weiteres Erziehungsziel ableiten. Es hängt zusammen mit der Überlegung, dass die Familie wichtig, doch zugleich nur ein Teil der staatlichen Gemeinschaft ist. Eltern sollen die beiden Prinzipien mit ihren Kindern reden und Einverständnis anstreben anwenden, obwohl die Erfüllung der Erziehungsaufgaben dadurch nicht unbedingt bequemer für sie wird. Die Prinzipien wären nicht von so großer Bedeutung, wenn die Familie die Konsequenzen unter sich ausmachen könnte. Eine Familie existiert aber nicht allein. Ein erfolgreiches Zusammenleben von Menschen basiert im Wesentlichen darauf, dass es den Beteiligten gelingt, sich über ihre gemeinsamen Ziele, Vorstellungen, Handlungsweisen zu verständigen, eben Einvernehmen herzustellen. Für sozialverträgliche Umgangsformen sind Kompetenzen zu erwerben, die als Ziel formuliert mit dem Begriff der

- Gemeinschaftsfähigkeit

zusammengefasst werden können. In den Familien soll der Grundstein gelegt werden.

§ 1631 BGB konkretisiert die Personensorge. Es wird noch einmal verdeutlicht, dass Rechte und Pflichten zusammengehören, um die Aufgaben Pflege und Erziehung zu gewährleisten. Als weitere Aufgaben ergänzen die Pflicht und das Recht zur Beaufsichtigung und der Aufenthaltsbestimmung die Inhalte der Personensorge. Beaufsichtigung, das magische Wort für unbegründete Ängste und falsche Hoffnungen, hier steht es geschrieben! Die Pflicht und das Recht der Eltern zur Beaufsichtigung ihres Kindes ist allerdings gegenüber dem verbreiteten Schreckgespenst in der Pädagogik, Aufsichtspflicht genannt, deutlich zu unterscheiden. Die Ausübung der nicht trennbaren Verbindung von Rechten und Pflichten haben wir mit dem Begriff Verantwortung zusammengefasst. Die Pflicht und das Recht zur Beaufsichtigung im Rahmen der elterlichen Sorge kann daher mit der Verantwortung der Eltern gleichgesetzt werden, die Pflicht und das Recht tatsächlich wahrzunehmen. Legt der Begriff Pflicht eher defensive, einschränkende Gedanken nahe (etwa: »Ich bin gezwungen…«), werden Eltern durch ihr Recht auf Ausübung der Beaufsichtigung in die Offensive gewiesen. Sie können sagen: »Es steht uns zu, unser Kind zu beaufsichtigen!« Den Eltern bleibt vorbehalten, wie sie die ungleichen Zwillinge Pflicht und Recht im Zusammenhang mit der Beaufsichtigung des Kindes unter einen Hut bringen.

Obwohl also im Gesetz keine unmittelbaren Handlungsanleitungen beschrieben werden, kommen wir doch für die Praxis von Erziehung und Beaufsichtigung einen entscheidenden Schritt weiter. Die Pflicht und das Recht zur Beaufsichtigung wird in Beziehung gesetzt zu den Pflichten und Rechten im Hinblick auf Pflege und Erziehung. Beaufsichtigung wird erst als dritte Aufgabe nach Pflege und Erziehung genannt. Ebenso wenig wie die Reihenfolge der Begriffe Recht und Pflicht im Gesetz als zufällig anzusehen ist, kann man davon ausgehen, dass die Reihenfolge der Aufgaben im Rahmen der elterlichen Sorge vom Zufall bestimmt ist. Die Beaufsichtigung kann gegenüber Pflege und Erziehung bis zu einem bestimmten Grad als nachrangig angesehen werden. Sie wird deshalb sogar als Nebenpflicht bezeichnet. Nebenpflicht bedeutet, dass sie auch zu erfüllen ist, doch nur dergestalt, dass die Erfüllung der vorrangigen anderen Aufgaben Pflege und Erziehung durch sie nicht beeinträchtigt, sondern im Gegenteil sogar gefördert wird.

Nochmals zurück zum § 1631 Abs. 2 BGB. Dort werden zwei weitere Erziehungsprinzipien festgelegt:

- Kinder gewaltfrei erziehen!
- Körperstrafen, seelische Verletzungen und andere entwürdigende Maßnahmen sind unzulässig!

Innerhalb kurzer Zeit wurde die gesetzliche Regelung zweimal verschärft. Gewalt in der Erziehung wird nun unmissverständlich untersagt. Ab 1980 hieß es: *Entwürdigende Erziehungsmaßnahmen, insbesondere körperliche und seelische Misshandlungen, sind unzulässig.*

Damit sollte das Leitbild gewaltfreier Erziehung gestärkt werden. Der Gesetzgeber wollte bei Eltern anregen, darüber nachzudenken, welche Erziehungshandlungen förderlich und welche ungeeignet sind.[19] Jenseits vom Inhalt des Paragraphen und seiner Interpretationsoffenheit wurde durch diese Absicht eine wichtige Aussage dieses Buches unterstützt, dass nämlich Gesetzestexte im Sinne wünschenswerter, fortschrittlicher pädagogischer Ideen angewandt werden können.

Aber die 1998er Version des § 1631 Abs. 2 BGB wurde als zu offene, zu weiche Formulierung kritisiert. Noch immer wurden die entwürdigenden Erziehungsmaßnahmen als zu weitgehend interpretierbar eingeschätzt. Auch der Zusatz der Unzulässigkeit körperlicher und seelischer Misshandlungen reichte den Kritikern nicht, denn im Strafrecht werden Misshandlungen als Handlungen angesehen, die geeignet sind, dauerhafte, schwerwiegende Schädigungen hervorzurufen. Man wollte hier im Zivilrecht eine engere Grenze zum Unzulässigen ziehen und dadurch entwicklungshemmende Vorformen von Misshandlungen ächten. 1998 konnten die Befürworter

19 Vergleiche hierzu auch: Störle, W.: Kindschaftsrechtsreform. Regensburg, Bonn 1998, S. 53

der gewaltfreien Erziehung noch nicht mehr erreichen, aber schon zwei Jahre später wurde der § 1631 Abs. 2 BGB durch das Gesetz zur Ächtung der Gewalt in der Erziehung erneut geändert: *Kinder haben ein Recht auf gewaltfreie Erziehung. Körperliche Bestrafungen, seelische Verletzungen und andere entwürdigende Erziehungsmaßnahmen sind unzulässig.*

Seitdem gibt es keine Zweifel mehr. Diese Vorgaben müssen bei der Erziehung eingehalten werden. Die Regeln und Prinzipien haben mindestens einen wichtigen Vorteil für Eltern: Sie sind leicht zu merken! Alle körperlichen Strafen – auch so genannte Klapse, Ohrfeigen oder Kopfnüsse – sind untersagt. Körperstrafen sind untaugliche Erziehungsmittel, denn sie führen zu einer Verminderung des Selbstwertgefühls von Kindern und gewöhnen diese an gewaltsame Konfliktlösungen. Durch die Neufassung des Gesetzes werden nun nicht erst seelische Misshandlungen, sondern bereits seelische Verletzungen negativ sanktioniert, ebenso wie andere Herabwürdigungen, weil sie entwicklungshemmend wirken und die freie Entfaltung eines Kindes behindern. Die Auswechslung der Begriffe belegt eine niedrigere Toleranzgrenze im Vergleich zu früheren Zeiten.

Das Gebot der Gewaltfreiheit und das Verbot von Körperstrafen enthalten keine unmittelbaren Sanktionsmöglichkeiten gegenüber Eltern, die sich nicht daran halten. Das Gesetz zur Ächtung der Gewalt in der Erziehung hat ausschließlich Auswirkungen im Zivil-, nicht im Strafrecht. Diese Zielrichtung ist konsequent in der Linie des Werte- und Bewusstseinswandels, der einerseits durch das Gesetz veranschaulicht, andererseits weiter gefördert wird. Sanktionsmöglichkeiten würden keine Verbesserung für Kinder bringen. Weder ist Angst vor Strafe – bei Kindern wie bei Erwachsenen! – geeignet, positives Verhalten zu unterstützen, noch sind Sanktionen sinnvoll, wenn der Tatbestand nicht eindeutig überwacht werden kann. Die neue Fassung des § 1631 Abs. 2 BGB dient darum mit Blick auf die Gesamtgesellschaft mehr als anzustrebende Zielnorm. Das (Nicht-)Einhalten der Erziehungsprinzipien kann im Einzelfall als ein Kriterium in Auseinandersetzungen um die Gefährdung des Kindeswohls nach § 1666 BGB geprüft werden (siehe S. 43, 53ff.).

Zwischenbilanz: Erziehungsziele in der Eltern-Kind-Beziehung

Die eingangs gestellte Frage, ob in Gesetzestexten pädagogische Überlegungen zu finden sind, zumindest ob sie daraus ableitbar oder dafür nutzbar sind, lässt sich eindeutig bejahen. Die beiden herangezogenen Bundesgesetze, unser Grundgesetz und das Bürgerliche Gesetzbuch, enthalten allgemeine Beschreibungen von Erziehungsaufgaben, von Erziehungszielen und von Erziehungsprinzipien.

Die Formulierung allgemeine Beschreibungen gilt im doppelten Sinn:

- als Bezeichnung der Allgemeingültigkeit für die Bundesrepublik Deutschland und
- als Gegensatz zu detaillierten Vorschriften, die diese Gesetze im Hinblick auf unser Thema eben nicht enthalten.

Festzuhalten ist: Die zitierten Gesetze enthalten Grundlagen für elterliches Erziehungshandeln, jedoch keine konkreten Vorgaben für Erziehungsmethoden oder Verhaltensweisen. Zu vielfältig sind die möglichen Situationen, in denen die Ziele und Prinzipien beachtet werden sollen. Weder ließen sich die differenzierten Anforderungen in allgemeingültige Vorschriften fassen, noch würden sich solche Ausführungen mit der den Eltern zugeschriebenen Kompetenz (Pflicht und Recht) vereinbaren lassen. Darum liegt die Umsetzung der gesetzlichen Vorgaben in der Verantwortung jedes Elternteils, während die staatliche Gemeinschaft darüber wacht.

In einer schematischen Darstellung fassen wir nun die bisherigen Ausführungen zu den Gesetzesvorgaben mit pädagogischer Wirkung für (alle) Eltern zusammen.

Eltern

Pflicht und Recht (= Verantwortung),
für die Wahrnehmung folgender Aufgaben:
Pflege, Erziehung, Beaufsichtigung,
Aufenthaltsbestimmung

Ziele:
- freie Entfaltung
- Selbstständigkeit
- Verantwortungsbewusstsein
- Handlungsfähigkeit
- Gemeinschaftsfähigkeit
- Gleichberechtigung

Prinzipien:
- Wachsende Fähigkeiten und Bedürfnisse des Kindes berücksichtigen!
- Mit dem Kind Fragen der elterlichen Sorge besprechen!
- Einvernehmen anstreben!
- Entwürdigende Erziehungsmaßnahmen sind unzulässig!

Methoden:
Keine Angaben in den Gesetzestexten. Aus der Logik ergibt sich, dass geeignete Methoden gefunden werden müssen.

Kind

Schema 1: Eltern / Kind

Öffentliche Erziehung

Elternrecht als Grundlage

Weil Eltern die Pflicht und das Recht zur elterlichen Sorge, also die Verantwortung für ihr Kind haben, bis es volljährig und dadurch rechtlich selbstständig geworden ist, müssen sie mindestens bis zu diesem Zeitpunkt für ihr Kind sorgen. Sie müssen bis dahin eine lückenlose Sorge für ihr Kind sicherstellen, aber sie müssen die Sorge nicht ununterbrochen selbst tragen, sondern können andere Menschen oder Institutionen darum bitten oder sie beauftragen an ihrer Stelle zu agieren. Die Personensorge wird dann im Auftrag der Eltern wahrgenommen.[20] Eltern können, so heißt es im § 1631 Abs. 1 BGB, den Aufenthalt ihres Kindes bestimmen. Sie können zum Beispiel erlauben, dass ihr Kind zu den Großeltern fährt, bei einem Freund übernachtet oder auf dem Spielplatz spielen darf. Eltern bestimmen in solchen Fällen den Aufenthalt ihres Kindes bei anderen Personen oder in Institutionen, sofern diese Personen oder Institutionen damit einverstanden sind.

Durch den Vorgang der Aufenthaltsbestimmung beteiligen Eltern sogenannte Dritte an der Erfüllung ihrer Erziehungsaufgabe. Sie tun dies manchmal notgedrungen, manchmal voller Überzeugung, doch immer dem Grundsatz nach freiwillig, weil ihnen niemand vorschreibt: »Du musst Dein Kind zwei Stunden am Tag von der Oma, von Nachbarn, in der Kindertageseinrichtung oder der Spielstube im Kaufhaus betreuen lassen.« Eltern nehmen andere Personen oder Institutionen in Anspruch, wenn sie zum Beispiel selbst an der Erziehung

20 Genauer gesagt geht es immer nur um Teile der Personensorge, denn solange durch ein Vormundschafts- oder ein Familiengericht nichts anderes bestimmt ist, bleibt die Letztverantwortung immer bei den Eltern.

ihres Kindes verhindert sind, weil sie arbeiten gehen. Sie sprechen mit der Betreuungsperson ab,
- wie lange das Kind dort sein wird,
- wo das Kind betreut werden soll,
- welche Erziehungsgrundsätze beachtet werden sollen,
- wer das Kind abholen darf.

Die Betreuungsperson wird ihrerseits eigene Interessen besprechen wollen, zum Beispiel
- fragen, wie die Eltern zu erreichen sind;
- klären, ob sie selbst eigene Ideen bzw. Erziehungsvorstellungen entwickeln darf;
- verhandeln, wie viel den Eltern die fremdbetreute Zeit und gegebenenfalls verbrauchte Materialien und Nahrungsmittel wert sind.

Die Absprache zwischen Eltern und den sogenannten Dritten stellt rechtlich gesehen einen Vertrag dar. Die Beteiligten kommen überein, dass unter diesen und jenen Umständen dies und das zu erfolgen hat. Die rechtliche Grundlage bildet der § 611 BGB

(1) Durch den Dienstvertrag wird derjenige, welcher Dienste zusagt, zur Leistung der versprochenen Dienste, der andere Teil zur Gewährung der vereinbarten Vergütung verpflichtet.

(2) Gegenstand des Dienstvertrages können Dienste jeder Art sein.

Da haben wir es: Dienste jeder Art. Schuhe putzen, Autos lackieren, sogar Kinder hüten, wenn man es denn mag. Wichtig ist nur, dass sich beide Teile einig sind, worum es gehen soll. Wer macht wann was in welcher Qualität und zu welchem Preis? In der Sprache des Rechts wird eine Vergütung vereinbart. Diejenige Person, welche die zugesagten Dienste erbringt, erhält die Vergütung als Ausgleich für ihre Leistungen.

Beim Begriff der Vergütung denkt eine Arbeitnehmerin vielleicht an ihren monatlichen Vergütungsnachweis oder den Gehaltsabrechnungsbogen. In der Tat liegt der Gedanke an Geld als Gegenleistung für eine Tätigkeit sehr nahe, doch ist dies eher einer sprachlichen Gewohnheit als gesellschaftlicher Realität geschuldet. Im Gesetz steht jedenfalls nichts von Geld. Das heißt, dass jede Leistung mit jeder Gegenleistung vergütet werden kann. Deshalb fällt eine Absprache, etwa in der Art: »Putzt Du meine Fenster, lade ich Dich zum Essen ein«, auch unter die rechtliche Norm des § 611 BGB.

Denkbar ist sogar, dass vereinbart wird, keine Vergütung zu bezahlen. Mathematisch gesprochen, geht die vereinbarte Vergütung »gegen Null«. Rechtlich ist dies zulässig, solange alle damit einverstanden sind und solange nicht gegen die guten Sitten verstoßen wird. Dieser Fall tritt vermutlich sehr häufig in familiären Betreuungsverhältnissen auf, wo man nicht jegliche gegenseitige Unterstützung direkt miteinander verrechnet, sondern sich durch die Langfristigkeit familiärer Beziehungen darauf verlässt, dass sich im Leben alles ausgleichen wird.[21]

Je enger die Beziehung zwischen den vertragschließenden Parteien und je weniger Bedeutung der Dienst und seine Gegenleistung hat, desto seltener wird ein Vertrag schrift-

21 Aber gerade in solchen Beziehungen wird häufig gegeneinander aufgerechnet. Vor allem in Konfliktfällen werden dann Leistung und Gegenleistung minutiös aufgeführt, so dass manch Beteiligter wünscht, vorher genauere Absprachen getroffen zu haben, gerade weil die Beziehung zwischen den Vertragspartnern so eng ist oder war.

lich fixiert. Das Gesetz lässt auch dies zu. Im § 611 BGB ist keine bestimmte Form des Dienstvertrages vorgesehen. Es kann das Prinzip Vertrauen gegen Vertrauen regieren. Aus einem schriftlichen Vertragsabschluss darf im Gegenzug aber nicht gleich auf Misstrauen zwischen den Vertragspartnern geschlossen werden, sondern bloß auf das Vorhandensein weiterer Interessen[22], allenfalls auf noch nicht entwickeltes Vertrauen. Auf den Vertragsabschluss selbst hat die Form keinen Einfluss, nur auf die Möglichkeit, die vertraglichen Absprachen zu belegen (siehe S. 186ff.).

Während im privaten Kreis oder bei alltäglichen Geschäften, wie etwa dem Zeitungs- oder Brötchenkauf, meist keine schriftlichen Verträge geschlossen werden, erfolgt dies bei anderen Geschäftskonstellationen regelmäßig. Fixiert werden Leistung und Gegenleistung. Festgehalten wird nicht, aus welchem Anlass sich die Vertragsparteien zum Handeln entschließen. Die motivationale Grundlage der Partner spielt keine Rolle. Wenn Eltern ihre Kinder für eine bestimmte Zeit des Tages außerhalb der Familie von anderen Personen erziehen lassen wollen, brauchen weder sie noch die Betreuungsperson in spe eine Rechtfertigung abzugeben, warum sie so handeln wollen. Eltern sind keine Rabeneltern, wenn sie ihr Kleinkind tagsüber von anderen betreuen lassen, sondern nehmen ihre Erziehungsvorstellungen wahr. Betreuungspersonen sind nicht grundsätzlich gut oder schlecht, ob sie nun Geld für ihre Arbeitskraft nehmen oder nicht. Auch der rechtliche Rahmen hat keine Bedeutung. Die Dienstleistung Kindertagesbetreuung kann ebenso gut privatgewerblich wie öffentlich-rechtlich oder karitativ erbracht werden.

Wichtig ist an dieser Stelle erst einmal die Tatsache, dass Eltern die Kindertagesbetreuung zusätzlich bzw. in Ergänzung zu den eigenen Erziehungsleistungen in Anspruch nehmen wollen und dafür einen Vertrag abschließen mit jemandem, der diese Aufgaben für gewisse Zeit an Eltern Statt erfüllen will. Im Bereich der öffentlichen Kindertagesbetreuung sind die vertragschließenden Parteien in der Regel die Eltern und der Träger einer Kindertageseinrichtung.

Durch den Abschluss eines Betreuungsvertrages auf der Grundlage des § 611 BGB gehen Rechte und Pflichten der elterlichen Personensorge, einschließlich aller Aufgaben mit Ausnahme des Aufenthaltsbestimmungsrechts, für die vereinbarte Zeit gegen vereinbarte Vergütung auf den Träger (= Veranstalter) der Kindertageseinrichtung über. Hervorzuheben ist: Eltern geben ihre natürlichen und rechtlichen Aufgaben vorübergehend und freiwillig ab. Daraus folgt, dass diese Aufgaben von dem jeweiligen Vertragspartner mit genau derselben allgemeinen Zielsetzung und genau denselben allgemeinen Erziehungsprinzipien zu erfüllen sind.

Träger von Kindertageseinrichtungen können Kirchengemeinden, Vereine, Firmen, Wohlfahrtsverbände oder Jugendämter sein. Der von den Eltern gewählte oder ihnen verfügbare Träger bietet die Dienstleistung Kindertagesbetreuung an, doch betreut er die Kinder meist nicht selbst, sondern stellt dafür Personal ein. Für die pädagogische Arbeit (Erziehung und Pflege) wird pädagogisch ausgebildetes Personal gebraucht, Hauswirtschaftspersonal für die Pflege der Räumlichkeiten. Der Träger muss Pflege und Erziehung der Kinder für die

22 Es kann zum Beispiel notwendig sein, eine schriftliche Vereinbarung abzuschließen, um dem Finanzamt gegenüber die Ausgaben und Einkünfte nachzuweisen.

Eltern
Pflicht und Recht (= Verantwortung),
für die Wahrnehmung folgender Aufgaben:
Pflege, Erziehung, Beaufsichtigung,
Aufenthaltsbestimmung

Ziele:
- freie Entfaltung
- Selbstständigkeit
- Verantwortungsbewusstsein
- Handlungsfähigkeit
- Gemeinschaftsfähigkeit
- Gleichberechtigung

Prinzipien:
- Wachsende Fähigkeiten und Bedürfnisse des Kindes berücksichtigen!
- Mit dem Kind Fragen der elterlichen Sorge besprechen!
- Einvernehmen anstreben!
- Kinder gewaltfrei erziehen!
- Körperstrafen, seelische Verletzungen... sind unzulässig!

Träger

Kind

Schema 2. Eltern × Träger § 611 BGB
(= Grundlage für Betreuungsvertrag)

vereinbarte Zeit gewährleisten, das ist in aller Kürze seine Verpflichtung aus dem Betreuungsvertrag.

Um das ganze Unternehmen Kindertageseinrichtung am Laufen zu halten, müssen weitere Aufgaben erfüllt werden. Je nach Größe der Einrichtung (und des Trägers selbst) braucht er Leitungskräfte, Verwaltungskräfte für das Bestellwesen und für Abrechnungen, Personal für das Personalwesen, Menschen, die die Betreuungsverträge unterzeichnen, und solche, die für die Einziehung der vereinbarten Vergütung verantwortlich sind. An der Vielzahl der Funktionen bzw. an ihrer Zusammenlegung kann erkannt werden, wie ein Träger funktioniert – manchmal auch, warum er schlecht funktioniert. Kleinere Träger kommen mit weniger Personal aus als größere, freie Träger mit weniger Personal als öffentliche Träger, östliche mit weniger Personal als westliche Träger.

Wo auch immer eine Erzieherin angestellt sein mag, sie wird zur Dienstvertragspartnerin des Trägers in Sachen Kindertagesbetreuung. Das Prinzip, wonach eine bei einem Träger angestellte Erzieherin tätig wird, ist identisch mit dem Tätigwerden des Trägers selbst. Dieser schloss auf der Grundlage des § 611 BGB einen Betreuungsvertrag mit den Eltern eines Kindes ab. Nun folgt für den Träger ein zweiter Dienstleistungsvertrag auf gleicher Grundlage. Diesmal handelt es sich um den Arbeitsvertrag mit der Erzieherin. Die allgemeine rechtliche Basis wird wiederholt:

§ 611 BGB

(1) *Durch den Dienstvertrag wird derjenige, welcher Dienste zusagt, zur Leistung der versprochenen Dienste, der andere Teil zur Gewährung der vereinbarten Vergütung verpflichtet.*

(2) *Gegenstand des Dienstvertrages können Dienste jeder Art sein.*

Der Dienst bzw. die Dienstleistung besteht wiederum in der Pflege und Erziehung fremder Kinder. Das ist nach dem Gesetz zugelassen: Dienste jeder Art. Die Erzieherin hat sich um eine Stelle beworben und zugesagt, ihre Dienste zu erfüllen, zum Beispiel jeden vereinbarten Tag pünktlich zu kommen, ihren Urlaub und ihre Pause pünktlich anzutreten, nicht zuletzt Kinder zu pflegen und zu betreuen und schließlich ihr Gehalt – die vereinbarte Vergütung – pünktlich entgegenzunehmen. Im Gegenzug verpflichtet sich der Träger, die Vergütung bereitzustellen, vermutlich auf das Konto der Erzieherin zu überweisen. Mehr sagt § 611 BGB nicht aus.

Eltern
Pflicht und Recht (= Verantwortung),
für die Wahrnehmung folgender Aufgaben:
Pflege, Erziehung, Beaufsichtigung,
Aufenthaltsbestimmung

Ziele:
- freie Entfaltung
- Selbstständigkeit
- Verantwortungsbewusstsein
- Handlungsfähigkeit
- Gemeinschaftsfähigkeit
- Gleichberechtigung

Prinzipien:
- Wachsende Fähigkeiten und Bedürfnisse des Kindes berücksichtigen!
- Mit dem Kind Fragen der elterlichen Sorge besprechen!
- Einvernehmen anstreben!
- Kinder gewaltfrei erziehen!
- Körperstrafen, seelische Verletzungen... sind unzulässig!

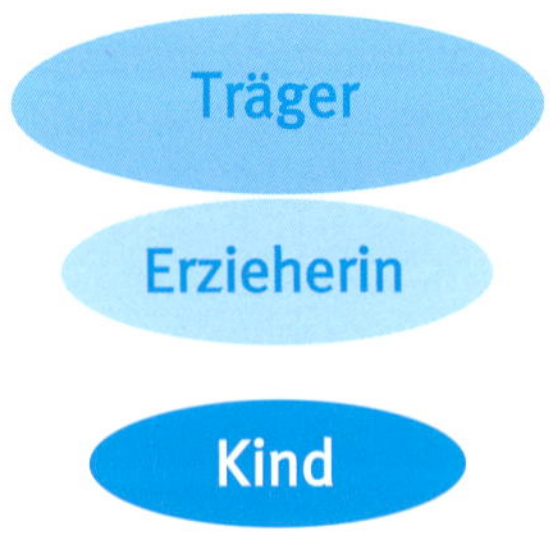

Schema 3 Eltern /Träger /Erzieherin

Erziehungsziele aus weiteren Rechtsquellen

Über den Umweg von zwei Verträgen übt eine Erzieherin in einer Kindertageseinrichtung innerhalb bestimmter Zeiten des Tages und für bestimmte Dauer im Leben eines Kindes die Aufgaben aus, die nach der elterlichen Sorge den Eltern obliegen. Nachdem zuerst der Träger die elterlichen Aufgaben übernommen hat, tritt nun die Erzieherin an seine Stelle. Sie ist die Dritte in der Reihe. Eltern delegieren ihre Rechte und Pflichten an den Träger, der wiederum delegiert sie an die Erzieherin. Rechtlich ist das kein Problem (siehe S. 180ff.).

Die Erzieherin arbeitet demnach im Auftrag der Eltern, vermittelt über den Träger, nach den Maßstäben des Grundgesetzes und des Bürgerlichen Gesetzbuches. Die dort vorgegebenen Aufgaben der Personensorge Pflege, Erziehung und Beaufsichtigung (nicht die Aufenthaltsbestimmung) und die dort vorgegebenen Ziele müssen unter Einhaltung der Erziehungsprinzipien wahrgenommen werden.[23] Zwei Kernaussagen können dabei nicht deutlich genug herausgestellt werden:

1. Die Inhalte, Ziele und Prinzipien des gesetzlich geregelten Erziehungsauftrages der Eltern gelten, soweit bisher diskutiert, auch für die Erzieherin. Sie übt (dies mag abwertend klingen, ist aber nicht so gemeint) keine besonderen Aufgaben aus; sie unterliegt keinen darüber hinausgehenden Verpflichtungen. In Bezug auf das Recht und die Pflicht zur Pflege, Erziehung und Beaufsichtigung der Kinder gelten für die Erzieherin die gleichen gesetzlichen Vorgaben wie für alle Eltern – ob mit oder ohne pädagogische Ausbildung.

23 In Kindertageseinrichtungen, die von Eltern initiiert werden, bilden Eltern und Träger eine Instanz. Eltern sind dann direkte Vertragspartner der Erzieherin. Die gleiche Situation trifft zu, wenn Eltern eine Privaterzieherin für ihr Kind engagieren. Bei der Heimerziehung gilt im Grundsatz das Gesagte, doch folgen zum Beispiel in Bezug auf die Aufenthaltsbestimmung andere Konsequenzen.

2. Die Erzieherin leistet ihre Tätigkeit, die Dienstleistung Erziehung, auf vertraglicher Grundlage.

Nach dieser Klarstellung kommt nun eine wichtige Ergänzung. Die beschriebenen Grundlagen erzieherischen Handelns werden ergänzt durch das, was außerfamiliale, öffentliche Kindertagesbetreuung ausmacht. Das ist die spezifische berufliche Fachlichkeit. Öffentliche Kindertagesbetreuung ist von ihrer Geschichte her nicht bloß und ausschließlich Ersatz für Aktivitäten, an denen Eltern durch Berufstätigkeit gehindert sind. Kindertageseinrichtungen sind mehr als Noteinrichtungen und Ausfallbürgen. Öffentliche Kindertagesbetreuung erfüllt zugleich eine Sozialisationsfunktion im Auftrag der jeweiligen Gesellschaft, die sie bereithält.

Unsere Gesellschaft hat für den Totalausfall von Eltern Vorsorge getragen, in dem zum Beispiel verschiedene Vorkehrungen gesetzlicher Art getroffen wurden. Das schon behandelte Wächteramt gehört dazu, ebenso der Ersatz der elterlichen Sorge im Todesfall oder in Folge der Anwendung des § 1666 BGB[24].

Zur Kompensation eines nur teilweisen Ausfalls elterlicher Erziehungsanstrengungen stellt unsere Gesellschaft materielle Ressourcen (Personal, Geld, Räume) zur Verfügung, mit denen Kindertagesbetreuung organisiert wird. Dies geschieht einerseits zur Unterstützung der Eltern und andererseits zur Aufrechterhaltung der ökonomischen Basis der gesamten Gesellschaft. Als Erziehungspersonen stehen Eltern vor allem dann zeitweise nicht zur Verfügung, wenn sie berufstätig sind. Dadurch sichern sie ihre Existenz und tragen zur Existenzsicherung der Gesamtgesellschaft bei. Kindertageseinrichtungen leisten ihren Beitrag dazu, indem sie die Elterntätigkeit für einen gewissen Zeitraum ersetzen. Selbst wenn Eltern nicht berufstätig sind, können sie in vielen Fällen ihren Kindern nicht mehr all das bieten, was diese brauchen. Unsere Gesellschaft ist inzwischen so komplex geworden, dass Eltern ihren Kinder kaum mehr eine umfassende Erziehung gewährleisten können. Die Komplexität geht einher mit entwicklungseinschränkenden Veränderungen der Umwelt, in der Kinder nur noch selten angemessene förderliche und erforderliche Spiel- und Erfahrungsräume finden. Aus gesellschaftlichem Interesse heraus müssen daher Erfahrungsmöglichkeiten für sie bereitgestellt werden, die Eltern ihnen nicht mehr oder nur unter schwierigen Umständen bieten können. Eine der dafür vorgesehenen Institutionen sind Kindertageseinrichtungen.

Kinder sind zwar in die Verantwortung von Eltern gegeben, aber es ist zugleich die Aufgabe der gesamten Gesellschaft, dafür zu sorgen, dass Eltern ihre Verantwortung ausfüllen können und die Einrichtungen geschaffen werden, die Kinder über die Familie hinaus brauchen. Keine Mutter und kein Vater können heute allein ihren Kindern alles vermitteln, was zu einem befriedigenden Leben erforderlich ist.[25]

Der elterliche Erziehungsauftrag wird in Kindertageseinrichtungen sowohl wahrgenommen als auch erweitert.

24 § 1666 Abs. 1 BGB: *Wird das körperliche, geistige oder seelische Wohl des Kindes oder sein Vermögen gefährdet und sind die Eltern nicht gewillt oder nicht in der Lage, die Gefahr abzuwenden, so hat das Familiengericht die Maßnahmen zu treffen, die zur Abwendung der Gefahr erforderlich sind.*

25 Bundesministerium für Familie, Senioren, Frauen und Jugend: Zehnter Kinder- und Jugendbericht. Bericht über die Lebenssituation von Kindern und die Leistungen der Kinderhilfen in Deutschland. Bundestagsdrucksache 13/11368, S. 40, Bonn 1998

Dieser Zusammenhang lässt sich auch so formulieren: Kindertageseinrichtungen sind dazu da, sicherzustellen, was (eigentlich) Eltern tun sollten. Zusätzlich sollen sie ausgleichen und gewährleisten, was Eltern heutzutage (kaum mehr) vermitteln oder bereithalten können. Gemeint sind Sozialisationsbedingungen und -leistungen, die für die Entwicklung jedes Kindes wichtig und (deshalb) gesellschaftlich benötigt werden.

Für diese Ergänzung des elterlichen Erziehungsauftrages gibt es gesetzliche Grundlagen, die wir im Folgenden erläutern. Wir ziehen der Übersicht wegen ausschließlich die bundesgesetzlichen Regelungen des Kinder- und Jugendhilfegesetzes (KJHG)[26] hinzu. Sie gelten für alle Bundesländer und liegen deswegen mit dem Grundgesetz und dem BGB auf der Ebene oberhalb der Länderregelungen. Zu Gunsten der bisher vorgenommenen Systematisierung mit den Kategorien Aufgaben, Erziehungsziele und Prinzipien wird eine Abhandlung der einzelnen Paragraphen in ihrer formalen Reihenfolge als nicht zweckmäßig angesehen.

Das Kinder- und Jugendhilfegesetz folgt dem Leitgedanken der elterlichen Zuständigkeit und ihrer zweifach ausgeprägten Kompetenz in der Kindererziehung, als Recht und Pflicht. Das SGB VIII/KJHG widmet sich als jugendhilferechtliches bzw. sozialpädagogisches Fachgesetz auf Bundesebene vorrangig der Aufgabe, Eltern bei der Erziehung ihrer Kinder zu unterstützen. Es übernimmt die Gewährleistung des elterlichen Erziehungsprimats und beschreibt zugleich die Grundsätze öffentlicher/gesellschaftlicher Erziehung. Da in Grundgesetz und BGB die Eltern als Zuständige für ihre Kinder identifiziert sind, nimmt es nicht Wunder, dass sich wesentliche Inhalte der bereits genannten Gesetze wiederfinden.

§ 1 SGB VIII / KJHG

(1) *Jeder junge Mensch hat ein Recht auf Förderung seiner Entwicklung und auf Erziehung zu einer eigenverantwortlichen und gemeinschaftsfähigen Persönlichkeit.*

(2) *Pflege und Erziehung sind das natürliche Recht der Eltern und die zuvörderst ihnen obliegende Pflicht. Über ihre Betätigung wacht die staatliche Gemeinschaft.*

(3) *Jugendhilfe soll zur Verwirklichung des Rechts nach Absatz 1 insbesondere*

1. *junge Menschen in ihrer individuellen und sozialen Entwicklung fördern und dazu beitragen, Benachteiligungen zu vermeiden oder abzubauen,*
2. *Eltern und andere Erziehungsberechtigte bei der Erziehung beraten und unterstützen,*
3. *Kinder und Jugendliche vor Gefahren für ihr Wohl schützen,*
4. *dazu beitragen, positive Lebensbedingungen für junge Menschen und ihre Familien sowie eine kinder- und familienfreundliche Umwelt zu erhalten oder zu schaffen.*

Im Absatz 2 wird wörtlich Art. 6 Abs. 2 GG wiedergegeben, gleichsam um den Ansatzpunkt der (sozialpädagogischen) Arbeit in der gesamten Jugendhilfe herauszuheben. Im Absatz 1 steht voran das Recht jedes jungen Menschen auf Förderung seiner Entwicklung und auf Erziehung. Diese Aussage hat programmatischen Charakter. Sie ergänzt die Aussage des zweiten Absatzes und widerspricht ihr sogar teilweise. Zumindest wird damit ein potentiell bestehender Grundwiderspruch zwischen den Rechten eines Kindes (als eigenständiger Person) und den Rechten der Eltern in Bezug

26 Genauer: des Achten Buch Sozialgesetzbuch (SGB VIII)

auf ihr Kind sichtbar. Im Kern geht es um die Frage, wie weit das Recht des jungen Menschen auf Förderung und Erziehung notfalls ohne die Eltern durch den Staat zu verwirklichen ist.[27] (siehe S. 51 ff. Rechtsstellung des Kindes)

Bei unserer Suche nach relevanten Erziehungszielen in den einschlägigen Gesetzen fallen gleich im ersten Absatz zwei pädagogische Ziele auf, nämlich

- Eigenverantwortlichkeit und
- Gemeinschaftsfähigkeit.

Diese beiden waren durch die Vorschriften des bürgerlichen Rechts allein für die Eltern verbindlich. Sie werden durch die Wiederholung im SGB VIII / KJHG ausdrücklich auch zu Leitzielen für die öffentliche Erziehung. Wiesner u.a. schreiben in ihrem Kommentar dazu: *Der Gesetzgeber betont damit die individuelle und soziale Komponente und orientiert sich dabei an der Rechtssprechung des Bundesverfassungsgerichts ... Die Normierung solcher Ziele (auch mit Wirkung für Eltern und Schule) ist unbedenklich, weil sie unmittelbar aus der Verfassung entnommen sind.*[28]

Dass diese Zielsetzungen dem Gesetzgeber offensichtlich wichtig gewesen sind, kann man am § 22 Abs. 2 SGB VIII / KJHG erkennen, in welchem sie für die Förderung von Kindern in Tageseinrichtungen für Kinder nochmals niedergeschrieben sind, obwohl der § 1 SGB VIII / KJHG als programmatischer Paragraph doch sowieso für das gesamte Gesetz Leitsatzfunktion erfüllt.

§ 22 SGB VIII / KJHG

(1) *Tageseinrichtungen sind Einrichtungen, in denen sich Kinder für einen Teil des Tages oder ganztägig aufhalten und in Gruppen gefördert werden ...*

(2) *Tageseinrichtungen für Kinder und Kindertagespflege sollen*

1. *die Entwicklung des Kindes zu einer eigenverantwortlichen und gemeinschaftsfähigen Persönlichkeit fördern,*
2. *die Erziehung und Bildung in der Familie unterstützen und ergänzen,*
3. *den Eltern dabei helfen, Erwerbstätigkeit und Kindererziehung besser miteinander vereinbaren zu können.*

(3) *Der Förderungsauftrag umfasst Erziehung, Bildung und Betreuung des Kindes und bezieht sich auf die soziale, emotionale, körperliche und geistige Entwicklung des Kindes. Er schließt die Vermittlung orientierender Werte und Regeln ein. Die Förderung soll sich am Alter und Entwicklungsstand, den sprachlichen und sonstigen Fähigkeiten, der Lebenssituation sowie den Interessen und Bedürfnissen des einzelnen Kindes orientieren und seine ethnische Herkunft berücksichtigen.*

Tageseinrichtungen bzw. die Erzieherinnen erfüllen demzufolge mehrere Funktionen: Sie fördern Kinder; sie unterstützen und ergänzen Erziehung und Bildung in Familien; sie helfen Eltern Erwerbstätigkeit und Kindererziehung miteinander zu vereinbaren. Das lässt staunen.

---

27 In den verschiedenen Kommentaren zum KJHG wird auf dieses Problem ausführlicher und kompetenter eingegangen, als wir es hier könnten, vgl. zum Beispiel Münder u.a.: Frankfurter Lehr- & Praxis-Kommentar zum KJHG. Münster 1993; Wiesner u.a.: SGB VIII, Kommentar. München 1995

28 Wiesner u.a.: SGB VIII, Kommentar. München 1995, S. 20; Hervorhebung im Original

Die vorerst letzte Neufassung der §§ 22 ff. SGB VIII / KJHG aus dem Jahr 2004 unterscheidet sich in mancherlei Hinsicht von den Vorgängern und führt etwas völlig neues ein, die Erziehung und Bildung in der Familie. Pflege und Erziehung sind Aufgaben der Eltern laut Grundgesetz und BGB. Darf das SGB VIII die Aufgaben der Eltern erweitern? Kann das Gesetz Eltern zur Erziehung und Bildung ihrer Kinder verpflichten? Nein, das ist nicht möglich. Es ist ein Gesetz für die Kinder- und Jugendhilfe. Beabsichtigt wird mit dieser Passage wohl eher, die Fachkräfte und Träger daran zu erinnern, dass alle elterlichen Bemühungen für die Kinder immer auch ein Bildungsangebot darstellen. Dieses moderne Verständnis von Bildung, das sich deutlich von schulisch geprägtem Wissens- und Kulturtransfer unterscheidet, bekommt durch seine Aufnahme ins Bundesgesetz seine höhere Weihe. Für die Tageseinrichtungen der Kinder bedeutet dieses Verständnis die Anerkennung eines eigenen pädagogischen Ansatzes. International steht die deutsche Elementarpädagogik damit gut da. Die Organisation für wirtschaftliche Zusammenarbeit und Entwicklung (OECD) würdigt diesen sozialpädagogischen Ansatz ausdrücklich.[29]

Während die Funktion von Kindertageseinrichtungen *Eltern helfen, Erwerbstätigkeit und Kindererziehung besser miteinander vereinbaren zu können* hier nicht weiter beachtet werden muss, verweist uns die Funktion *Erziehung und Bildung in Familien unterstützen und ergänzen* nicht bloß auf eine Überraschung, sondern auch auf etwas lang Hergebrachtes. Der so genannte familienergänzende Auftrag des Kindergartens kommt in neuem Gewand für alle Formen der Kindertagesbetreuung daher. Er erinnert uns daran, dass zwischen Kita und Elternhaus weder Konkurrenz noch absolute Gleichheit in den erzieherischen Angeboten herrschen sollen. Unterstützung, das kann Bestärkung des Vorhandenen ebenso sein, wie das Zusätzliche, eben die Ergänzung dessen, was Eltern nicht leisten können.

Die dritte Funktion, *die Entwicklung des Kindes zu einer eigenverantwortlichen und gemeinschaftsfähigen Persönlichkeit fördern,* wird in § 22 Abs. 3 SGB VIII/KJHG präzisiert. Der Förderauftrag umfasst *Erziehung, Bildung und Betreuung des Kindes und bezieht sich auf die soziale, emotionale, körperliche und geistige Entwicklung des Kindes.*

Gegenüber den Aufgaben der Eltern fällt auf, dass der Begriff Pflege ersetzt wurde durch den Begriff Betreuung. Augenfällig ist weiterhin, dass der Begriff Bildung hinzugekommen ist. Auch wenn von Erziehung und Bildung in der Familie die Rede ist, die eigentlich neue Qualität in der gemeinsamen Sorge von Eltern und Gesellschaft um die Kinder liegt im hier augenfälligen Bildungsauftrag. Eltern können und sollen ihren Kindern Pflege und Erziehung angedeihen lassen, doch das reicht heutzutage nicht mehr aus für ein möglichst gutes Hineinwachsen in die Gesellschaft. Das elterliche Erziehungsrecht wird ergänzt, denn nur wenige Eltern können ihren Kindern eine Bildung vermitteln, die kindgemäßen Wissenserwerb ebenso umfasst wie den Erwerb sozialen Verhaltens zwischen Kindern oder den Ausgleich gesellschaftlicher Benachteiligungen.

Der Vollständigkeit halber kommen wir nochmals auf das Verhältnis des § 1 zum § 22 SGB VIII / KJHG zurück. Der erste Paragraph gilt quasi als Leitsatz für das ge-

29 OECD (Hrsg.): Die Politik der frühkindlichen Betreuung, Bildung und Erziehung in der Bundesrepublik Deutschland. Länderbericht – Kurzfassung, 2004

samte Gesetz. Seine Vorgaben müssen von der gesamten Jugendhilfe, also auch der Jugendarbeit, der Hilfen zur Erziehung etc. angestrebt werden. Die speziellen Ausführungen für die Kindertageseinrichtungen in § 22 ff. heben die des § 1 nicht auf, sondern präzisieren und verstärken sie. In der in diesem Buch entwickelten Systematik behandeln wir die Vorschriften des § 1 wie Teilaufgaben von Betreuung, Erziehung und Bildung, ohne damit ihre grundsätzliche Bedeutung schmälern zu wollen. Ähnlich wie sich Beaufsichtigung und Aufenthaltsbestimmung den übergeordneten Aufgaben der Pflege und Erziehung als Mittel oder Werkzeuge unter- bzw. zuordnen lassen, um Pflege und Erziehung unter letztlich pädagogisch bestimmter Zielsetzung zu sichern, können die im § 1 formulierten Aufgaben der Jugendhilfe so verstanden werden, dass nur durch ihre Wahrnehmung Funktionen und Ziele öffentlicher Erziehung zu gewährleisten sind. Jugendhilfe soll, so hieß es:

- Benachteiligungen vermeiden oder abbauen,
- Eltern beraten und unterstützen,
- Kinder vor Gefahren für ihr Wohl schützen und
- beitragen, positive Lebensbedingungen zu erhalten bzw. zu schaffen.

Aus den allgemeinen Vorschriften des ersten Kapitels im SGB VIII / KJHG, sind zwei weitere Paragraphen von Bedeutung.

§ 8 SGB VIII / KJHG

(1) *Kinder und Jugendliche sind entsprechend ihrem Entwicklungsstand an allen sie betreffenden Entscheidungen der öffentlichen Jugendhilfe zu beteiligen. Sie sind in geeigneter Weise auf ihre Rechte im Verwaltungsverfahren sowie im Verfahren vor dem Vormundschaftsgericht und dem Verwaltungsgericht hinzuweisen.*

(2) *Kinder und Jugendliche haben das Recht, sich in allen Angelegenheiten der Erziehung und Entwicklung an das Jugendamt zu wenden.*

(3) *Kinder und Jugendliche können ohne Kenntnis des Personensorgeberechtigten beraten werden, wenn die Beratung aufgrund einer Not- und Konfliktlage erforderlich ist und solange durch die Mitteilung an den Personenberechtigten der Beratungszweck vereitelt würde.*

§ 9 SGB VIII / KJHG

Bei der Ausgestaltung der Leistungen und der Erfüllung der Aufgaben sind

1. *die von den Personensorgeberechtigten bestimmte Grundrichtung der Erziehung sowie die Rechte der Personensorgeberechtigten und des Kindes oder des Jugendlichen bei der Bestimmung der religiösen Erziehung zu beachten,*
2. *die wachsende Fähigkeit und das wachsende Bedürfnis des Kindes oder des Jugendlichen zu selbstständigem, verantwortungsbewusstem Handeln sowie die jeweiligen besonderen sozialen und kulturellen Bedürfnisse und Eigenarten junger Menschen und ihrer Familien zu berücksichtigen,*
3. *die unterschiedlichen Lebenslagen von Mädchen und Jungen zu berücksichtigen, Benachteiligungen abzubauen und die Gleichberechtigung von Mädchen und Jungen zu fördern.*

Ziele der Jugendhilfe allgemein und deshalb auch Ziele für die pädagogische Arbeit in Kindertageseinrichtungen finden wir im § 9 SGB VIII / KJHG; es sind:

- Selbstständigkeit,
- Verantwortungsbewusstsein,
- Handlungsfähigkeit und
- Gleichberechtigung.

Diese Ziele sind schon bekannt aus den Regelungen des Grundgesetzes und des Bürgerlichen Gesetzbuches. Zum Teil in wörtlicher Übereinstimmung werden im Gesetz für die Jugendhilfe Regelungen des allgemeinen Rechts durch Wiederholung betont. In diesem Fall handelt es sich um Folgerungen aus der lebenspraktisch wie sozialwissenschaftlich gesicherten Erkenntnis, dass die Fähigkeiten und Bedürfnisse des Kindes wachsen (sollen), wie es selbst. Erwachsene tun gut daran, selbstständiges und verantwortungsbewusstes Handeln[30] zu fördern. So atemberaubend kurz und prägnant können Erziehungsziele formuliert werden.

Dem stehen die vorgegebenen Prinzipien kaum nach. Beginnen wir mit einem Prinzip aus § 9 Nr. 2 SGB VIII / KJHG:

- Fähigkeiten und Bedürfnisse der Kinder berücksichtigen!

Es erscheint logisch und ist pädagogisch eine Banalität, dass bei der Kindererziehung die schon vorhandenen Fähigkeiten und Bedürfnisse der Kinder berücksichtigt (und auch genutzt) werden sollen. Drei Gründe sprechen dafür, auf dieses Prinzip trotzdem genauer einzugehen. Da ist erstens der Umstand, dass wieder eine pädagogische Erkenntnis in Gesetzesform daherkommt. Da zwingt uns zweitens der Wunsch nach vollständiger Analyse der Paragraphen dazu. Und drittens ist da das Wissen, dass in der Erziehung die von den Kindern bereits erworbenen Fähigkeiten nicht immer die Grundlage pädagogischer Angebote darstellen und dass die kindlichen Bedürfnisse und Wünsche in Kindertageseinrichtungen selten in dem von uns für erforderlich gehaltenen Umfang berücksichtigt werden.[31] Praktische Beispiele für diese Aussage beschreiben wir im Kapitel 2.

Aus dem § 9 SGB VIII / KJHG können Erzieherinnen in Bezug auf die Kinder weitere Handlungsprinzipien ableiten:

- Besondere soziale und kulturelle Bedürfnisse und Eigenarten berücksichtigen!
- Unterschiedliche Lebenslagen von Mädchen und Jungen berücksichtigen!

Das Prinzip

- Kinder beteiligen!

ist aus dem BGB (§ 1626 Abs. 2) bekannt. Die Logik »Was für die Eltern gilt, wird für die Jugendhilfe so weit wie möglich übertragen« wird weiterhin angewendet. Deshalb ist die Beteiligung von Kindern im § 8 Abs. 1 SGB VIII / KJHG fixiert worden.

Um das Bild abzurunden, müssen wir § 22a Abs. 2 & 3 SGB VIII / KJHG heranziehen. Dort sind allgemeine Regeln für die Ausgestaltung der pädagogischen Arbeit genannt worden, die, anders als die bisher aufgeführten, nicht direkt auf die Kinder zu beziehen sind, sondern auf die Ausgestaltung der Rahmenbedingungen. Sie betreffen die Organisation und die Zusammenarbeit zwischen den beteiligten Erwachsenen:

- (Pädagogisch und organisatorisch) an den Bedürfnissen der Kinder und ihrer Familien orientieren!
- Eltern beteiligen!

---

30 Handeln, nicht nur Denken oder Wollen!

31 Vergleiche hierzu zum Beispiel Preissing, Ch./Prott, R. : Selbstständigkeit & Handlungskompetenz des Kindes. In: Rieder-Aigner H. (Hrsg.): Handbuch Kindertagesstätten, Regensburg, Bonn 1994

- Fachkräfte und andere Mitarbeiter sollen untereinander und mit den Erziehungsberechtigten zusammenarbeiten!

Auch diese Prinzipien sind zwingende Folgen aus den Zielsetzungen. Wie anders sollen die hochgesteckten Ziele und Aufgaben der Jugendhilfe nach dem SGB VIII / KJHG insgesamt und für die Erzieherinnen in Kindertageseinrichtungen im besonderen zu erreichen sein, wenn sie nicht die »Auftraggeber« einbeziehen oder ihre unterschiedlichen Kompetenzen durch Absprache in den Einrichtungen optimal zur Geltung bringen? Trotzdem die Angebote der Jugendhilfe eine gewisse Eigenständigkeit erlangen, das heißt über die Möglichkeiten des Elternhauses hinausgehend pädagogische Angebote entwickeln dürfen bzw. sollen, um allgemeine gesellschaftliche Erfordernisse zu erfüllen, müssen alle Aktivitäten mit den Grundvorstellungen der Eltern vereinbar sein. Die durchaus mögliche Gegensätzlichkeit beider Anforderungen soll durch die Einbeziehung von Eltern und Kindern bei der Entwicklung und Durchführung pädagogischer Angebote produktiv gelöst werden. Dies erscheint machbar, weil Eltern rechtlich auf dieselben Zielsetzungen wie die Kindertageseinrichtungen verpflichtet sind.

Zwischenbilanz: Öffentliche Erziehung

Wir fassen nachfolgend unsere Ausführungen zu den Handlungsvorgaben für Fachkräfte der Jugendhilfe aus dem SGB VIII / KJHG zusammen – in Form einer Gegenüberstellung zu den in der ersten Zwischenbilanz (siehe S. 38) resümierten Rechten und Pflichten der Eltern, wie sie aus dem Grundgesetz und dem BGB entwickelt wurden.

Die Gegenüberstellung der Verantwortlichkeiten von Eltern und Erzieherinnen zeigt weitgehende Übereinstimmung und nur wenige Unterschiede für die beiden Partner in der Erziehung. Wir lassen bei der Aufstellung außer Acht, dass Erzieherinnen vermittelt über den Träger, ohnehin verpflichtet sind, die Personensorge im Auftrag der Eltern auszuführen. Schon von daher ist der Bezug auf die unterschiedlichen Gesetzesgrundlagen ausschließlich als theoretische Überlegung zu verstehen. Vergleicht man also die jeweils für Eltern und Erzieherinnen getrennt geltenden Regularien, zeigen sich zwei Unterschiede bei den Zielen, die in der Tabelle farbig markiert sind. Während bei den Eltern durch die Einbeziehung des Artikels 2 des Grundgesetzes das Ziel der freien Entfaltung der Persönlichkeit aufgeführt ist, gibt es bei der Aufzählung der für die Erzieherin vorgegebenen Erziehungsziele zusätzlich das Ziel Eigenverantwortlichkeit. Für Erzieherinnen gibt es eine etwas detailliertere Aufgabenbeschreibung und mehr Vorgaben bei den Prinzipien festzustellen.

Es wäre überzogen, die Unterschiede als bedeutsam einzuschätzen. Ein grundsätzlicher Gegensatz lässt sich nicht ableiten. Das (oberste) Ziel der freien Entfaltung der Persönlichkeit muss als zu verwirklichendes Grundrecht (des Kindes) durch jede Person angestrebt werden, die für das Kind zuständig ist. Es gilt nicht nur für Eltern. Aber selbst innerhalb unserer strengen Aufteilung geht die Verpflichtung, dieses Ziel anzusteuern, spätestens dann auf die Erzieherin über, wenn das Kind auf Wunsch der Eltern eine Kindertageseinrichtung besucht.

Das Ziel der Eigenverantwortlichkeit wiederum ist zwar nur im SGB VIII / KJHG explizit aufgeführt, doch kann es ebenso gut als Teil des Ziels Verantwortungsbewusstsein gesehen werden. Es steht keinem anderen Ziel entgegen und bringt Eltern und Erzieherin nicht in

Pflicht der Erzieherin (= Verantwortung), folgende Aufgaben wahrzunehmen:	Pflicht und Recht der Eltern (= Verantwortung), folgende Aufgaben wahrzunehmen:
Betreuung/Pflege, Bildung, Erziehung Teilaufgaben • Benachteiligungen vermeiden oder abbauen, • Eltern beraten und unterstützen, • Kinder vor Gefahren für ihr Wohl schützen und • beitragen, positive Lebensbedingungen zu erhalten bzw. zu schaffen.	**Pflege, Erziehung, Beaufsichtigung, Aufenthaltsbestimmung**
Ziele:	
▸ Selbstständigkeit ▸ Verantwortungsbewusstsein ▸ Handlungsfähigkeit ▸ Gemeinschaftsfähigkeit ▸ Gleichberechtigung ▸ Eigenverantwortlichkeit	▸ freie Entfaltung ▸ Selbstständigkeit ▸ Verantwortungsbewusstsein ▸ Handlungsfähigkeit ▸ Gemeinschaftsfähigkeit ▸ Gleichberechtigung
Prinzipien:	
▪ Wachsende Fähigkeiten und Bedürfnisse des Kindes berücksichtigen! ▪ Besondere soziale und kulturelle Bedürfnisse und Eigenarten berücksichtigen! ▪ Unterschiedliche Lebenslagen von Mädchen und Jungen berücksichtigen! ▪ Kinder beteiligen! ▪ (pädagogisch und organisatorisch) an den Bedürfnissen der Kinder und ihrer Familien orientieren! ▪ Eltern beteiligen! ▪ Fachkräfte und andere Mitarbeiter sollen untereinander und mit den Erziehungsberechtigten kooperieren!	▪ wachsende Fähigkeiten und Bedürfnisse des Kindes berücksichtigen! ▪ Einvernehmen anstreben! ▪ entwürdigende Erziehungsmaßnahmen sind unzulässig! ▪ mit dem Kind Fragen der elterlichen Sorge besprechen!

Gegenposition zueinander. Die Tatsache, dass sowohl Verantwortungsbewusstsein als auch Eigenverantwortlichkeit aus den Gesetzestexten als Ziele herauszulesen sind, mag daher eher dazu benutzt werden, einmal über die doppelte Bedeutung des Begriffs Verantwortung nachzudenken: Verantwortung kann man für sich selbst und/oder für andere Personen tragen. Wer ausschließlich für sich selbst Verantwortung übernimmt, handelt ohne besondere Verantwortung gegenüber anderen; wer nur Verantwortung für andere im Kopf hat, handelt gegenüber sich selbst unverantwortlich.

Exkurs: Rechtsstellung des Kindes

Ein Kind oder Jugendlicher ist bis zur Volljährigkeit nur bedingt rechtsmündig. Seine Rechtsfähigkeit beginnt mit der Vollendung der Geburt (§ 1 BGB), seine Geschäftsfähigkeit mit der Vollendung des siebten Lebensjahres (§ 104 BGB), seine Schadensverantwortlichkeit ebenfalls (§ 828 BGB), seine Strafmündigkeit mit dem vierzehnten Lebensjahr (§ 1 JGG), um nur die wichtigsten Faktoren der Rechtsfähigkeit neben der sogenannten Grundrechtsmündigkeit aufzuzählen. Mit dem letztgenannten Begriff wird die Fähigkeit eines Kindes oder eines Jugendlichen bezeichnet, bestimmte Grundrechte selbstständig ausüben zu können, jedenfalls in einem für ihn förderlichen Rahmen.

Das Kind ist von Geburt an Grundrechtsträger.[32] Das bedeutet, dass ihm die Verfassungsrechte des Grundgesetzes zustehen. Strittig ist, ob das Kind ein eigenständiges Recht geltend machen kann oder die Rechte ausschließlich über seine Eltern zu verwirklichen sind. Der Streit hat praktische Konsequenzen. Würden dem Kind die Rechte eigenständig zustehen, könnte es sich in Streitfällen gegen den Willen seiner Eltern abgrenzen. Die staatlichen Jugendbehörden hätten das Kind bzw. den Jugendlichen im Rahmen seiner Rechte zu unterstützen, sie müssten notfalls sogar einen eigenständigen staatlichen Erziehungsauftrag entwickeln. Als herrschende Meinung gilt zurzeit, dass keine extensive Auslegung erfolgt. Die Grundrechte der Kinder werden durch die Eltern gewahrt. Sie haben ihr Grundrecht auf Erziehung nach Art. 6 GG (nur) im Interesse ihres Kindes auszuüben. Eltern sind an diese Vorgaben gebunden.

Das SGB VIII / KJHG ist im Zuge der Auseinandersetzung um die Grundrechtsfrage so aufgebaut worden, dass der Adressat der Jugendhilfeleistungen die Sorgeberechtigten sind. Sie sollen in die Lage versetzt werden, die Rechte des Kindes auf Erziehung und Förderung zu verwirklichen.

Gegner dieser Auffassung führen ins Feld, dass es genügend Fälle gibt, in denen die Eltern ihre Erziehungsrechte und -pflichten nicht in pflichtgemäßem Ermessen und in Einklang mit den Grundrechten des Kindes wahrnehmen. Sie kritisieren (zu Recht, wie wir meinen), dass die vorgesehenen Hilfsmöglichkeiten für Kinder gegen die missbräuchliche Erziehungspraxis den tatsächlichen Problemlagen nicht genügen.

Trotzdem gilt die beschriebene herrschende Meinung als Grundlage für Gesetzgebung, Rechtsprechung und -interpretation. Quasi als Kompromiss wird Kindern und Jugendlichen die Grundrechtsmündigkeit zugestanden. Ein heftig umstrittenes Rechtskonstrukt, das den Minderjährigen notfalls auch gegen die elterlichen Vorstellungen eigene Rechte zubilligt, solange bzw. sobald davon ausgegangen werden kann, dass der Betreffende überblicken und einschätzen kann, welche Konsequenzen aus seinem Wollen erwachsen.

Statt uns in allzu theoretischen Erwägungen zu verlieren, wollen wir lieber die relevanten Bezüge zu Erziehung und Beaufsichtigung vorstellen. Bei der Frage, welche Überlegungen das erzieherische Handeln von

32 Im Zusammenhang mit dem noch immer nicht befriedigend gelösten Problem der Schwangerschaftsabbrüche wird diskutiert, inwiefern schon ungeborenem Leben Grundrechte zugesprochen werden können.

Eltern und/oder Erzieherinnen bestimmen, sind bislang die Rechte des Kindes als Einflussfaktoren der Pädagogik vernachlässigt worden. Zu berücksichtigen sind unabhängig von theoretischem Streit und Auseinandersetzungen in der Alltagspraxis drei Rechte aus dem Grundgesetz[33]:

- das Recht auf freie Entfaltung (Art. 2 Abs. 1 GG), [Wir haben es bisher als Erziehungsziel definiert, es lässt sich getreu dem Wortlaut unserer Verfassung als Recht jedes Menschen im Geltungsbereich des Grundgesetzes interpretieren.]
- das Recht auf Leben und körperliche Unversehrtheit aus Art. 2 Abs. 2 GG,
- das Recht auf Einhaltung des Diskriminierungsverbotes nach Art. 3 GG.

Im § 1 SGB VIII / KJHG finden wir noch

- das Recht des jungen Menschen auf Förderung seiner Entwicklung und auf Erziehung zu einer eigenverantwortlichen und gemeinschaftsfähigen Persönlichkeit.

Alle Rechte tauchten bereits aus anderer Perspektive in unserer Darstellung auf. Sie brauchen deshalb nicht mehr näher erläutert zu werden. Mit der eigenständigen Erwähnung der Rechte des Kindes wollten wir die Komplexität des Gesamtzusammenhangs andeuten. Wichtig war uns diese Hinwendung zu den (rechtlichen) Belangen der Kinder, um ihre eigenständige Position zu betonen. Hieran kann man erkennen, dass die Methode, Erziehungsziele aus den Verpflichtungen der Personensorgeberechtigten abzuleiten, notwendig, aber keinesfalls ausreichend ist.

Und noch ein Gedanke dazu: Verantwortung für andere kann man nie vollständig übernehmen, ein Teil Eigenverantwortung muss und soll immer beim anderen bleiben. Ein Zugriff auf diesen Bestand oder sein Überdecken hält den anderen in Unmündigkeit. Dies würde den geforderten Erziehungszielen widersprechen.

Zum Ende dieses Abschnittes stellen wir nun das vollständige Schema mit allen für Eltern und Erzieherinnen relevanten und rechtlich zu begründenden pädagogischen Vorgaben auf einen Blick dar. Das Schema kann aus den jeweiligen landesgesetzlichen Regelungen vervollständigt und weiter konkretisiert werden. Anzuregen ist auch, die Ableitung von den Aufgaben über die Ziele zu den Prinzipien im Hinblick auf die jeweils gegebenen Umstände in einer Kindertagesstätte fortzuführen. Dafür müssen jeweils angemessene Umsetzungsmethoden entwickelt werden. Sinn und Zweck unserer Überlegungen war es, zu zeigen:

- dass die fachlichen und rechtlichen Grundsätze der pädagogischen Arbeit in Kindertageseinrichtungen nicht im Widerspruch zueinander stehen und
- dass sie in hohem Maß mit den Vorgaben für Eltern übereinstimmen.

33 Die Rechte der Kinder aus der UN-Kinderrechtskonvention bleiben hier bei dieser Darstellung unberücksichtigt, sind im Alltag jedoch unbedingt zu beachten.

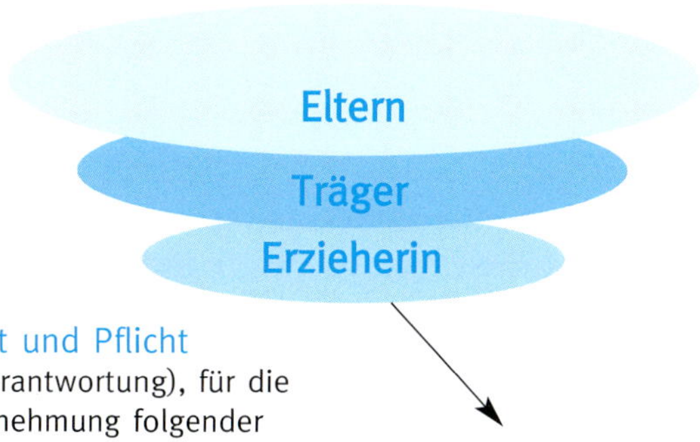

Recht und Pflicht
(= Verantwortung), für die Wahrnehmung folgender

Aufgaben:
- Aufenthaltsbestimmung,
- Pflege,
- Erziehung,
- Beaufsichtigung,
- Bildung

Ziele:
- freie Entfaltung
- Selbstständigkeit
- Verantwortungsbewusstsein
- Handlungsfähigkeit
- Gemeinschaftsfähigkeit
- Gleichberechtigung

Teilaufgaben:
- Benachteiligungen vermeiden oder abbauen,
- Eltern beraten und unterstützen,
- Kinder vor Gefahren für ihr Wohl schützen,
- beitragen, positive Lebensbedingungen zuerhalten bzw. zu schaffen,
- Erziehung und Bildung in der Familie unterstützen und ergänzen.

Prinzipien:
- Wachsende Fähigkeiten und Bedürfnisse des Kindes berücksichtigen!
- Mit dem Kind Fragen der elterlichen Sorge besprechen!
- Einvernehmen anstreben!
- Kinder gewaltfrei erziehen!
- Körperstrafen, seelische Verletzungen... sind unzulässig!

Kind

Ziele, abzuleiten aus der Rechtsstellung des Kindes, siehe oben.
- Recht auf freie Entfaltung
- Recht auf Leben und körperliche Unversehrtheit
- Recht auf Einhaltung des Diskriminierungsverbotes
- Recht auf Förderung und Erziehung
- Recht auf gewaltfreie Erziehung

SCHEMA 4 Eltern/Träger/Erzieherin komplett

Exkurs: Elterliche Sorge

Die rechtliche Verpflichtung von Eltern, für ihre minderjährigen Kinder zu sorgen, wird in der Bundesrepublik Deutschland im Bürgerlichen Gesetzbuch (BGB) durch den Begriff der elterlichen Sorge beschrieben (§ 1626 Abs. 1 Satz 1 BGB). Die elterliche Sorge umfasst vier Teilbereiche, nämlich

- die Personensorge,
- die Vermögenssorge,
- die Vertretung in der Personensorge und
- die Vertretung in der Vermögenssorge (§§ 1626 Abs. 1 Satz 2; 1629, 1631 Abs. 1 BGB).

Die Personensorge umfasst Pflege, Erziehung, Beaufsichtigung und Aufenthaltsbestimmung, die Vermögenssorge umfasst die Sorge für das Vermögen des Kindes. Weil Pflege, Erziehung, Beaufsichtigung vor allem durch Aktionen oder Tätigkeiten dem Kind zuteil werden, spricht man hier häufig von tatsächlicher Personensorge, damit ist die Zuwendung und Fürsorge gemeint, die ein Kind unmittelbar erfährt oder erfahren soll.

Die Vertretung, sowohl in der Personen- als auch in der Vermögenssorge, kommt dem Kind nicht direkt zu, sondern wird in seinem wohlverstandenen Interesse mehr im Auftrag durch die Eltern wahrgenommen. Das geschieht beispielsweise, wenn Eltern für das Kind erklären, dass es eine Erbschaft antreten will, die das Vermögen des Kindes tatsächlich mehrt und nicht schmälert (Vertretung in Ausübung der Vermögenssorge). Wenn Eltern im Interesse eines Kindes vor Gericht klagen, dann tun sie dies möglicherweise im Rahmen der Vertretung in der Personensorge, jedenfalls immer dann, wenn das Kind klagen müsste, um seine Rechte gegenüber sogenannten Dritten durchzusetzen, aber selbst nicht klagen kann, weil es zu jung ist. Ein anderer Fall liegt vor, wenn Eltern in eine bevorstehende Operation einwilligen.

Tatsächliche elterliche Sorge und Vertretung können auch so unterschieden werden, dass es bei ersterer mehr oder weniger um die Ausführung von Alltagstätigkeiten geht, während es sich im anderen Fall um den Vollzug von Rechtsgeschäften handelt. Dies ist dann auch der Hintergrund. Unbeschränkt rechtsfähig, das heißt mit der uneingeschränkten Fähigkeit und Verantwortung Rechtsgeschäfte abzuschließen, sind nicht minderjährige (Kinder und Jugendliche), sondern ausschließlich volljährige Menschen (Erwachsene), soweit sie nicht entmündigt wurden oder aus anderen Gründen nur beschränkt geschäftsfähig sind.

Seit der Neuregelung der elterlichen Sorge zum 01.07.1998 haben beide Eltern die elterliche Sorge inne, sofern sie entweder miteinander verheiratet sind bzw. einander heiraten oder aber als Unverheiratete eine sogenannte Sorgeerklärung abgeben. Geschieht dies nicht, übt die Mutter allein die elterliche Sorge aus. Bis zum Inkrafttreten der neuen Regelung erhielten nichteheliche Mütter per Gesetz automatisch einen Amtspfleger zur Seite gestellt, der sie unterstützen und die Wahrnehmung der Rechte des Kindes, zum Beispiel auf Vaterschaftsfeststellung, sichern sollte. Im Zuge der Aufhebung der Diskriminierung nichtehelicher gegenüber ehelichen Kindern erfolgte demnach auch eine Aufwertung der mütterlichen Erziehungsleistungen. Allein sorgeberechtigte Mütter können jetzt zu ihrer Unterstützung einen sogenannten Beistand beantragen (wie auch verheiratete Eltern dieses Recht haben), doch es besteht keinerlei Verpflichtung dazu.

Ist eine Minderjährige Mutter geworden oder ist eine Mutter nicht geschäftsfähig, so braucht das Kind einen Vormund (§ 1773 BGB), welcher die Vertretung übernimmt. Die Mutter übt dann ausschließlich die tatsächliche Personensorge aus.

Neu in den Regelungen zur elterlichen Sorge sind die Bestimmungen,

- dass das Kind ein Recht auf Umgang mit jedem Elternteil hat (§ 1684 Abs. 1 BGB in Ergänzung zu § 1626 Abs. 3 BGB), so dass beide Eltern für die Verwirklichung des Rechts eintreten müssen;
- dass Großeltern, Geschwister und andere Personen, wenn sie wichtige Bezugspersonen sind, ein Umgangsrecht mit dem Kind haben (§ 1685 BGB); umgekehrt gilt dieses Recht auch;
- dass in Notsituationen (Gefahr im Verzug) einer von zwei sorgeberechtigten Elternteilen allein eine Entscheidung treffen darf, unter der Bedingung, dass der andere Elternteil unverzüglich benachrichtigt wird (§ 1629 Abs. 1 BGB);
- dass auch Pflegepersonen, bei denen Kinder sich längere Zeit aufhalten, berechtigt sind, Angelegenheiten des täglichen Lebens zu entscheiden und den Inhaber der elterlichen Sorge darin zu vertreten (§ 1688 BGB).

Die wichtigsten Vorschriften für Eingriffe in die elterliche Sorge, welche nach dem Art. 6 Grundgesetz nur auf Grund eines Gesetzes erfolgen dürfen, sind die §§ 1666 und 1667 BGB. Voraussetzung ist, dass Eltern die elterliche Sorge missbräuchlich ausüben oder das Kind vernachlässigen, selbst wenn das Verhalten der Eltern als unverschuldetes Versagen anzusehen ist. Durch die Form des Umgangs mit dem Kind muss eine Gefährdung des Kindeswohls oder seines Vermögens gegeben sein; und es muss eine Gefahrenabwendung durch die Eltern unterbleiben. Sind diese Voraussetzungen erfüllt, kann das Familiengericht gemäß dem Grundsatz der Erforderlichkeit die Eltern zu verändertem Verhalten anhalten. Das Familiengericht kann Eltern ermahnen, kann ihnen das Aufenthaltsbestimmungsrecht entziehen oder die Ausübung der Personensorge beschränken, schlimmstenfalls völlig entziehen. Bei jedem Eingriff in die Personensorge muss sichergestellt werden, dass jemand anderes die Aufgabe künftig besser erfüllt. Eine Trennung von der Familie ist nur zulässig, wenn es keinen anderen Weg und keine die Eltern unterstützenden Maßnahmen (zum Beispiel: Leistungen des SGB VIII / KJHG) mehr gibt, so dass kein für das Kind gefahrloser Verbleib zu erwarten wäre.

Weitere Ausführungen zur elterlichen Sorge nach dem BGB, etwa die Regelungen nach Scheidung oder Tod der Eltern würden diesen Exkurs zu sehr erweitern. Wir wollten einen kurzen Überblick geben. Wenn man bedenkt, dass die elterliche Sorge erst seit 01.01.1980 diesen Namen trägt, zum Jahrhundertbeginn (bei Inkrafttreten des BGB) väterliche Gewalt und später elterliche Gewalt hieß, ist es doch als gewaltiger Fortschritt zu bezeichnen, dass das Kindschaftsrecht zu deutlich mehr Rechten für alleinerziehende Mütter und für jedes Kind geführt hat. Der Übergang von der elterlichen Gewalt zur elterlichen Sorge ließ den § 1626 BGB unverändert. Die Einführung des § 1631 Abs. 2 BGB, wonach entwürdigende Erziehungsmaßnahmen in der Ausübung der Personensorge als unzulässig erklärt wurden, begründete im wesentlichen den Wandel von der Bezeichnung Gewalt zur Sorge. In der Neufassung zum 01.07.1998 wurde das Leitbild kindgerechter Erziehung durch Aufzählung unzulässiger Maßnahmen konkretisiert. Insbesondere körperliche und seelische Misshandlungen sind verboten. Ein absolutes Verbot von Gewalt in der Erziehung schien dem Gesetzgeber nicht praktikabel, weil kaum kontrollierbar. Doch trotz der Kontrollproblematik wurde Gewalt in der Erziehung mittlerweile geächtet.

Praktische Bedeutung der rechtlichen Grundlagen

Im vorigen Abschnitt haben wir anhand von geltenden Gesetzestexten gezeigt, wer wie und warum Kinder erziehen darf. Dabei haben wir die gesetzlichen Grundlagen erklärt und, bezogen auf das Problem der Aufsichtspflicht, zwei übergreifende Gedanken verdeutlicht:

1. Die natürliche und rechtliche Logik stellt die Eltern-Kind-Beziehung vor die Erzieherinnen-Kind-Beziehung. Erzieherinnen erhalten auf Grund einer elterlichen Entscheidung den Auftrag, den eigentlich die Eltern ausführen müssten. Der fachliche Auftrag für Erzieherinnen (durch SGB VIII / KJHG und in Landesgesetzen vermittelt) beinhaltet zwar Ergänzungen und Erweiterungen des elterlichen Auftrags zur Erziehung der Kinder zu Selbstständigkeit und Eigenverantwortung, jedoch keine grundsätzlich neuen Ziele. Daraus folgt, dass Eltern und Erzieherinnen nach den gleichen Maßstäben vorgehen müssen. Noch deutlicher: Selbst pädagogisch unausgebildeten Eltern wird die gleiche Verantwortung abverlangt wie den hierfür ausgebildeten Erzieherinnen!

2. Das Recht und die Pflicht zur Beaufsichtigung sind nicht als isolierte Verpflichtung zu verstehen, Kinder zu behüten. Die Aufsichtspflicht ist vielmehr Teil eines ganzen Pakets von Vorgaben, die allesamt und gleichzeitig beachtet werden müssen. Diese Einzelvorgaben stehen in enger Beziehung zueinander, aber nicht gleichrangig nebeneinander. Die Verpflichtung, Kinder zu beaufsichtigen, dient zur Erfüllung anderer Pflichten (und Rechte). Soweit es bisher abgeleitet wurde, dient die Aufsichtspflicht der übergreifenden Verpflichtung von Eltern oder Erzieherinnen, Erziehungsziele zu erreichen.

Mit der Interpretation der Aufsichtspflicht als Erziehungsfunktion wird sie in einen übergreifenden Zusammenhang gebettet. Sie verliert den ihr von mancher Seite verliehenen Charakter eines absoluten Werts, indem ihr Hauptzweck als Garant der Erziehungsziele beschrieben wird. Die Aufsichtsführung über Minderjährige dient im Erziehungsprozess außerdem dazu, Schädigungen abzuwenden. Bezweckt wird die Vermeidung von Schädigungen des Minderjährigen selbst, welche im schlimmsten Fall dazu führen können, dass die Erziehungsziele nie erreicht werden. Bezweckt wird auch, Dritte vor Schädigungen durch zu beaufsichtigende Minderjährige zu bewahren. Die Aufsichtsführung steht damit in einer gewissen Spannung zwischen dem jeweiligen Erziehungsziel und den Rechten Dritter. Risiken bleiben dabei bestehen, denn Kinder sollen durch erzieherische Bemühungen selbstständig und frei aufwachsen. Dass dabei weder sie zu Schaden kommen, noch andere Personen geschädigt werden, bleibt eine Absicht und Hoffnung ohne Gewähr.

Mit dieser Ergänzung wissen wir, wozu die Aufsichtspflicht dient und welchen Zielen sie folgt, noch immer aber nicht, wie sie auszuüben ist. Um dieser Frage auf die Spur zu kommen, analysieren wir ein Urteil aus einem Schadensersatzprozess, bei dem die Aufsichtspflicht eine große Rolle spielte. Der Fall:

In einer Kindertagesstätte spielten Kinder im Hortalter »Cowboy und Indianer«. Dabei warfen sie mit Stöcken. Ein Kind nahm anstelle eines Stockes eine 60 cm lange Eisenstange von 2 cm Durchmesser und verletzte damit ein anderes. Resultat: eine 1 cm lange Rissplatzwunde auf dem Nasensattel und ein ausgedehntes Hämatom (blauer Fleck, Bluterguss). Der zuständige Erzieher leistete mit einem Pflaster erste Hilfe. Die für das Kind kla-

genden Eltern behaupteten, der Erzieher hätte verhindern müssen, dass die Eisenstange auf das Hortgelände gelangen konnte; außerdem hätten er oder eine der Kolleginnen sich direkt bei den spielenden Kindern aufhalten müssen. Demgegenüber wurde eine Aufsichtspflichtverletzung aus der Kindertagesstätte verneint: Die Gegenstände kamen von einer benachbarten Baustelle; der Erzieher sei gerade einem weiteren Kind hinterher gegangen als der Unfall geschah.

Bevor es ins Detail geht, zwei wichtige Bemerkungen zum Prozess, zum Urteil und zur Begründung vorweg:

- Es handelt sich um ein Urteil zu einem Schadensfall in einer Kindertagesstätte.[34] Wenn sich die beteiligten Kinder zum Zeitpunkt des Hergangs nicht im Aufsichtsbereich der Erzieherinnen, sondern dem der Eltern befunden hätten, wäre das gleiche Verfahren gegen die Eltern des den Unfall bewirkenden Kindes möglich gewesen. Die Verantwortung ist mit gleichen Maßstäben zu messen. Die Zuordnung der Aufsicht zu der einen oder der anderen Erziehungsperson unterscheidet die Ausführung in ihrer Substanz nicht grundsätzlich.
- Das Alter des Urteils, 35 Jahre, steht nicht für neuere Trends der Rechtsprechung. Andererseits gibt es keine uns bekanntere schöner formulierte Urteilsbegründung. Auch lässt sich mit diesem Urteil zeigen, worauf Gerichte schon vor mehr als dreißig Jahren Wert legten. Erziehungsfragen werden seitdem eher toleranter und kinderfreundlicher gelöst.[35]

Der Richter stellte fest: *Zu der Schutzpflicht der Erzieher in der Kindertagesstätte gehört es insbesondere, die Kinder zu beaufsichtigen und sie hierbei auch vor Schädigungen ... zu bewahren.*

Soweit befinden wir uns mit unseren Ausführungen in Übereinstimmung mit dem Gericht (siehe oben). Der Richter ist ferner der Ansicht: *Dabei lässt sich das Maß der zu erbringenden Beaufsichtigung naturgemäß nicht abstrakt bestimmen, sondern hängt im Rahmen des Möglichen und Zumutbaren von den Umständen des Einzelfalles ... ab.*

Der Richter drückt damit aus, dass er genau weiß, dass es keine allgemein anwendbare verbindliche Festlegung bzw. Auslegung des Begriffs Aufsichtspflicht gibt. Der gerade zitierte Satz ist ein Standardsatz in den Verfahren um die Aufsichtspflicht. Jemand hat ihn einmal genau so formuliert und nun gilt er, weil alle maßgeblichen Leute finden, dass mit diesem Satz die wesentlichen Umstände hervorragend zusammengefasst sind.
Weiterhin sagt uns der Richter, dass man genau hinschauen muss, um eine Situation einschätzen zu können. Er kennt den gesetzlichen Hintergrund (Stichworte zum Beispiel: wachsendes Bedürfnis und wachsende Fähigkeit des Kindes) und sagt, dass zur Einschätzung des Einzelfalls insbesondere[36]

- das Alter der Kinder,
- ihre pädagogische Beeinflussbarkeit und Einsicht,
- ihre Zahl,
- die Art des Spiels,

34 Geklagt wurde hier gegen den Träger der Einrichtung, der zuständige (= verantwortliche) Erzieher trat als Zeuge auf (LG Berlin, Urteil vom 08.12.1976, Geschäftsnummer 7.0.245/75).

35 Diese Aussage bedeutet nicht, dass wir meinen, unsere Gesellschaft ist insgesamt kinderfreundlicher geworden. Eher trifft u. E. das Gegenteil zu, doch ist festzustellen, dass rigide Erziehungsvorstellungen und -einstellungen deutlich seltener anzutreffen sind als damals.

36 Das Wort insbesondere bedeutet in der Juristerei immer: Es gibt eine ganze Reihe, aber hier werden nur die (mir) wichtigsten aufgezählt.

- die räumlichen und personellen Gegebenheiten

beachtet werden müssen.

Nach den genauen Umständen, die anhand dieser Kriterien zu beschreiben sind, richtet sich das Maß und die Art der Aufsichtsführung. Doch nicht nur das. Der Richter kennt die pädagogische Orientierung aller Bemühungen. Er sagt: *Bei der Bemessung der Aufsichtspflicht muss ferner zwischen den Erfordernissen eines Mindestbestandes von Sicherheit und Ordnung einerseits und dem pädagogischen Ziel der freien Entfaltung der kindlichen Persönlichkeit abgewogen werden.*

Ein Minimum an Sicherheit und Ordnung ist erforderlich, nicht etwa die größtmögliche oder die denkbar größte Absicherung! Das Ziel der freien Entfaltung darf nicht gefährdet werden![37] Der Zweck der Veranstaltung Kindererziehung muss erkennbar bleiben, er genießt höchste Priorität! In anderen Urteilen wird ausdrücklich hervorgehoben und ergänzt, dass eine freie Entfaltung und eine Erziehung zur Selbstständigkeit nicht ohne Risiken vorstellbar sind. Deshalb muss man in Kauf nehmen, dass gelegentlich ein Schaden eintritt.

In einem knapp zwanzig Jahre später beschlossenen Urteil über die Aufsichtspflicht und das Spielen von Kindern in Kindergärten stellte das Oberlandesgericht Düsseldorf sogar fest: *Das Maß der Aufsichtspflicht muss mit dem Erziehungsziel, die wachsende Fähigkeit und das wachsende Bedürfnis des Kindes zum selbstständigen verantwortungsbewussten Handeln einzuüben, in Einklang gebracht werden. Dieser erwünschten Persönlichkeitsentwicklung wäre eine dauernde Überwachung hinderlich; deshalb dürfen und müssen Kindern in diesem Alter im Rahmen einer verantwortlichen Erziehung auch Freiräume eingeräumt werden, bei denen ein sofortiges Eingreifen des Aufsichtspflichtigen nicht mehr möglich ist.*[38]

Die vom Richter in unserem Beispielfall genannten Kriterien wurden im Verfahren dann überprüft:

- Alter der Kinder: Die Kinder waren im aufsichtspflichtigen Alter (Hortkinder).
- Pädagogische Beeinflussbarkeit/Einsicht: Es gab hierzu keine Aussagen, aber: Es ist sowieso nicht völlig zu verhindern, dass Kinder gefährliche Gegenstände mitbringen.
- Anzahl der Kinder: Auch hier keine Einzelangaben.
- Art des Spiels: Das Spiel verlief friedlich, es gab keine Veranlassung zur Wachsamkeit oder zum Eingreifen.
- Räumliche und personelle Gegebenheiten: Es waren genügend Erzieherinnen zur Aufsicht eingeteilt (Organisation). Der zuständige Erzieher war nicht ständig in unmittelbarer Nähe. Der Spielbereich war von weitem und sogar aus dem Haus heraus zu überblicken. Durch die vorhandenen Glasflächen war alles zu beobachten.

Nach Prüfung des gesamten Herganges durch Zeugenbefragungen reichten diese Angaben als Begründung für einen Freispruch aus. »Was sonst?«, ist man als Beobachter und Leser einschlägiger Urteile geneigt zu fragen. In Seminaren zur Aufsichtspflicht sind Erzieherinnen und Trägervertreterinnen immer wieder überrascht, dass die geschilderten Überlegungen wirklich für einen Freispruch ausreichten. Manchmal suchen sie nach Fallen,

37 Dies ist die Stelle, deretwegen auf S. 33 entschieden wurde, die freie Entfaltung als pädagogisches Ziel aufzulisten, nicht als Prinzip.
38 OLG Düsseldorf 18 U 225/94, Urteil vom 12.10.1995

weil sie selbst zu einem anderen Urteilsspruch gekommen wären. Einige stets wiederkehrende Fragen sollen nun diskutiert werden:

1. Im Urteilsspruch steht, dass der Erzieher innerhalb einer halben Minute bei den Kindern sein konnte. Ist daraus zu schließen, dass keine Erzieherin länger weggehen darf?
   Nein, der Rückschluss wäre falsch. Manchmal darf sie gar nicht weggehen und manchmal auch länger. In diesem Fall reichte die halbe Minute aus. Wir wissen daher nicht genau, ob nicht auch drei oder fünf Minuten als ausreichend eingeschätzt worden wären.

2. Ähnlich verhält es sich mit einer Unsicherheit zum Kriterium räumliche Gegebenheiten. Es hieß: Durch die Glasflächen war alles zu beobachten.
   Freuen wir uns mit den dortigen Erzieherinnen über vorteilhafte Arbeitsbedingungen, doch schließen wir aus der Formulierung keinesfalls, dass jederzeit alles beobachtet werden muss! Unzulässig ist deshalb die Interpretation, dass Erzieherinnen in Kindertageseinrichtungen, die ohne großzügige Verglasung gebaut wurden, sich immer draußen bei den Kindern aufhalten müssen, weil die Beobachtung von drinnen nicht möglich ist. Würde so weitgehend interpretiert, müsste daraus gefolgert werden, dass Kinder sich zu keiner Zeit und nirgends ohne Erwachsene aufhalten dürfen. Ganz genau gelesen, finden sich in diesem Urteil keine Aussagen über dieses Problem. Allerdings wäre eine einschränkende Interpretation weder mit dem Tenor des Urteils vereinbar noch mit der Aussage, dass jeder Einzelfall zu prüfen ist. Allgemeingültige Vorgaben für erzieherisches Einzelverhalten kann es daher nicht geben.
   Aufmerksamen Leserinnen wird nicht entgangen sein, dass zwar die Möglichkeit angesprochen wurde, Kinder durch die Fenster zu beobachten, es wurde jedoch offenbar erst gar nicht geprüft, ob die Erzieherinnen und der betreffende Erzieher die Kinder durch die Fenster tatsächlich beobachteten. Die Aussage aus der Urteilsbegründung sollte daher ganz nüchtern so gelesen werden: In diesem speziellen Fall konnten die Kinder durch die Fenster gesehen werden. Das Argument der Klägerin wurde (schon so einfach) widerlegt. Weitergehende Überlegungen waren nicht anzustellen, sonst wäre vielleicht damals schon dieser Satz entwickelt worden: *Eine ständige Überwachung sozusagen auf Schritt und Tritt ist auch bei Kindern im Kindergartenalter nicht erforderlich.*[39]

3. In unseren Seminaren wurden mitunter Zweifel geäußert bezüglich des Kontaktes zwischen dem Erzieher und den Kindern. Er war zum Zeitpunkt des Schadenseintritts mit einem anderen Kind befasst. Was wäre an Konsequenzen erwachsen, hätte er einfach so herumgestanden oder aus anderen Gründen den werfenden Kindern den Rücken zugekehrt? Auch hier gilt: wir wissen es nicht. Das Argument, *der Zeuge/Erzieher habe nichts gesehen, weil er sich wegen eines anderen Kindes kurzfristig entfernen musste*, wurde von der Verteidigung benutzt und vom Gericht nicht weiter herangezogen. Das Argument wurde offensichtlich weder als tauglich für eine Schuldzuweisung befunden, noch spielte es in der Urteilsbegründung überhaupt eine Rolle. Abgeleitet werden kann daraus,

39 So wurde er erst 1995, dann allerdings für die jüngere Gruppe der Kindergartenkinder formuliert; nochmals das Urteil des OLG Düsseldorf 18 U 225/94 vom 12.10.1995.

dass dem Richter hinreichend erklärt werden konnte, dass Erzieherinnen ihre Augen nicht überall zugleich haben, geschweige denn gleichzeitig bei jedem einzelnen Kind sein können. (Dies würde im Übrigen jeder pädagogischen Vernunft widersprechen, wurde aber ebenfalls nicht geprüft.)

Diese Beispiele zeigen, dass Spekulationen und Spitzfindigkeiten über die Auslegung des Urteils unnötig sind und nicht weiterhelfen. Im Nachhinein ergründen zu wollen, was geschehen wäre wenn, hilft nur weiter, wenn die prozessuale Seite verlassen und die pädagogisch-fachliche Seite betreten wird. Statt sich in bedeutungsschwangerer Interpretation richterlicher Formulierungen zu ergehen, ist es besser, die eigenen Gedanken zum Gegenstand der Untersuchung zu machen. Erzieherinnen könnten sich beispielsweise fragen:

- Fühle ich mich wohler, wenn ich die Kinder permanent im Auge habe?
- Wie gewährleiste ich unter den konkreten baulichen Gegebenheiten meiner Kindertageseinrichtung den Überblick über die Gruppe?
- Wie viel Aufmerksamkeit richte ich auf die Gesamtgruppe und wie viel auf jedes einzelne Kind?
- Wie kann ich die Sicherheitsanforderungen in den Dienst der Erziehung zur Selbstständigkeit bringen?

Solche Überlegungen sind im Gegensatz zu spekulativen Fragen hilfreich, weil sie eigene Handlungsmöglichkeiten eröffnen. Hilfreich und notwendig sind sie auch deshalb, weil die Übertragung eines Einzelfalles auf andere Fälle schwierig bis unmöglich ist. Allein in dem hier analysierten kurzen Urteilstext wird an ungefähr sechs Stellen darauf hingewiesen, dass jeder Fall für sich zu betrachten ist.[40] Daraus folgt vor allem eines: Jede Erziehungsperson muss (idealerweise) in jeder Situation von Neuem abwägen. Diese Anforderung gehört zur Erziehungsaufgabe, sie gehört zum Erziehungsalltag von Erzieherinnen und Eltern.

40 Dies geschieht durch Formulierungen wie: Umstände des Einzelfalles/allgemeine Richtlinien schwerlich aufstellbar/nicht in jedem Fall ausreichend/keine Veranlassung am fraglichen Nachmittag/Einzelheiten werden naturgemäß unterschiedlich gehandhabt/allgemeine Richtlinien schwer aufstellbar.

Anforderungen an die Erzieherin bzw. ihren Handlungsrahmen

Fachlichkeit

Unterschiedliche Ansichten über ein Thema oder eine Sache stellen sich vor allem dann heraus, wenn Konflikte zu bewältigen sind. So etwas ereignet sich im Privatleben und im Beruf, also auch bei der Auslegung der angemessenen Aufsichtsführung. Die Auseinandersetzungen um die Aufsichtspflicht können zwischen Eltern, zwischen Erzieherinnen, zwischen Erzieherinnen und Leiterin (und Träger), zwischen Eltern und Erzieherinnen, gegebenenfalls auch mit sogenannten Dritten (Nachbarn, Passanten zum Beispiel) entstehen. Sie entwickeln sich meist dann, wenn eine der beteiligten Parteien sich benachteiligt fühlt oder wenn sie meint, im Recht zu sein.

Von Erziehungspersonen wird erwartet, dass sie ihr Tun und Lassen reflektieren. Sie sollen abwägen zwischen dem größtmöglichen Freiraum und dem Mindestbestand an Sicherheit und Ordnung, um ihre pädagogischen Ziele zu erreichen. Wenn zwei Menschen ihre Gedanken zu einer bestimmten Situation austauschen, endet dies nicht immer in trauter Eintracht. Im Sport gibt es für strittige Fälle Schiedsrichter. In anderen Fällen können Richter hilfreich sein, um den nicht geglückten Abwägungs- und Klärungsprozess zu vollziehen, so wie es der Richter in dem hier analysierten »Eisenstangen-Urteil« praktiziert hat. Abstrakt ausgedrückt, nimmt der Richter eine Interessenabwägung vor, indem er die Erwägungen der Konfliktpartner zueinander in Beziehung setzt. Es kommt zu einer richterlichen Abwägung. Vor Gericht wird im Konfliktfall die der verantwortlichen Erziehungsperson auferlegte Abwägungspflicht nachträglich diskutiert, nachvollzogen und je nach Ergebnis bestätigt oder korrigiert.

Ein Richter wird erst im Nachhinein tätig. Er übt den erforderlichen Abwägungsprozess im Gerichtsverfahren ein weiteres Mal aus, vollzieht ihn auf der Grundlage der Angaben der Erziehungsperson nach.

Die Angaben der Erziehungsperson darüber, was zu ihrer Entscheidung und Handlung geführt hat, müssen vom Richter verstanden und akzeptiert werden. Die Erziehungsperson muss dafür glaubhaft bekunden und klar und frei von Widersprüchen aussagen[41] können. Nach aller Lebenserfahrung gelingt diese Anforderung derjenigen Person am besten, die sich vorher bewusst gemacht hat, was sie tun würde.

Sein Tun und Lassen vorher zu überlegen, kann in der Pädagogik als pädagogische Planung bezeichnet werden. Der Qualitätssprung zwischen Vorüberlegungen und pädagogischer Planung entspricht dem Unterschied zwischen der Ausübung der Aufsichtspflicht durch Eltern oder durch Erzieherinnen. Von Eltern können zwar Überlegungen zum Erreichen erzieherischer Ziele erwartet werden, doch eine pädagogisch-fachliche Planung nicht. Noch pointierter: Der Qualitätssprung zwischen familiärer und professioneller Erziehung zeigt sich in der Art der Vorbereitung und den daraus abzuleitenden Handlungen und Arbeitsmethoden, nicht etwa in der Intensität oder in der Anzahl der an die Kinder verteilten Aufsichtsblicke!

Es zeigt sich auch hier, dass hohe fachliche Anforderungen an erzieherisches Handeln die Arbeit keineswegs

41 Siehe noch einmal das zitierte »Eisenstangen-Urteil«

Erzieherisches Handeln und seine Auswirkungen auf die Funktion und das Berufsbild von Erzieherinnen		
Die Voraussetzung, als Beispiel, dass ein Kind sicher Rad fahren kann:		
Das Kind ... • darf in der Kita (und außerhalb) Rad fahren • darf in der Kita bzw. außerhalb nicht Rad fahren	Die Erzieherin ... • lässt die Kompetenz des Kindes zu • untersagt das Radfahren	Die Funktion ... • der Erzieherin ist die einer Erlauberin • der Erzieherin ist die einer Verbieterin
Zweites Beispiel: Ein Kind kann nicht Rad fahren		
Das Kind ... • wird in der Kita weiter davor bewahrt • muss dort Rad fahren • darf dort üben, wenn es möchte	Die Erzieherin ... • will nicht, dass das Kind Rad fährt, oder denkt nicht daran • nötigt das Kind • plant, hilft (unterstützt)	Die Funktion ... • der Erzieherin ist die einer Bewahrerin und Verhinderin • der Erzieherin ist die einer Anweiserin und Herrscherin • der Erzieherin ist die einer Förderin und Erzieherin

erschweren. Selbst wenn es zum Äußersten kommen sollte und ein (Schieds-)Richter über die Qualität der pädagogischen Arbeit einer Erzieherin in einem Einzelfall befinden müsste, würde er doch letztlich nur die Ausübung ihrer üblichen Tätigkeit mit fachlich anerkannten Methoden erwarten. Das SGB VIII / KJHG schreibt über § 72 Abs. 1 die Fachlichkeit der in der Jugendhilfe tätigen Personen vor. Zur Fachkompetenz von Erzieherinnen gehören unbestritten die Fähigkeit zu pädagogischer Planung, die Erfordernisse der Zusammenarbeit mit Eltern und den Kolleginnen[42] sowie die Kompetenz zur Öffentlichkeitsarbeit. Wer diese Teilbereiche pädagogischer Arbeit konzeptionell und praktisch umsetzt, dem sollte es wohl gelingen, seine gesamte Tätigkeit glaubhaft zu begründen und klar und frei von Widersprüchen darzustellen.

Zu vergessen ist dabei nicht, was bereits mehrfach erwähnt wurde: Für alle Eltern gelten vergleichbare Anforderungen. Sie dürfen daher nicht überzogen ausgelegt werden, denn für alle Aufsichtspflichtigen, die besser Erziehungsberechtigte und -pflichtige heißen sollten, gilt ein allgemeiner Leitsatz: *Was verständigen Aufsichtspflichtigen nach vernünftigen Maßstäben im Einzelfall zugemutet werden kann, um einen Schaden abzuwenden*, muss getan werden.

Mehr nicht. Dieser Grundsatz wurde vom Bundesgerichtshof (BGH) in einer Entscheidung vom 19.11.1963 aufgestellt. Er gilt noch heute.

Für fachlich ausgebildete Aufsichtspflichtige kommt die Anforderung hinzu, ihr Handeln stets durch fachliche Überlegungen zu bestimmen, denn der Grundsatz der Fachlichkeit begründet den Status und die gesamte Arbeitsweise der professionellen Erzieherin. Wozu sonst wäre sie wohl da?

42 Hierfür gibt es eine Bestätigung durch das Gesetz: §§ 1 Abs. 3; 9; 22 a Abs. 2 SGB VIII / KJHG.

Der Grundsatz der Fachlichkeit gebietet nicht nur, die bereits dargelegten allgemeinen Erziehungsziele und -prinzipien anzustreben und ihnen durch entsprechende Erziehungsmethoden zur Umsetzung zu verhelfen. Der Grundsatz der Fachlichkeit gebietet ebenfalls die Planung und Darstellung der eigenen Arbeit. Er gebietet drittens, dass eine Erzieherin sich in den landesgesetzlichen Regelungen auskennt und sich vor allem in den originären Fachdisziplinen[43] theoretisch und praktisch auf dem Laufenden hält. Möglichkeiten für eine Erzieherin, ihre Fachlichkeit zu halten und weiter zu entwickeln, bieten die Lektüre von Fachbüchern und Fachzeitschriften, der Besuch von Fortbildungsveranstaltungen, die Wahrnehmung von Beratungsangeboten, die Durchführung regelmäßiger Arbeitsbesprechungen, die Entwicklung und der Einsatz einer Konzeption sowie die fachliche Evaluation zur Qualitätsüberprüfung (§§ 22 a Abs. 1; 72 Abs. 3 SGB VIII / KJHG)[44].

Der Nachweis eigener Qualität und Fachlichkeit ist wichtig, nicht erst im Gerichtsverfahren. Trotzdem kommen wir nochmals auf die Aussage im »Eisenstangen-Urteil« zurück. Dort hieß es, der Erzieher habe klar und frei von Widersprüchen ausgesagt. Er beschreibt durch seine Aussage, was und warum er so und nicht anders gehandelt hat. Sein Beweis bezieht sich vordergründig auf die Beschreibung der fraglichen Situation, er bezieht sich zugleich auf den theoretischen Hintergrund der Handlungen. Mit welchen Zielen, welchen Methoden und welchen Mitteln sollte was warum unter welchen Umständen erreicht werden? Welche Handlungsalternativen standen zur Verfügung? Solche Fragen sind zu beantworten. Einer Erzieherin sollte dies nicht schwerfallen, sind es doch Fragen, die sie sich täglich bei ihrer Arbeit stellt. So wie im Gerichtsverfahren der Einzelfall geprüft wird, berücksichtigt die Erzieherin bei der Planung und Durchführung pädagogischer Angebote den konkreten Stand des einzelnen Kindes und den aktuellen Stand der Gruppe, wenn sie nach einer entsprechenden pädagogischen Konzeption arbeitet. Von den verschiedenen Möglichkeiten qualifizierter Arbeit in Kindertageseinrichtungen halten wir das pädagogische Konzept Situationsansatz geeignet, die Anforderungen von Pädagogik und Aufsichtspflicht mit einer offensiven, selbstständigkeitsfördernden Erziehungspraxis in fast idealer Weise zu verbinden. Die im Fragebogen (siehe S. 67) verwendeten Kriterien zur Einschätzung von Pädagogik und Aufsichtspflicht zeigen jedenfalls eine vollständige Übereinstimmung zwischen Aufsichts- und pädagogischen Kriterien, welche nach den Grundsätzen des Situationsansatzes entwickelt wurden.

Der Stand der Fachlichkeit einer Erzieherin kann an der Qualität der Umsetzung bzw. Ausführung ihrer pädagogischen Konzeption, an den angewandten Methoden und an den behandelten Inhalten eingeschätzt werden. Erzieherinnen können ihre Arbeit in der Regel auf einer soliden Ausbildung aufbauen. Die theoretische Basis wird durch praktisches Handeln in vielfältigen Situationen erweitert. Alltagsbegebenheiten werden ausgewertet. Erst durch diese Reflexion werden Erlebnisse zu Erfahrungen. Die Handlungskompetenzen der Erzieherinnen wachsen mit dem Wissen und den Erfahrungen.

43 Hierzu zählen wir: (Sozial-)Pädagogik, Psychologie, Jugendrecht.

44 Zu diesem Thema ein Buchtipp aus dem verwandten Beruf der Sozialarbeiterinnen: Mörsberger, T./Restemeier, J. (Hrsg.): Helfen mit Risiko. Neuwied 1997

Exkurs: Sieben Fragen zur pädagogischen Arbeit unter besonderer Betonung der rechtlichen Absicherung[45]

1. Wer ist wann aufsichtspflichtig?

Klären Sie die Zuständigkeiten! Wer nicht zuständig ist, braucht sich um Haftungsfolgen keine Sorgen zu machen.

2. Wer trägt innerhalb der Einrichtung wofür die Verantwortung?

Eine Konkretisierung von Frage 1. Was entscheidet die Leiterin, was die Gruppenerzieherin? Wer muss wofür sorgen? Wie weit reicht die zugebilligte Kompetenz für Praktikantinnen? Konkrete Absprachen sorgen für Klarheit und Entscheidungssicherheit.

3. Welche pädagogischen Überlegungen bestimmen die Planung? Warum wird diese Aktivität durchgeführt?

Das ist die Hauptfrage. Sind allgemeingültige Erziehungsziele der Hintergrund und sind diese für die konkreten Kinder angemessen? Es geht nicht um richtig oder falsch, vielmehr um die Frage, ob und wie die Aktion pädagogisch durchdacht war. Es macht einen entscheidenden Unterschied, ob ein Kind im Rahmen der Erziehung zur Selbstständigkeit etwas für das Gruppenfrühstück einkauft oder ob es mal eben eine Zeitung kaufen soll, die die Erzieherin morgens vergessen hatte. (Unmöglich ist auch dieser Einkauf nicht, nur der acht- und sorglose Auftrag dazu.)

4. Welche konkreten Gefahren sind – absehbar – mit der geplanten Aktion verbunden?

Das Bewusstsein möglicher Gefahren soll nicht dem Abbruch der Aktion dienen, sondern vielmehr mögliche Sicherungsmaßnahmen in Gang setzen.

5. Ist das gleiche pädagogische Ziel auch mit weniger gefährlichen Mitteln erreichbar? Lohnt die geplante Aktion in dieser Weise das Risiko?

Muss für die Übung des Umgangs mit Messern das große Kochmesser genommen werden oder reicht ein kleines, zwar ausreichend scharfes Obstmesser, das aber für Kinderhände die richtige Proportion hat?

6. Habe ich jederzeit den Überblick über das Geschehen?

Überblick heißt nicht automatisch körperliche Anwesenheit; der zu fordernde vorausschauende und beschützende Blick ist nicht mit permanentem Blickkontakt zu verwechseln. Allerdings gibt es Situationen, die eine unmittelbare Anwesenheit der Erzieherin, sogar mit der Möglichkeit zum Eingreifen, erforderlich machen.

7. (Wie) Bin ich auf einen Unglücksfall vorbereitet?

Die Möglichkeit eines Unglücksfalles ist nie zu ignorieren, also fragt sich, welche Vorbereitungen erforderlich sind. Welche Absprachen müssen getroffen werden zwischen Erzieherinnen auf einem Ausflug? Wie sind die Kinder vorbereitet? Sind die einschlägigen Telefonnummern erreichbar? Beherrscht jede die Grundlagen der Ersten Hilfe? Wer weiß, wo unterwegs Hilfe geholt werden kann?

Wer diese Fragen vor einer Unternehmung beantworten kann, ist auf das Wesentliche vorbereitet.

45 Nach Mörsberger, T.: Die Angst vor der Aufsichtspflicht. In: TPS, Heft 6/1980 und Senatsverwaltung für Jugend und Familie (Hrsg.): Perspektiven der Kindertagesstättenarbeit – Handlungsmöglichkeiten des Jugendamtes. Berlin 1994, S. 47 ff.

Das Wissen selbst muss in Fortbildungen aufgefrischt werden, denn in unserer schnelllebigen Zeit wird sogar seine Halbwertzeit gemessen. Als Faustformel gilt derzeit, dass einmal erworbenes Wissen etwa alle fünf Jahre um die Hälfte an Wert verliert, das heißt in diesem Rhythmus veraltet. Die Pädagogik scheint keine Ausnahme zu machen, sieht man sich die Fachliteratur zu neuen Themen und Einzelaspekten an. Fast jährlich wird eine neue Mode kreiert, die dann ebenso schnell wieder verschwindet. Hier gilt es, den Durchblick zu behalten, denn manch altes Konzept wird nur im neuen Gewand vorgestellt, anderes dient nur der Effekthascherei oder der Eigenwerbung der Autorinnen und Autoren.

In Bezug auf das Verhältnis zwischen Pädagogik und Recht, in der Auslegung des erzieherischen Auftrags und der angemessenen Aufsichtsführung, bedeuten neue Ansätze und Methoden immer eine neue und tendenziell unsichere Ausgangslage für die Erzieherin. Bei der Anwendung neuer Konzepte sollte sie daher mit besonderer Vorsicht schrittweise handeln, bis sie genügend Erfahrungen gesammelt hat. Einerseits verpflichtet das Gebot der Fachlichkeit Erzieherinnen zu Neuerungen bei Inhalten und Methoden, andererseits kann sie nicht bedenkenlos alles Neue ausprobieren. Weder verfügt sie in einer neuen Situation über gesicherte Erfahrungen, noch darf sie jeden Blödsinn mitmachen: *Grundsätzlich ist festzustellen: Tritt ein Schaden ein, weil der Erzieher pädagogische Versuche anstellt, die nicht auf anerkannten Grundsätzen beruhen, so kann sein Verhalten … als Verletzung der Aufsichtspflicht … gewertet werden.*[46]

Mit Fachlichkeit hat es tatsächlich wenig zu tun, wenn eine Erzieherin unreflektiert jedes neue Konzept ausprobiert, nur um die extravaganteste Kollegin im Haus zu sein. Wir leben in Mitteleuropa, mit unseren Traditionen, mit unserem Wissen, mit unseren Herausforderungen für die Zukunft. Dieser Situation müssen sich Pädagoginnen stellen. Der Besuch von Seminaren anerkannter Fortbildungsstätten gibt Orientierung auf die Frage: »Was von dem vielen Neuen ist tatsächlich wert, einbezogen zu werden in die pädagogische Konzeption unseres Hauses?« Fachbücher renommierter Expertinnen und Experten, Fachzeitschriften mit anerkannten Autorinnen und Autoren unterstützen sowohl die erforderliche berufliche Weiterentwicklung als auch die Erhaltung des (Erfahrungs-)Wissens.

Mit der Zeit trennt sich die Spreu vom Weizen. Es wird deutlich, was in der pädagogischen Arbeit Bestand haben kann. Für Außenstehende ist die Veränderung pädagogischer Grundlagen und Anschauungen viel weniger zu verstehen als für pädagogische Fachkräfte. Müssen Richter beispielsweise über die Einhaltung des Fachlichkeitsgebots durch eine Erzieherin befinden, befragen sie Expertinnen über die momentan üblichen Konzeptionen und akzeptierten Methoden pädagogischer Arbeit. Ein Richter macht sich sachkundig, um einen Streitfall in Sachen Pädagogik und Aufsicht entscheiden zu können. Er befragt dazu Menschen oder liest. Zum Beispiel dies: *Kinder waren noch nie so viel von Pädagogik und Aufsichtspflicht umgeben wie heute. Mit der ständigen Beaufsichtigung wird Kindern der Raum für eigenständiges Kinderleben beschnitten. Kindliche Streiche werden oft im Ansatz verhindert oder als ›auffälliges Verhalten‹ interpretiert. Wir müssen unsere Wahrnehmung dafür schärfen, dass das ursprünglich emanzipatorisch gemeinte Konzept einer eigenen kind-*

46 Claussen, H. u.a.: A.a.O. S. 42

gemäßen Lebenswelt (im Kindergarten, R.P.) heute, wo Kindern kaum noch öffentliche Räume (Höfe, Straßen, Plätze, freie Natur) zugänglich sind, ungewollte einschränkende Nebenwirkungen hat: Einrichtungen für Kinder befördern auch die Ausgrenzung von Kindern aus dem Leben des Wohngebiets und aus dem Alltag und aus den Lebensbezügen der Erwachsenen. Wir brauchen ausreichende und gute Einrichtungen für Kinder, aber wir sollten uns nicht damit begnügen! Kinder brauchen auch Auslauf und Erfahrungsmöglichkeiten in der Wohnumgebung. Kinder brauchen wieder mehr Raum für eigenständiges Kinderleben sowie für selbstbestimmte und mit Gleichaltrigen ausgehandelte Formen der Umweltaneignung im Nahbereich. So paradox es klingen mag: Kindergärten müssen heute solche Erlebnisse sicherstellen, die frühere Generationen gerade außerhalb der Aufsicht von Erwachsenen in der Nachbarschaft und auf der Straße machen konnten.«[47]

Jeder Minderjährige steht jederzeit unter Aufsicht, sollte es zumindest. Über die Art der Aufsichtsführung entscheidet verantwortlich die jeweils zuständige aufsichtspflichtige Person. Erzieherinnen haben außer den allgemeinen, auch für Eltern geltenden Regeln den Grundsatz der Fachlichkeit zu beachten. Sie sind gehalten, ihre Fachkompetenz zu ergänzen und zu aktualisieren. Kinder benötigen heutzutage Pflege, Betreuung, Erziehung, Bildung und Beaufsichtigung nicht um jeden Preis, sondern in der Weise, dass die vorgegebenen allgemeinen und die von ihnen konkretisierten individuellen Zielsetzungen erreicht werden können. Die vorrangige Rechtspflicht einer Erzieherin besteht darin, Kinder nach fachlich anerkannten Maßstäben zu erziehen, nicht sie hundertprozentig vor Schaden zu bewahren. *Ein Unfall oder Schaden kann ein Indiz dafür sein, dass die Erzieherin ihren beruflichen Auftrag, ihre Rechtspflicht ernst nimmt. Eine Einrichtung, in der nie etwas passiert, könnte dagegen sogar eine für Kinder ganz gefährliche Einrichtung sein, sofern hier den Kindern zu wenig Möglichkeiten zum Selbstständigwerden geboten werden.*[48]

In früheren Ausgaben des Rechtshandbuches wurde aus diesen Zusammenhängen heraus die Formulierung gebraucht, eine Erzieherin müsse im Schadensfall ihre Arbeit nur pädagogisch begründen können, dann würden ihr keine Nachteile erwachsen und sie könne einer Auseinandersetzung, die notfalls auch vor Gericht geführt wird, beruhigt entgegen sehen. Im Grundsatz ist diese Aussage korrekt, sie kann aber zu Missverständnissen führen, etwa dergestalt, dass es letztlich egal ist, wie gearbeitet wird, Hauptsache, man kann es im Nachhinein irgendwie pädagogisch verbrämen und sich dadurch herausreden. Wir versuchen mit folgender Neuformulierung zu differenzieren:

Eine Erzieherin muss fachlich qualifiziert ihre pädagogische Arbeit ausüben (das heißt umfassend planen, Handlungsalternativen prüfen, sorgfältig durchführen und auswerten); sie muss ihre Arbeitsweise begründen (das heißt erklären und darstellen können), dann wird sie in jeder Hinsicht Erfolg haben. Dieser Erfolg tritt bei den Kindern ein, überzeugt Eltern und Kolleginnen und im (seltenen) Schadensfall erst recht den Richter.

47 Colberg-Schrader, H. u.a.: Soziales Lernen im Kindergarten. München 1991, S. 22f.

48 Mörsberger, T./Prott, R.: Rechtsfragen bei der Entwicklung der Kindertagesstättenarbeit. In: Senatsverwaltung für Jugend und Familie (Hrsg.): Perspektiven der Kindertagesstättenarbeit – Handlungsmöglichkeiten des Jugendamtes. Berlin 1994, S. 42

Exkurs: Kriterien der Pädagogik und der Aufsichtspflicht – ein Fragebogen

Bitte kreuzen Sie an, ob die Aussagen Ihrer Meinung nach eher zur Pädagogik oder eher zur Aufsichtspflicht passen!

		Pädagogik	Aufsicht	
Ziele: Kinder sollen	• selbstständig, • handlungsfähig, • eigenverantwortlich, • verantwortlich gegenüber anderen, • umsichtig, • sicher	☐ ☐ ☐ ☐ ☐ ☐	☐ ☐ ☐ ☐ ☐ ☐	werden/handeln.
Bedingungen: Die Erzieherin muss bei ihrer Planung	• Faktoren in der Person des Kindes, • Faktoren der Gruppe, • Faktoren ihrer Person, • den Erziehungsauftrag, • den allgemeinen Rahmen	☐ ☐ ☐ ☐ ☐	☐ ☐ ☐ ☐ ☐	beachten.
Kontrolle: Die Erzieherin muss	• zielgerichtet, • klar, • individuell (kindbezogen), • generell (gruppenbezogen)	☐ ☐ ☐ ☐	☐ ☐ ☐ ☐	vorgehen.
Kontrolle: Die Erzieherin muss	• ihre Arbeitsweise, • ihre Erfolge und Misserfolge • ihr Verhalten	☐ ☐ ☐	☐ ☐ ☐	reflektieren und darauf einstellen.
Darstellung: Die Erzieherin muss ihr Handeln/ ihre Arbeit	• klar/verständlich • widerspruchsfrei	☐ ☐	☐ ☐	erklären können.

Die Rechtfertigung für das eigene Handeln vor einem Gericht ist die absolute Ausnahme für jede Erziehungsperson. Diese mögliche Zwangssituation ändert nichts daran, dass gerade Erzieherinnen ihr tägliches Handeln jederzeit gegenüber Kindern, Eltern und Arbeitgeber vertreten und darstellen können müssen. Darstellung, Vertretung und Rechtfertigung sind an unterschiedliche Situationen angepasste Formen der Begründung des eigenen Handelns. Sie mögen sich durch den Ort und den Anlass unterscheiden, an denen eine Erzieherin ihre Arbeit anderen Menschen erklären muss. An der Tatsache allerdings, dass die Fähigkeit zur Begründung als Teil der Fachlichkeit von Erzieherinnen angesehen und deshalb von ihnen erwartet wird, ändern die verschiedenen Formen nichts. Wenn eine Erzieherin Angst davor hat, sich vor einem Richter rechtfertigen zu müssen, sollte sie daran denken, dass auch das von ihr betreute Kind und seine Eltern ein Recht darauf haben, die Gründe für das pädagogische Angebot erklärt zu bekommen. Wem die Darstellung im Alltag gelingt, hat vor der Rechtfertigung im Ausnahmefall nichts zu fürchten. Da es allemal besser ist, vor einer pädagogischen Aktivität gründlich zu überlegen, vorher sich über Ziele und Wege Gedanken zu machen, vorher Alternativen durchzuspielen und Begründungen parat zu haben, vorher den Konsens mit Kindern und Eltern zu suchen, gibt es in dieser Hinsicht eigentlich keinen Grund zur Besorgnis. Wer jedoch erst angesichts eines Gerichtsprozesses anfängt, seine Arbeit zu reflektieren, kann wohl nur noch hoffen, dass der Versuch, sich herauszureden, gelingt. Aber das hat ja mit fachlich qualifizierter Arbeit nichts zu tun.

Kontrolle

Der Grundsatz der Fachlichkeit beinhaltet ein bisher nicht genanntes zusätzliches Element: die Kontrolle. Eine Erzieherin muss kontrollieren, darin sind sich pädagogische wie juristische Fachöffentlichkeit einig. Allerdings ist Kontrolle ein wenig geliebtes Wort. Es ist auch ein missverständliches Wort. Der Begriff Kontrolle wird daher häufig umgangen; um ihn nicht gebrauchen zu müssen, wird mitunter auf jegliche Form von Überprüfung verzichtet.

Wir finden Selbst-Überprüfung, Selbst-Reflexion, Selbst-Evaluation in der (pädagogischen) Arbeit zu wichtig, um sich an Begriffsdiskussionen aufzuhalten. Mit diesem Handbuch wollen wir mögliche Ängste vor dem Rechtsbereich verringern, deshalb verwenden wir den Begriff Kontrolle als allgemeinen Ausdruck für Überprüfung, wissend, dass es verschiedene Formen für unterschiedliche Situationen gibt. Juristen verwenden Kontrolle viel unbefangener als Pädagoginnen. Wir wollen zeigen, warum, und auch auf die positiven Seiten von Kontrolle hinweisen.

Kontrolle und Strafe treten meist zusammen auf, daher der bittere Beigeschmack. Von klein auf erfahren viele Menschen, dass Eltern und andere Autoritätspersonen ihnen gegenübertreten mit Worten wie: »Was hast Du schon wieder getan?« oder »Hast Du endlich aufgeräumt?« Danach folgt ein Donnerwetter oder Schlimmeres, um das Kind zu einem bestimmten Verhalten zu bewegen. In der Schule werden Hausaufgaben und Diktate kontrolliert und sanktioniert. Gute Noten (positive Sanktionen) bei wenigen Fehlern, schlechte Noten (negative Sanktionen) bei vielen Fehlern; vermutlich entsprechende Reaktionen zu Hause, um das Kind zu weiterhin guten oder künftig besseren Leistungen zu bewegen. Bei diesem Beispiel zeigt sich, dass Kontrolle nicht nur mit Strafe, sondern auch mit Belohnungen zusammenhängen können. In Erinnerung bleiben aber meist die Strafe und die Angst davor.

Sogar positive Sanktionen können langfristig negative Folgen haben. Eine Kontrolle könnte ergeben, dass die bisherige Belohnung nicht mehr gewährt werden kann, etwa weil die schulischen Leistungen nachgelassen haben. Aus der Lernpsychologie wissen wir, dass das Absetzen einer positiven Sanktion als Strafe anzusehen ist. Dadurch kann die Angst davor entstehen, dass ein als angenehm empfundener Zustand aufhört.

Wenn Kontrolle (häufig) mit Sanktionen verbunden wird, gesellt sich auf beiden Wegen Angst dazu. Eine notwendige Reaktion gegen die Angst ist, sich der Kontrolle zu entziehen und sich selbst zu schützen. Diese Lernerfahrung wird im Erwachsenenalter oft beibehalten. In der Folge werden Fremd- und Eigenkontrolle vermieden und dadurch eine einigermaßen sichere Einschätzung für die Qualität der eigenen Leistung unmöglich gemacht.

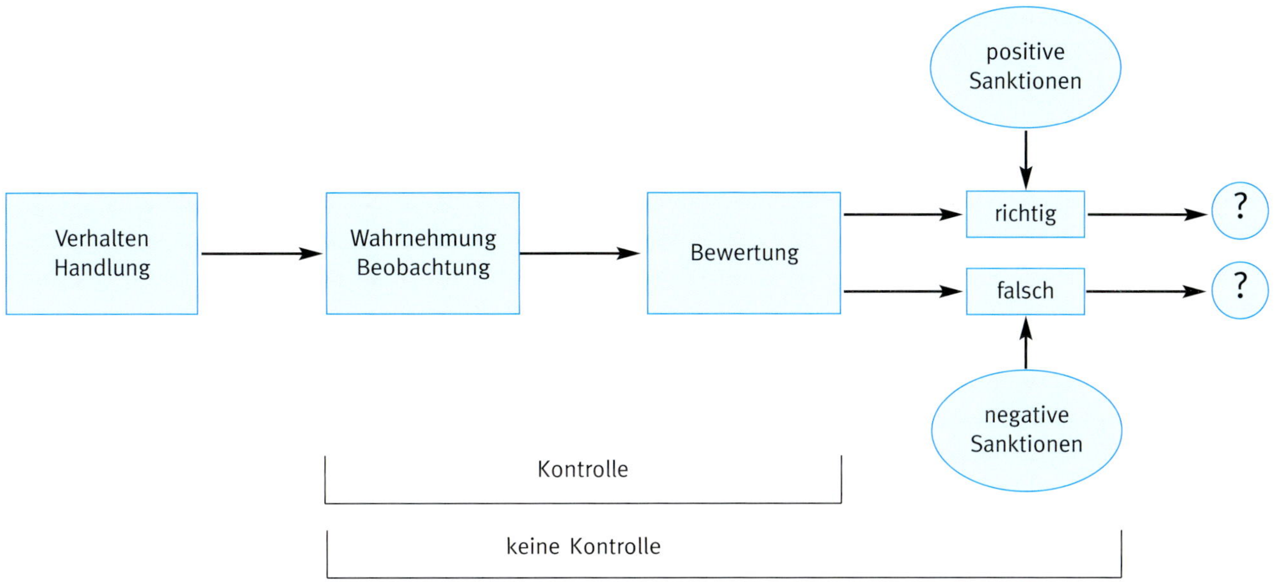

Der hier nur skizzierte Zusammenhang hemmt viele Kinder und Erwachsene in ihren Möglichkeiten, Erfahrungen zu verarbeiten und neue Verhaltensweisen zu entwickeln. In schematischer Darstellung sieht der Zusammenhang wie dargestellt aus.

Ein Verhalten wird wahrgenommen bzw. beobachtet, dann für gut und richtig oder für falsch befunden. Eine Sanktion folgt mit dem Ziel, gewünschtes Verhalten zu erzielen. Sanktionen haben problematische Wirkungen. Fraglich ist, ob darüber langfristig ein gewünschtes Verhalten erreicht und gesichert wird. Sanktionen sind fragwürdige pädagogische Mittel. Gibt es Alternativen?
Neue Möglichkeiten eröffnen sich, wenn wir auf eine andere Ebene wechseln. Sanktionen sind dann Handlungen einer (Erziehungs-)Person, die an einer bestimmten Stelle in einem Prozess eingesetzt werden und mit denen etwas erreicht werden soll. Ersetzen wir das Wort Sanktion durch Intervention, so ist es möglich, sich viele verschiedene und für den jeweiligen Einzelfall passende Handlungen zu überlegen. Erzieherische Handlungen sollen vorwiegend als Anregung, Förderung und Kompetenzerweiterung angelegt sein. Möglichkeiten, in einem laufenden Prozess zu intervenieren, gibt es Dutzende; sie sind nicht auf Sanktionen beschränkt. Vor drei erläuternden Beispielen verweisen wir zunächst auf das veränderte Schema S. 70.

Das erste Beispiel bezieht sich auf eine Erzieherin. Sie nimmt wahr, beobachtet an sich selbst, dass sie sich auf Elternabenden unsicher fühlt. Sie bewertet diese Situation als nicht vereinbar mit der Qualifikation, die eine Erzieherin haben sollte und kommt daraufhin zu der Überlegung, dass sie den Zustand ihrer Unsicherheit verändern muss. Sie handelt. Sie besucht ein Fortbildungsseminar. Ihre Intervention bezieht sich auf sich

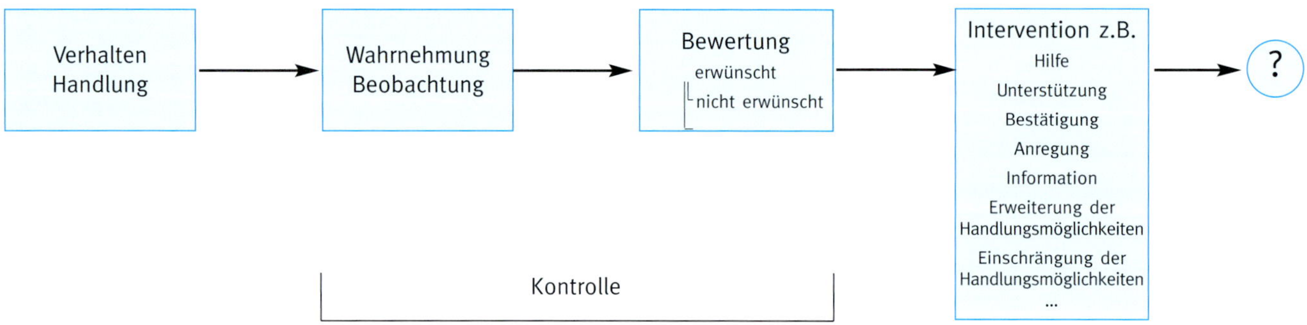

selbst, mit der Absicht, den Eltern künftig sicherer gegenübertreten zu können.
Im zweiten Beispiel beobachtet eine Leiterin, wie eine Praktikantin von zwei Kindern ausgetrickst wird. Sie (die Leiterin) kommt zu der Einschätzung, dass das Verhalten der Kinder einerseits als nicht gravierend einzuschätzen ist (harmloser Streich), dass andererseits dadurch deutlich wird, dass die Praktikantin bestimmte Regeln im Haus noch nicht kennt. Die Leiterin interveniert. Sie gibt der Anleiterin einen entsprechenden Hinweis, so dass diese ihre Praktikantin entsprechend informieren kann. Die Praktikantin wird sich in der nächsten vergleichbaren Situation anders verhalten können, das heißt sich nicht mehr austricksen lassen.

Das dritte Beispiel bezieht sich auf die Kontrolle von Kindern. Erziehungspersonen sollen beziehungsweise müssen Kinder von Zeit zu Zeit kontrollieren. Sie sollen die ihnen anvertrauten Kinder beobachten, über die Beobachtungen nachdenken und Konsequenzen für das pädagogische Angebot überlegen. Eine Erzieherin nimmt wahr, dass sich ein Kind nicht an die mit ihr verabredete Zeit hält. Die Bewertung dieser Beobachtung führt zu dem Standpunkt, dass das Verhalten des Kindes nicht akzeptiert werden kann. Was folgt daraus für das pädagogische Handeln?

- Die Erzieherin versucht, die Absprachen verständlicher zu treffen, weil sie feststellt, dass das Kind sie nicht verstanden hat und deshalb nicht einhalten konnte.
- Die Erzieherin trifft Vorsichtsmaßnahmen und schaut zwischendurch nach dem Kind, gibt ihm quasi Hilfestellung.
- Die Erzieherin erweitert die Absprachen, denn sie hat festgestellt, dass die Vereinbarung übertreten wurde, weil der Spielraum zu eng bemessen und das Kind damit unterfordert war.
- Die Erzieherin unterstützt das Kind bei der Einhaltung der Verabredung, in dem sie ihm eine Uhr zur Verfügung stellt.

Alle Möglichkeiten der Intervention zeigen, dass Kontrolle zur einer veränderten, ja sogar zu einer verbesserten Situation für das Kind führen kann. Dieser Satz gilt auch für die Erzieherin und die Praktikantin aus dem ersten und dem zweiten Beispiel. Alle Handlungsmöglichkeiten kommen ohne das Element der Sanktion aus. Sie zeigen die Vielfalt pädagogischer Optionen. Die Konsequenzen aus Beobachtung und Bewertung ermöglichen dem Kind weitere Schritte in Richtung Selbstständigkeit. Die Erzieherin weiß, dass sie nur im Gefahrenfall ihre Ziele einschränken und den Freiraum des Kindes vorübergehend begrenzen darf.

Der Vorgang der Kontrolle besteht im engen Sinne nur in der Wahrnehmung und der Bewertung des Wahrgenommenen. Kontrolle bedeutet daher vor allem Beobachten und Nachdenken. Ist das Wahrgenommene akzeptabel? Findet dadurch eine Annäherung an die Ziele statt, oder eher nicht? Wahrnehmung und Bewertung dienen dazu, falls nötig eine Änderung des Verhaltens, des verfolgten Planes oder der gewählten Methoden herbeizuführen. Sanktionen sind für Veränderungen nicht erforderlich. Positiv verstandene Kontrolle kann darauf weitgehend verzichten, denn sie setzt – wie Pädagogik insgesamt – auf Beobachtung, Nachdenken und das Wissen, dass Verhaltensänderungen nachhaltig nur durch Einsicht und durch positive Anregungen erreicht werden.

Soweit sollen die Ausführungen zum Prozess der Kontrolle genügen. Eine neue Frage ist jedoch unmittelbar anzuschließen: Wer oder was soll denn kontrolliert werden?

In der Pädagogik liegt der Gedanke an die Kontrolle der zu erziehenden Kinder nahe, wir aber stellen die Erzieherin und ihre Tätigkeit in den Vordergrund. Dieses Kapitel handelt schließlich von ihrer Fachlichkeit. Kontrolle in der pädagogischen Arbeit muss aus dieser Sicht zuvörderst als Reflexion des Verhaltens der Erzieherin stattfinden, deshalb haben wir zwei Beispiele für die Erziehungspersonen und nur eines für die Kinder gewählt. Pädagogische Fachlichkeit gebietet eine qualifizierte und regelmäßige Reflexion des Handelns der Erzieherin. Jede Erzieherin, die den fachlichen Anforderungen genügen will, muss sich selbst kontrollieren.
Weil man sich nur schwierig selbst beobachten kann, ist es sinnvoll und ratsam, Hilfe und Unterstützung von Kolleginnen in Anspruch zu nehmen. Gemeinsame Reflexion entwickelt fachliches Handeln und sichert ab. Wenn mehrere Menschen ein Handeln als richtig einschätzen, steht man mit seinen Argumenten im Konfliktfall nicht allein. Kollegiale Beratung als Form von Kontrolle wirkt auf zwei Wegen: zum einen auf die Gestaltung der Arbeit, indem beispielsweise gemeinsam nach Verbesserungen oder Alternativen gesucht wird; zum anderen auf die Selbstsicherheit, denn eine gemeinsam entwickelte Haltung stärkt.

Kontrolle kann und muss in Kindertageseinrichtungen auch durch die Leiterin erfolgen. Das Verhältnis zwischen Leiterin und Erzieherin ist zwar nicht gleichberechtigt organisiert, doch kann immer noch von kollegialer Beratung gesprochen werden, wenn beide auf fachlicher Grundlage die Arbeit reflektieren und wenn die Leiterin sich der negativen Formen von Kontrolle enthält. Das bestehende Abhängigkeitsverhältnis soll bei dieser Erörterung keineswegs geleugnet werden, doch gibt es immerhin die Möglichkeit, durch Anwendung fachlicher Maßstäbe eine gemeinsame Grundlage zu schaffen. Leiterinnen haben aus ihrer Aufgabe und Fachlichkeit die Verpflichtung, die pädagogische Arbeit ihrer Erzieherinnen zu überprüfen. Ein Versuch von Leiterin oder Erzieherin, sich diesem Sachverhalt zu entziehen, nutzt keiner von beiden, ein offener Umgang hingegen nutzt viel. Es darf einfach nicht vergessen werden, dass spätestens im Konfliktfall die Arbeit der Erzieherin nachträglich geprüft wird: Hat sie fachlich angemessen gearbeitet oder nicht? Wer sich dieser Frage im Alltag stellt, braucht sie im Ausnahmefall nicht zu fürchten.

Wie im dritten Beispiel gezeigt, findet Kontrolle in der pädagogischen Arbeit auch als Reflexion des Verhaltens der Kinder statt. Ihre Entwicklung, ihre Interessen, ihr Verhalten müssen durch die Erzieherin von Zeit zu Zeit beobachtet und eingeschätzt werden. Wie für die Tätigkeit der Erzieherin gilt, dass die Kontrolle möglichst nur als Beobachtung und Bewertung durchzuführen ist. Mögliche Folgerungen aus der Beobachtung und Bewertung werden danach und daraufhin gezielt ohne Sanktionscharakter entwickelt. Selbst im engen Rahmen der Aufsichtspflichtdiskussion ordnet Kontrolle sich diesen pädagogischen Überlegungen unter. Das Prinzip, die Aufsichtspflicht soll das Erreichen der pädagogischen Zielsetzungen gewährleisten und darf nicht als Selbstzweck gestaltet werden, gilt auch für die Kontrolle, denn Kontrolle ist Teil der Aufsichtsverpflichtung.

Kontrollieren wir unsere Aussagen mit dem »Eisenstangen-Urteil«. Der Richter dort zeigte drei Richtungen der Kontrolle auf. Die im Urteil – wie in der Rechtsprechung üblich – Überwachung genannte Kontrolle wird gefordert im Hinblick auf:

- die Erzieherinnen und ihre pädagogischen Arbeit einschließlich der Organisation,
- die Kinder und ihr Verhalten
- sowie die Art des Spiels einschließlich der Gegenstände.

Unsere bisherige Erörterung der Kontrolle wird demnach ergänzt um die des Spiels und der Gegenstände. Der Umgang mit gefährlichen Gegenständen ist nicht grundsätzlich auszuschließen, sondern muss sich an den Erziehungszielen und den sonstigen Gegebenheiten orientieren.

Der Richter hat, fast genau in der Reihenfolge, die wesentlichen Faktoren abgehandelt und hat sich dadurch ein Bild vom Geschehen in der Kindertageseinrichtung verschafft. Er hat auf diese Weise zwar nachträglich die pädagogische Arbeit kontrolliert, doch hat er andererseits die Verantwortung für die Art bzw. Form der durchgeführten Kontrollmaßnahmen in der Fachlichkeit der Erzieherinnen belassen. Der Richter hat nicht entschieden, was Pädagogik darf und was nicht; er hat nur geprüft, ob die pädagogischen Maßstäbe eingehalten wurden.

Zu beachten ist:
Diese Aussagen gelten nicht für unmittelbare Gefahrensituationen! Sie erfordern ein sofortiges Eingreifen!

Möglichkeit und Zumutbarkeit[49]

Die Überwachung der Gegenstände des Spiels gehörte nach Auffassung des Richters im »Eisenstangen-Urteil« zu den Aufgaben der Erzieherinnen. Besagte Eisenstange musste überwacht werden. Die Position des Gerichts kann den Arbeitgeber freuen und manche Erzieherin ärgern. Wessen Kindertageseinrichtung neben einem hochfrequentierten Treffpunkt von Jugendlichen liegt, die abends ihre Bier- und andere Flaschen auf das Gelände befördern, der kennt die unangenehme Tätigkeit, morgens Glasscherben einsammeln zu müssen, bevor die Kinder auf den Spielplatz gehen können. Im diskutierten Fall kam die Eisenstange von der benachbarten Baustelle.

Wichtiger als die reine Feststellung, dass Erzieherinnen für die Überwachung des Geländes im Hinblick auf mögliche Gefahren verantwortlich sind, ist die in der Ur-

49 Siehe auch: Zumutbarkeit ab S. 186

teilsbegründung bestätigte Einschränkung der Verantwortung: *die Überwachung der mitgebrachten Gegenstände muss sich im Rahmen des Zumutbaren und Möglichen halten.* Diese Aussage greift die zitierte Formulierung des Bundesgerichtshofes von 1963 auf, diesmal insofern positiv gewendet, als nicht danach gefragt wurde, was zugemutet werden muss, sondern was zugemutet werden kann.

Bereits 1976 sah ein Gericht den Umgang mit gefährlichen Gegenständen als nicht um jeden Preis zu verhindern an. Eine totale Überwachung darf der Erziehungsziele wegen gar nicht erst versucht werden. Außerdem gibt es keine absoluten, für jeden Einzelfall anzuwendenden Maßstäbe der Überwachung. Jede Überwachung wird beschränkt durch die Möglichkeiten, die real zur Verfügung stehen, und dem, was zumutbar umzusetzen ist. Angenommen, eine lückenlose Überwachung könnte in einer Kindertageseinrichtung durch den Einbau von Videokameras erreicht werden (reale Möglichkeit), müsste die Überprüfung auf Zumutbarkeit dennoch erfolgen. Die Konsequenz wird schnell klar: Wenn Überwachung als besondere Form der Aufsicht sich nicht verselbstständigen darf, sondern helfen muss, den eigentlichen Zweck der Veranstaltung[50a] zu erfüllen, kann das Geld für die Kameras und ihren Einbau gespart werden. Der Zweck von Kindertageseinrichtungen ist als Erziehung zur Selbstständigkeit der Kinder definiert. Erziehung mit Freiräumen basiert auf Vertrauen und Zutrauen. Eine tägliche prophylaktische Taschenkontrolle zum Beispiel würde die Vertrauensgrundlage zwischen Erzieherin und Kind erheblich beeinträchtigen und muss daher unterbleiben. Solche Überwachung läge jenseits der Grenze der Zumutbarkeit.

Die Frage ist, ob eine umfassende Überwachung mit oder ohne Einsatz technischer Mittel wirklich zu hundertprozentigem Erfolg führen würde. Diese Frage kann getrost mit nein beantwortet werden. Im »Eisenstangen-Urteil« war die Unmöglichkeit bereits dadurch gegeben, dass durch die Erzieherinnen weder zu verhindern, noch zu verantworten war, dass Gegenstände von der benachbarten Baustelle herabfallen konnten. Der Richter: *Es ist unmöglich zu verhindern, dass gelegentlich derartige Gegenstände auf das Gelände der Kindertagesstätte gelangen.*

Unmögliches kann nicht erwartet werden! Wenn man diesen Satz geschrieben sieht, wirkt er einerseits logisch, andererseits lächerlich. Aber er stimmt. Von niemandem, seien es Eltern oder Erzieherinnen, kann eine lückenlose Überwachung der Kinder erwartet werden. Das ist in einem offenen Erziehungsprozess unmöglich. Günstiger ist daher, gar nicht erst den Versuch einer lückenlosen Überwachung zu starten, sondern die Gedanken auf das Wesentliche zu richten:

- Wie können Kinder im Umgang mit Gefahren geübt werden?
- Wo verläuft die Grenze zwischen Möglichem und Zumutbarem?
- Was liegt jenseits im Unzumutbaren?

Das Mögliche, besonders jedoch das Zumutbare, sind nicht als bloße moralische Größen zu verstehen. Die

50a Die Überwachung gefährlicher Gegenstände u.ä. findet eine weitere Grenze im Arbeitsrecht, denn die Erzieherin hat ein Anrecht darauf, ihrem Arbeitsvertrag und ihrer Qualifikation entsprechend eingesetzt zu werden. Eine regelmäßige oder längerfristige, täglich mehrstündige Gartenreinigung gehört mit Sicherheit nicht dazu.

Zumutbarkeitsprüfung zielt erstens auf die Frage einer inneren Logik des Fallgeschehens: Wenn dies und jenes eingetreten ist, welches Handeln war dann möglich und sachangemessen zumutbar? Zweitens zielt sie auf die Frage nach den Umständen des Fallgeschehens: Was war im konkreten Rahmen möglich und zumutbar zu tun? Mit diesem zweiten Teil der Zumutbarkeitsabwägung gewinnen Kriterien an Bedeutung, die die Rahmenbedingungen des Handelns der verantwortlichen Personen betreffen. Für pädagogische Fachkräfte sind das zugleich die Arbeitsbedingungen. Einer Erzieherin in einer Kindergruppe von 15 Kindern ist mehr zuzumuten als einer Kollegin mit 25 Kindern. Jedenfalls dann, wenn es sich um vergleichbare Aktionen handelt und wenn die Erzieherinnen jeweils einen vergleichbaren beruflich-persönlichen Hintergrund haben, womit zum Beispiel die Berufserfahrung gemeint ist. Gibt es Unterschiede, wird die Zumutbarkeitsgrenze verschoben.

Je nach Erfahrung der Erzieherin variiert die Zumutbarkeit. Wer neu ist, muss vorsichtiger zu Werke gehen, wer so viel Erfahrung besitzt, dass schwierige Situationen schon vorher erahnt und entsprechend vorbereitet (nicht vermieden!) werden können, kann sich selbst mehr zumuten. Das Zumutbare ist weniger als eine bloße Zumutung im üblichen Sprachgebrauch, sondern mehr als ein Zutrauen zu verstehen.

Resümee

In den vorangegangenen Abschnitten haben wir einschlägige Bundesgesetze auf ihre pädagogischen Inhalte untersucht und ein Urteil zur Aufsichtspflicht analysiert. Wir konnten zeigen, dass die rechtlichen Rahmenbedingungen der Pädagogik eine fortschrittliche, offensive Erziehung geradezu fordern. Auf keinen Fall steht eine fachlich qualifizierte Erziehung (Idee und Umsetzung) im Gegensatz zu den gesetzlichen Vorgaben der Aufsichtspflicht.

Schon diese einfache Formulierung ist etwas schief. Sie unterstellt, dass Erziehung und Aufsicht zu trennen sind, doch das Gegenteil ist der Fall. Aufsicht und Erziehung gehören zusammen. Die Art der Aufsicht soll die Verwirklichung der Erziehungsziele unterstützen. Erziehungs- und Aufsichtsfragen sollen darum nicht getrennt behandelt werden, denn Aufsichtspflichtfragen sind Methodenfragen der Erziehung. Die Kernfrage lautet: »Wozu und wie will ich das (mir anvertraute) Kind erziehen?«

Wird ausschließlich nach der Aufsichtspflicht gefragt, etwa in dem Tenor: Ist es erlaubt, dass …, handelt es sich bei näherer Betrachtung fast ausschließlich um die Beschreibung einer Situation, in der eine Abwesenheit qualifizierter Erziehung unterstellt wird. Solche Fragen werden zum Teil gestellt, um einen allgemeingültigen Persilschein für beabsichtigtes Handeln zu bekommen. Als Antwort erwartet wird etwa: Ja, alle Kinder dürfen immer …

Gäbe es tatsächlich die Möglichkeit so zu antworten, bräuchten pädagogische Überlegungen gar nicht erst gestellt zu werden. Wenn alle Kinder grundsätzlich alles dürfen, sind individuelle Überlegungen Zeitverschwendung. Da aber das einzelne Kind im Vordergrund stehen soll, ist jedem sofort einsichtig, dass manche Kinder auf Bäume klettern, allein in den Garten, allein einkaufen gehen dürfen und andere nicht. Fragen der geschilderten Art erweisen sich als untauglich für die Lösung differenzierter Probleme.

Eine zweite Art von Fragen, die die Aufsichtspflicht von der Pädagogik isolieren, klingt ähnlich: Das kann doch wohl nicht erlaubt sein, dass ..., oder? Sinn und Zweck dieser Frage besteht in der Verhinderung einer bereits eingetretenen oder befürchteten Situation im Umgang mit Kindern. Die fragende Person möchte eine Bestätigung erhalten. Ihrer Meinung nach gehört ein konkretes erzieherisches Verhalten verboten. Die fragende Person unterstellt, dass Verantwortungslosigkeit Grundlage der kritisierten Handlung ist und nicht eine sinnvolle pädagogische Überlegung. Ohne diesen Vorwurf direkt anzusprechen und sich einer Auseinandersetzung zu stellen, versucht die Person stellvertretend für sich, Recht und Gesetz die Situation klären zu lassen. Vermeintlich fehlende pädagogische Qualität soll durch Aufsichtsregelungen erklärt werden. So einfach geht es aber nicht!

Wer andere Auffassungen über Erziehung vertritt als die von ihm kritisierte Person, muss den Unterschied deutlich machen und sich über Unterschiede in den Erziehungszielen und -methoden auseinandersetzen. Niemand lässt sich von alternativen Erziehungsvorstellungen überzeugen, wenn ihm Vorschriften zur Aufsichtspflicht vorgehalten werden. Ist es nicht eher so, dass die Argumentation mit der Aufsicht immer dann helfen soll, wenn vernünftige Gründe nicht zu helfen scheinen und man mit seinem Latein am Ende ist?

Die Aufsichtspflicht darf aber nicht als Waffe missbraucht werden. Weder von denjenigen, die ihre Ansprüche gegenüber anderen Personen vertreten und durchsetzen wollen, noch von denjenigen, die die Aufsichtspflicht benutzen möchten, um unliebsame Ansprüche abzuwehren. Aufsichtspflicht darf nicht zur Verschleierung pädagogischer Unfähigkeit benutzt werden.

Ob ein von anderen Personen (Eltern, Kolleginnen, Leiterin, Trägervertreter) bemängeltes erzieherisches Verhalten der verantwortlichen Person tatsächlich als Fehlverhalten gewertet werden kann, muss im Einzelfall geklärt werden. Ungerechtfertigte Vorwürfe müssen von gerechtfertigten unterschieden werden. Notwendige oder wünschenswerte Verhaltensänderungen müssen angestrebt, andere klar abgewiesen werden. Das strittige Problem wird unter Umständen erst vor Gericht geprüft, geklärt und abschließend beschieden. Das Gericht bedient sich dabei verschiedener Kriterien, welche Ähnlichkeit mit pädagogischen Kernfragen haben und auf diese Art erneut den Zusammenhang von Erziehung und Aufsicht bestätigen. In Ergänzung zu der Einschätzung auf zum Fragebogen auf S. 67 stellen wir jetzt eine Liste von variablen Merkmalen zur Einschätzung erzieherischer Aktionen und deren Planung vor. Sie ist für pädagogische Fachkräfte zusammengestellt, kann aber selbstverständlich auch von Eltern angewendet werden.

Wenngleich gerade Eltern sich nicht zu jeder Zeit genau Rechenschaft darüber ablegen, warum sie etwas genau so und nicht anders zu diesem oder jenem Zeitpunkt von ihrem Kind erwarten oder mit ihm tun oder ihm erlauben, stehen im Hintergrund aller Handlungen etliche der gerade aufgeführten Merkmale in Form von konkreten Überlegungen. Die gleiche Aussage lässt sich wohl für die Erzieherin vertreten. Je besser sie das einzelne Kind kennt, je mehr wird sie die konkrete Übertragung der Kriterien auf das Kind im Gefühl haben oder im Schlaf vollziehen können. Hierin kann eine Beruhigung liegen, denn gesichertes Wissen entlastet. Direkt daneben liegt eine Gefahr, denn gesichertes theoretisches und praktisches Wissen ist eine Form von Routine, die außer zu Entlastung auch zu Unachtsamkeit gegenüber positiven wie negativen Veränderungen führen kann.

Bei größeren Kindergruppen wächst die Notwendigkeit zu Routinen und mit ihr die Gefahr, nicht das einzelne Kind und seinen Entwicklungs- und Interessenstand zu sehen, sondern den Gruppendurchschnitt zum Maß aller Dinge zu machen. Hinter Ge- und Verboten, Regeln und Absprachen verbergen sich häufig solche Routinen. Sie gelten dann nicht mehr für das einzelne Kind. Sie sollen nicht mehr ihm allein helfen, die nächste Stufe der Selbstständigkeit zu erklimmen, sondern wirken pauschal für viele. Sie sind im Gruppendurchschnitt richtig, wirken je nach dem tatsächlichen Entwicklungsstand eines Kindes aber einschränkend oder zu weitgehend. Die Schwierigkeit, jedes einzelne Kind im Erziehungsprozess zu seinem Recht kommen zu lassen, steigt mit der Anzahl der zu erziehenden Kinder. Insofern haben Eltern günstigere Voraussetzungen. Erzieherinnen haben ihre anerkannte Ausbildung. Das sollte Ausgleich sein, um die freie Entfaltung der Persönlichkeit jedes Kindes auch in der Gruppe aktiv und offensiv zu ermöglichen.

Exkurs: Kriterien zur Einschätzung der Wahrnehmung der Aufsichtspflicht

Faktoren in der Person des Kindes

- Alter
- Entwicklungsstand (körperlich, geistig, sozial)
- Kenntnisse, Fähigkeiten und Fertigkeiten
- bisheriges Verhalten
- Charakter, Eigenarten
- Verhaltensauffälligkeiten
- Krankheiten, Beeinträchtigungen (permanent, aktuell)
- neu in der Gruppe, in der Einrichtung, im Stadtteil, in der Stadt
- ...

Faktoren in der Gruppe

- Größe
- Zusammensetzung (Gruppendynamik)
- gegenseitige Kenntnis (Zeitdauer seit Bestehen, Erfahrung miteinander)
- aktuelle Situation
- ...

Faktoren in der Person der Erzieherin

- Alter
- Erfahrung
- Kenntnisse, Fähigkeiten und Fertigkeiten (allgemein und in Bezug auf die Gesamtgruppe)
- Krankheiten, Beeinträchtigungen (permanent, aktuell)

- Beziehung zum einzelnen Kind
- Beziehung zur Gruppe (Akzeptanz, Vertrauen)
- Übersicht über das Geschehen in der Gruppe
- Art der Vorbereitung
- ...

Ort/Umfeld

- Bekanntheit des Geländes für das Kind bzw. die Gruppe
- für Kinder vorgesehen (Spielplatz) oder sonstiges Gelände
- drinnen
- draußen
- Abgeschlossenheit des Geländes
- Beschaffenheit des Geländes
- allgemeine Gefahren in der Umgebung (Gewässer, Hauptverkehrsstraßen, Baustellen, Bahnanlagen ...)
- konkrete Gefahren, bezogen auf das Kind/die Gruppe (Kenntnis, Vertrautheit der Kinder mit den Gefahren)
- ...

Aktivität/Beschäftigung

- Art des Spiels
- die davon ausgehende allgemeine Gefahr (Baden, Geländespiel, Handwerksarbeiten, Mittagsruhe, Essen)
- die davon ausgehende konkrete Gefahr (dem Kind bekannt, nicht bekannt; Umgang geübt, nicht geübt)
- mit pädagogischen Zielen vereinbar oder nicht
- Innen- oder Außenaktivität
- gleichwertige, aber ungefährlichere Alternativen vorhanden
- ...

Gegenstände, Spielgeräte

- allgemeine Gefährlichkeit (zum Beispiel Messer, Werkzeug)
- konkrete Gefährlichkeit (dem einzelnen Kind oder der Gruppe bekannt, zum Beispiel Übung im Umgang mit Messern)
- ...

Pädagogische Ziele und Grundsätze

- Aktion mit pädagogischen Zielen vereinbar oder nicht
- Einbettung in pädagogische Konzeption
- Grundsatz der Fachlichkeit und Verhältnismäßigkeit
- Abwägung, Zumutbarkeit
- Auswahl, Vorbereitung, Durchführung nach fachlichen Maßstäben
- ...

Pädagogischer Auftrag und Aufsichtspflicht der Kindertageseinrichtungen[50b]

Erzieherinnen in Kindertageseinrichtungen fühlen sich in ihrer pädagogischen Praxis häufig durch die Pflicht zur Beaufsichtigung der Kinder eingeschränkt. Zu Unrecht. Dass die Aufsichtspflicht den pädagogischen Auftrag beschränke, diesem Missverständnis sitzen jedoch sogar Leitungskräfte in Einrichtungen und Trägerverwaltungen auf. Die Fehleinschätzungen rühren unserer Erfahrung nach auch daher, dass manche Publikationen zur Aufsichtspflicht sehr stark den Haftungsaspekt betonen, während der pädagogische Auftrag gerade noch anklingt. Das kann nicht verwundern, denn die meisten Veröffentlichungen zu diesem Thema werden von Juristen verfasst, die sich aus gutem Grund pädagogischer Ausführungen enthalten. Weil umgekehrt Pädagogen sich selten in die Nähe juristischer Hoheit wagen, wird dieser Themenbereich häufig unvollständig und deshalb nicht selten schief abgebildet.

Rechtliche Gegebenheiten

Aufsichtspflicht und Erziehung stehen jedoch nicht im Widerspruch zueinander. Sie sind gleichrangige Pflichten und Rechte der Eltern im Rahmen der Personensorge. In § 1631 Abs. 2 BGB ist dieser Sachverhalt dadurch ausgedrückt, dass Beaufsichtigung und Erziehung ohne Abstufung gegeneinander stehen und neben Pflege und Aufenthaltsbestimmung gleichwertig aufgezählt werden. Deshalb werden die Ziele und Inhalte des pädagogischen Handelns auch nicht durch die Aufsichtspflicht dominiert.

Was in unserem demokratischen Gemeinwesen unter Erziehung verstanden wird, lässt sich den gesetzlich formulierten Leitbildern entnehmen. So heißt es im § 1626 Abs. 2 BGB für die elterliche Erziehung: *Bei der Pflege und Erziehung berücksichtigen die Eltern die wachsende Fähigkeit und das wachsende Bedürfnis des Kindes zu selbstständigem, verantwortungsbewusstem Handeln.*

Und § 1 Abs. 1 SGB VIII hält als gesetzliches Leitbild der Jugendhilfe fest: *Jeder junge Mensch hat ein Recht auf Förderung seiner Entwicklung und auf Erziehung zu einer eigenverantwortlichen und gemeinschaftsfähigen Persönlichkeit.*

Schließlich nimmt § 22 Abs. 2 SGB VIII das in § 1 allgemein formulierte Leitbild auf und stellt es als Leitziel der Erziehung in Kindertageseinrichtungen besonders heraus. Der Gesetzgeber wollte mit der Wiederholung ausdrücken, dass die Erziehung zu einem eigenverantwortlichen und gemeinschaftsfähigen Menschen bereits im frühen Kindesalter beginnt – und mit ihr die Erziehung zur Selbstständigkeit – auch und gerade in den Tageseinrichtungen für Kinder.

50b Erstveröffentlichung gemeinsam mit Simon Hundmeyer in: Zentralblatt für Jugendrecht. Heft 6/2005

Damit Kinder lernen können, Risiken und Gefahren selbstständig zu bewältigen, müssen sie Gelegenheit erhalten, damit umzugehen. So wohnt der Erziehung zur Selbstständigkeit stets auch das Risiko des Scheiterns inne, welches weder verhindert werden darf, noch eigentlich verhindert werden kann. Für die Einschätzung, ob ein Risiko vertreten werden kann, müssen Sicherheitsaspekte und pädagogische Gesichtspunkte im Einzelfall gegeneinander abgewogen werden. Es reduziert die Komplexität des Themas erheblich, wenn die Aufsichtspflicht mit der Gewährleistung der Sicherheitserfordernisse in der Erziehung, die Pädagogik dagegen mit den Aufgaben der Vorbereitung auf Risiken gleichgesetzt wird. Aufsichtspflicht und pädagogischer Auftrag ergänzen einander im Anliegen, Kinder den allgemeinen Zielen entsprechend zu erziehen.

Die (Art der) Aufsicht dient demnach einem Zweck. Sie ist ein Mittel neben anderen, um das Aufwachsen von Kindern zu unterstützen. Sie ist nicht Selbstzweck. Die Entwicklung von Kindern zu selbstständigen und verantwortlichen Erwachsenen soll zielgerichtet beeinflusst werden.

Erzieherinnen in Tageseinrichtungen für Kinder werden daher durch die Aufsichtspflicht nicht an der Umsetzung des pädagogischen Auftrages gehindert; sie sollen ihn im Gegenteil ebenso wie Aufsichtserfordernisse erfüllen. Eine Verletzung der Aufsichtspflicht kann berechtigter Weise nicht einfach vorgeworfen werden, »weil etwas passiert« ist. Dies wäre nur möglich, wenn es sowohl einen Widerspruch zwischen pädagogischem Auftrag und Aufsichtspflicht als auch einen Vorrang der Aufsichtspflicht gäbe. Überzogene Befürchtungen über eventuelle nachteilige Folgen für die Aufsichtspflichtigen entbehren daher der Grundlage, wenn gemäß dem pädagogischen Auftrag gehandelt und dabei die Gesundheit des Kindes und die Sicherheitsbedürfnisse der umgebenden Menschen mit berücksichtigt wurden.

Pädagogischer Auftrag der Kindertageseinrichtungen

Die Bedeutung erzieherischer Erfordernisse für die Diskussion der Rechte und Pflichten von Eltern in Bezug auf die Art und den Umfang der Aufsichtsführung bildet den weiten Rahmen für die Bedeutung des pädagogischen Auftrages als Grundlage der Arbeit von Erzieherinnen in Kindertageseinrichtungen. Wenn schon für die elterlichen Rechte und Pflichten gilt, dass Erziehung und Aufsicht in Einklang miteinander gebracht werden müssen, um die Ziele der Verantwortung und der Selbstständigkeit anzustreben, müssen die pädagogischen Erfordernisse in einer Institution, die eigens der professionellen Erziehung (Bildung und Betreuung) von Kindern dient, erst recht gewährleistet werden.

Die Formel vom pädagogischen Auftrag der Kindertageseinrichtungen legt die Fragen nahe, wer denn der Auftraggeber ist und was der Auftrag beinhaltet. Da hier ausschließlich die allgemeinen Voraussetzungen der Erziehung in Kindertageseinrichtungen interessieren bzw. nur auf solche zurückgegriffen werden, die rechtlich fixiert sind, lässt sich sagen, dass der pädagogische Auftrag durch unsere Gesellschaft legitimiert ist und dass er daher zugleich als gesellschaftlicher Auftrag bezeichnet werden kann. Er umfasst insbesondere Aussagen zur Relevanz folgender Aspekte bei der Durchführung der pädagogischen Arbeit:

- die Elternrechte
- die Kinderrechte, besonders in Verbindung mit
- der Beschreibung der Aufgaben von Kindertageseinrichtungen und
- das Gebot zu fachlichem Handeln.

Dies soll in fast umgekehrter Reihenfolge erläutert werden.

Erzieherinnen stellen die Hauptgruppe der im SGB VIII geforderten Fachkräfte in Kindertageseinrichtungen. Zu ihrem Berufsbild gehört zielgerichtetes pädagogisches Handeln, das sie mit Wissen aus verschiedenen Fachdisziplinen entsprechend den geltenden Ausbildungsrichtlinien, zum Beispiel der Didaktik, der Entwicklungspsychologie und auch des Rechts begründen können.

Die Aufgabe aller Kindertageseinrichtungen ist nach § 22 Abs. 2 SGB VIII »die Förderung der Entwicklung von Kindern zu eigenverantwortlichen und gemeinschaftsfähigen Persönlichkeiten«. Diese Aufgabe umfasst die Betreuung, Bildung und Erziehung jedes Kindes durch geeignete Fachkräfte (§ 22 Abs. 2 & 3 und § 22a Abs. 2 SGB VIII). Die Verpflichtung der (Fachkräfte in) Kindertageseinrichtungen, Kinder zu fördern, greift Ausführungen am Anfang des Gesetzes nochmals auf, doch diesmal unter veränderter Perspektive. Während in § 1 Abs. 1 SGB VIII das Recht jedes jungen Menschen auf Förderung programmatisch postuliert wird, werden nun die Fachkräfte verpflichtet, ihre Kompetenzen entsprechend einzusetzen.

Weitere Rechte von Kindern, zum Beispiel aus UN-Konvention, Grundgesetz und BGB ergänzen das Recht auf Förderung nach dem SGB VIII. Sie dienen dem Schutz jedes Kindes sowohl vor unmittelbaren Gefahren als auch vor mittelbaren Gefährdungen durch unzureichende Förderung, mangelnde Anregungen oder zu geringe Freiräume. Ein in der Rechtsprechung zur Aufsichtspflicht durchgängig herausgestelltes Recht von Kindern ist das Grundrecht auf freie Entfaltung, das als Ziel »unter Wahrung eines Mindestbestandes an Sicherheit und Ordnung« unbedingt handlungsleitend zu beachten ist (LG Berlin 7.0.247/75).

Die Forderung zur Wahrung der Elternrechte ist mehrdeutig. Zu ihr gehört die Gewährleistung von Beteiligungsrechten der Eltern in den Kindertageseinrichtungen wie ebenso die Fortsetzung der von den Eltern begonnenen Erziehung zu Verantwortungsbewusstsein und Selbstständigkeit im Wechselspiel zwischen Risiko und Sicherheitserfordernissen.

Das Bundesgesetz belässt es im Großen und Ganzen bei dieser allgemeinen Beschreibung von Zielen und Aufgaben der Kindertageseinrichtungen. Die sie ergänzenden landesgesetzlichen Regelungen (Kindergartengesetze etc.) greifen die Vorgaben auf, konkretisieren den Auftrag des SGB VIII auch hinsichtlich bestimmter allgemeiner Ziele, belassen jedoch (die Verantwortung für) die konkrete Umsetzung stets bei den pädagogischen Fachkräften. Erzieherinnen in Kindertageseinrichtungen, die Kinder- und Elternrechte sichern, erfahren diese Rechte zugleich als Anforderung an sich bzw. die pädagogische Arbeit wie auch als eigene Absicherung durch »gesellschaftliche Akzeptanz« der Rechte.

In pädagogischen Kategorien formuliert, gibt der Auftrag der Kindertageseinrichtungen allgemeine Erziehungsziele vor, die für alle Kinder gelten, fordert jedoch auch die Unterstützung individueller Entwicklungsverläufe. Die Umsetzung muss nach Maßgabe fachlicher Kriterien durch die verantwortliche Erzieherin erfolgen, wofür auf vielfältiges Fachwissen zurückzugreifen ist.

Stand der Fachdiskussion[51]

Zur Erfüllung ihrer Aufgaben können die Fachkräfte auf fachwissenschaftliche, fachpraktische und fachpolitische Grundaussagen vor allem der Pädagogik zurückgreifen. Im Folgenden soll ein weitgehend konsensfähiges Bild zeitgemäßer Fachlichkeit bei der Betreuung, Bildung und Erziehung in Tageseinrichtungen für Kinder im Zusammenhang mit der Aufsichtsführung beschrieben werden.

Tageseinrichtungen für Kinder gelten heutzutage als Einrichtungen, die ihren Auftrag zur Unterstützung der elterlichen Verantwortung wahrnehmen. Ihr Angebot gilt insoweit als den Elternrechten nachgeordnet. Andererseits gilt das Angebot als eigenständig, weil es der allgemeinen Förderung (Betreuung, Bildung und Erziehung) von Kindern dient und den Kindern zusätzliche Erfahrungsmöglichkeiten außerhalb der Familie bietet, eben mit eigener Fachlichkeit und solange die fachlichen Standards eingehalten werden.

Diese Aussage gilt mindestens für alle Kinder im Alter von drei Jahren bis zum Schuleintritt. Für sie bedeutet der Besuch einer Tageseinrichtung die selbstverständliche und wünschenswerte Teilhabe an einer gesellschaftlichen Sozialisationsinstanz, in der sie die Betreuung, Bildung und Erziehung erfahren, die ihrer Entwicklung förderlich ist. Äußeres Zeichen der Normalität ist der Rechtsanspruch jedes Kindes dieser Altersgruppe auf einen Platz in einem Kindergarten. Für jüngere und ältere Kinder in Tageseinrichtungen der Jugendhilfe gilt die Aussage mit graduellen Einschränkungen ebenfalls.

Einerseits kann die gestiegene Bedeutung der Tageseinrichtungen im Leben von Kindern als Ausdruck der gesellschaftlichen Anerkennung interpretiert werden; andererseits bedeutet das Aufwachsen in einer Institution, dass Kindern nur eingeschränkte Erfahrungsmöglichkeiten geboten werden, die sich nachteilig für sie und die Gesellschaft auswirken können. Zur Fachlichkeit von Erzieherinnen gehört deshalb die Reflexion darüber, dass die Institution, in der sie arbeiten, zwar einerseits der Förderung von Kindern dient, dass sie andererseits jedoch – eben als Institution – Gefahr läuft, Kinder von wichtigen Lebensbezügen und Förderanregungen aus der natürlichen Umwelt auszuschließen. Die Öffnung der Institution mit ihren pädagogischen Angeboten unter den Stichworten Lebensweltbezug und Sozialraumorientierung sind daher seit Jahren ein fachliches Gebot.

Kindliche Entwicklung verläuft ganzheitlich. Sie verlangt nach Förderangeboten, die Betreuungs-, Bildungs- und Erziehungsaspekte integriert und in ein Gesamtkonzept überführt, das eine individuelle Förderung jedes Kindes im Zusammenleben mit den anderen Kindern unter Gruppenbedingungen ermöglicht. Als Anforderung an ihre Fachlichkeit formuliert, stehen Erzieherinnen daher beispielsweise vor der Aufgabe, individuelle Angebote zu entwickeln und durchzuführen, Kleingruppenaktivitäten anzubieten und auch, wenngleich seltener, Angebote durchzuführen, die dem Zusammenhalt der gesamten Gruppe dienen. Es gehört zum fachlichen Handeln von Erzieherinnen, intensiv und differenziert mit einzelnen oder wenigen Kinder zu arbeiten, während ein Großteil der Gruppe selbstgewählten Aktivitäten nachgeht.

51 Die aktuellen Entwicklungen und Diskussionen um den Bildungsauftrag der Kindertageseinrichtungen bleiben hier undiskutiert, weil sie für den Zusammenhang zwischen Aufsicht und Pädagogik unerheblich sind.

Ein wichtiges Moment der Pädagogik ist die Beachtung des kindlichen Bedürfnisses nach Herausforderung und Anregung, ebenso wie das nach Besinnung und Rückzug. Erzieherinnen müssen die verschiedenartigen Entwicklungspotentiale nutzen, die in der Selbsttätigkeit der Kinder, der Erwachsenen-Kind-Interaktion sowie derjenigen innerhalb der Kindergruppe ohne Beisein einer erwachsenen Person liegen. Dies zum einen aus der Logik der entwicklungspsychologischen Prozesse und zum anderen aus den veränderten gesellschaftlichen Gegebenheiten heraus, die Kindern außerhalb von Institutionen und dem häuslichen Umfeld weitgehend Erfahrungen versagen, die für frühere Kindergenerationen noch selbstverständlich waren, so dass sie nicht künstlich arrangiert zu werden brauchten. An sich ein Paradoxon dient der arrangierte Kindergartenalltag heutzutage auch dazu, Kindern Alternativen für Frei- und Erfahrungsräume zu gestatten, die unsere Gesellschaft sonst nicht mehr gefahrenarm bieten kann. An die Stelle des Herumstromerns im Wald oder den Straßen der Nachbarschaft tritt so beispielsweise wenigstens das unbeobachtete Spielen im Freigelände der Tageseinrichtung.

Der Auftrag der Förderung der Entwicklung des Kindes heißt für die Pädagogik im Grunde nichts anderes, als Kinder auf den nächsten Entwicklungsschritt vorzubereiten. Hierfür können ebenso gut die pädagogischen Methoden der Anleitung und der kontrollierten Erfahrung zum Zuge kommen, wie die Methoden des Gewährenlassens und der nicht vom Erwachsenen in Gänze kontrollierbaren Eigenerfahrung des Kindes. Die Eignung einer Methode ist nur vom Einzelfall, dem Ziel, dem Kind, der Aktivität her zu bestimmen. Folglich ist die begründete Entscheidung für oder gegen ein Vorgehen, denjenigen vorbehalten, die jeweils für die Förderung eines Kindes verantwortlich sind. Wofür sich Eltern im häuslichen Zusammenhang oder Erzieherinnen in der Kindertageseinrichtung entscheiden, bleibt trotz aller Gewissenhaftigkeit und Sorgfalt doch nur eine Voraussetzung für viele mögliche kindliche Reaktionen. Das Risiko, ob und in welcher Weise ihr Angebot anschlägt, verbleibt stets beim Erwachsenen, und dieses Risiko schließt durchaus auch die Gefahr eines Schadenfalles ein, den ein Kind oder eine dritte Person erleiden mag. Insofern wird das tatsächliche Risiko aller pädagogischen Bemühungen vor allem durch die Kinder getragen, in zweiter Linie dann durch eventuell geschädigte weitere Personen. Dies ist unvermeidbar, weil es unmöglich ist, sämtliche Risiken zu vermeiden. Oder anders: Pädagogik ist Risiko!

Wenn wir diese Zuspitzung etwas weniger dramatisch ausfallen lassen, so kann Pädagogik trotzdem noch als der kalkulierte, gleichwohl aktive Umgang mit dem Risiko beschrieben werden. Das Gebot der Förderung beinhaltet, Kinder an neue Erfahrungen heranzuführen. Entwicklung bedeutet permanente Veränderung. Erlauben, Gewährenlassen, Bewahren oder Verbieten allein sind keine Methoden, die pädagogische Fachlichkeit begründen. Nicht die Vermeidung jeglichen Risikos ist der Auftrag der Erzieherin bzw. das erforderliche vorrangige Handlungsziel in Kindertageseinrichtungen, sondern die Erweiterung der kindlichen Kompetenzen. Die Vorbereitung auf den wahrscheinlichen Erfolg ist der Motor pädagogischen Handelns; das Risiko des Ausprobierens besteht gleichwohl in der Möglichkeit des Scheiterns.

Bereits im Achten Jugendbericht der Bundesregierung[52] wurden diese Zusammenhänge zusammengefasst:

52 Achter Jugendbericht (Dt. Bundestag 11. Wahlperiode; Drucksache 11/6576) vom 06.03.1990

1.1.1 Kinder brauchen familienübergreifende Erfahrungswelten

Die Bedeutung von Betreuungs- und Bildungseinrichtungen nimmt zu angesichts zurückgehender Kinderzahlen in Familie und Nachbarschaft und angesichts der Entwertung des öffentlichen Raumes als Spielraum für Kinder... Kinder sind heute weitgehend aus dem öffentlichen Raum verschwunden ...

... halten sich Kinder zunehmend in »kindgerechten« Inseln auf, die traditionell ganzheitliche Erfahrung in Wohnungsumgebung und Nachbarschaft wird ersetzt durch organisierte und beaufsichtigte Begegnungen und Erfahrungen in verschiedenen Kontexten. Unter diesen Bedingungen sind Kinder auf Orte wie Tageseinrichtungen angewiesen, um in kontinuierlichen Gruppen elementare Sozialerfahrungen machen zu können. Tageseinrichtungen für Kinder bekommen zunehmend die Funktion, die Orte zu werden, wo Kinder andere Kinder treffen und wo solchen Erfahrungen Raum gegeben werden muß, die sich früheren Generationen außerhalb der Aufsicht von Erwachsenen in der Geschwistergruppe, in der Nachbarschaft, auf der Straße erschlossen.

Die familiennahe Gestaltung des Kindergartenlebens soll der Ausgrenzung von Kindern in spezialisierten Institutionen entgegenwirken, den Kindergarten für die Familien und seine Umwelt öffnen und die Teilhabe der Kinder am Leben in der Gemeinde bzw. im Stadtteil sichern. Mit dem Situationsansatz wurde in diesem Bildungsbereich eine vom Fächerkanon unabhängige Lernform etabliert, die den Interessen und Lernmöglichkeiten der Kinder entgegenkommt...

Passend auch die Darstellung der Aufgaben des Kindergartens in der Begründung zum Kinder- und Jugendhilfegesetz (KJHG bzw. SGB VIII)[53]; ebenfalls mittlerweile etwa 15 Jahre alt und keineswegs inzwischen unzeitgemäß:

Nach der Begründung der Bundesregierung zum Kinder- und Jugendhilfegesetz (BT-Drucks. 11/5948 zum 3. Abschnitt) bedürfen Kinder der Altersstufe vom vollendeten dritten Lebensjahr bis zum Schuleintritt eines ganzheitlich orientierten familienergänzenden Bildungs- und Erziehungsangebots, das

- die Fähigkeit zu sachgerechtem Handeln in verschiedenen Lebenssituationen stärkt und zur Entfaltung der geistigen Fähigkeiten beiträgt,
- dem Kind Erfahrungsmöglichkeiten eröffnet, um eigene Entdeckungen zu machen und mit Schwierigkeiten selbst fertig zu werden,
- emotionale Kräfte aufbaut und schöpferische Fähigkeiten unter Berücksichtigung individueller Begabungen fördert,
- ihm die Möglichkeit gibt, Alternativen zu Werten und Orientierungsmustern in der Familie zu erleben,
- im sozialen Kontext der Gruppe zu einer ihm angemessenen Selbstständigkeit und Entscheidungsfähigkeit zu finden und Selbstwertgefühle und Selbstvertrauen zu entwickeln.

Das Kind nicht in Abhängigkeit zu belassen, sondern Selbstständigkeit und Autonomie anzustreben; das Kind nicht isoliert, sondern im Kontext seiner Lebenszusammenhänge zu sehen; das Kind in seinen Fähigkeiten und Bedürfnissen zu achten; dem Kind neue – vor allem auch: eigene – Erfahrungen zubilligen; das Kind also nicht zu behüten und abzuschirmen vor den Anforde-

53 Nach Fieseler, G./Schleicher, H.: GK-SGB VIII/ Fieseler § 22 Rz. 9. Neuwied, Kriftel 1998

rungen und Gefahren seiner Lebenswelt, das gehört zu den Anforderungen an die Kindertageseinrichtungen, denen sich die Erzieherinnen stellen müssen. Es geht darum, nicht auf einen irgendwie ablaufenden Reifeprozess zu setzen, an dessen Ende das selbstständige Kind steht, sondern darum, die Entwicklung jedes Kindes zu fördern, indem ihm auch Freiraum zugebilligt wird, damit es »eigene Entdeckungen machen und mit Schwierigkeiten selbst fertig« werden kann; bereits in jungen Jahren. Selbstständigkeit wird nicht nur als Ziel, sondern auch als Prinzip und Methode der Pädagogik anerkannt.

Als tragfähiges zeitgemäßes pädagogisches Rahmenkonzept wird der Situationsansatz im Achten Kinder- und Jugendbericht erwähnt. Er ist in der Frühpädagogik weitgehend anerkannt. Sein didaktisches Prinzip ist die Organisation von Primärerfahrungen mit Handlungsmöglichkeiten für Kinder, vor allem auch zur Veränderung einengender, benachteiligender Lebensbedingungen. Die Institution Kindergarten ist als eigene Lebenssituation darin eingeschlossen. Kinder sollen sich ihren Lebensraum erschließen, sollen ihn erobern können. Damit in der Einrichtung ein Ausgleich für verlorengegangene Erfahrungsräume außerhalb entstehen kann, wurden/werden vielerorts die Außenflächen in naturnahe Gärten umgestaltet, in denen eine künstliche Verwilderung zugelassen ist. Dies macht nur dann Sinn, wenn den Kindern passend dazu das unbeobachtete Spiel erlaubt wird. Nicht zu vergessen ist, dass alle Tageseinrichtungen für Kinder schon von sich aus Häuser sind, die zum Schutz der Kinder vor unvorhersehbaren Gefahren befreit sind. Betriebserlaubnisse erhalten nur die Einrichtungen, die die Sicherheitsbestimmungen einhalten.

Der Wechsel von drinnen nach draußen, die pädagogische Arbeit mit Einzelnen, mit Kleingruppen und mit der Gesamtgruppe sowie der Wechsel von Anleitung und unbeobachtetem Spiel geben den Kindertageseinrichtungen einen völlig anderen Charakter als beispielsweise der Schule, wo eine strikte Trennung zwischen Unterrichts- und Pausenzeiten herrscht[54]. In den Tageseinrichtungen gibt es fließende Übergänge zwischen den verschiedenen im Prinzip gleichwertigen Aktivitätsformen; sie sollten jeweils Anregungs- und Förderungscharakter für die kindliche Entwicklung haben. Ein überwachter Freigang, ein kontrolliertes Auslüften der Kinder, ein angeleitetes körperliches Ausagieren am Spielgerät – solch eine Nutzung der Außenfläche nach getaner Bildungsarbeit am Tisch im Gruppenraum entspricht nicht dem anerkannten fachlichen Handeln von Erzieherinnen.

Der pädagogische Auftrag endet weder an der Tür des Gruppenraumes noch an der Eingangstür der Kindertageseinrichtungen. Die Förderung von Kindern durch Erweiterung ihrer Erfahrungsräume bezieht das Kennenlernen der Umgebung mit ein. Dies nicht nur, um Kenntnisse über Geschäfte, Berufe oder die Natur zu erwerben (Sachkunde), sondern selbstverständlich auch um sich dort zurechtzufinden und klarzukommen. Beispielsweise können Erzieherinnen den Übergang zur Grundschule dadurch erleichtern, dass sie Kinder (und Eltern) beim Einüben des selbstständigen Schulwegs unterstützen. In den meisten Fällen werden zwar Eltern dieses Geschäft übernehmen, wo aber nicht, wären die Kinder mit dem Eintritt in die Schule sich entweder selbst überlassen oder aber sie bleiben abhängig von den Fahrdiensten der Eltern, wenn es keine Alternative gäbe.

54 Doch auch in der Grundschulpädagogik werden zunehmend solche Elemente integriert.

Warum also sollte die Schulvorbereitung der Kindergärten diesen wichtigen Teilaspekt außer Acht lassen?

Schließlich gilt für Eltern, dass sie ihr Kind in der Wohnung ohne Blickkontakt spielen lassen dürfen, wenn sie Vorkehrungen treffen, dass das Kind sich nicht unbemerkt (!) in den Straßenverkehr begibt. Das spricht überhaupt nicht gegen eine gezielte Teilnahme am Leben außerhalb von vier Wänden.

Schauen wir auf die Schulkinder in den Tageseinrichtungen. Sie sind in ihrer Entwicklung in der Regel schon so weit fortgeschritten, dass sie allein und selbstständig die Wege zwischen Wohnung, Schule und Hort bewältigen können. Zum pädagogischen Auftrag der Horte gehört gleichwohl, dass der Erfahrungsraum der Kinder erweitert werden soll: räumlich, zeitlich, sozial. Pädagogisch (und rechtlich) spricht demnach nichts grundsätzlich dagegen, dass Hortkinder einen Teil ihrer schulfreien Zeit außerhalb der Einrichtung und ohne Beobachtung der Erzieherinnen verbringen, wohl aber kommen sie dadurch leicht in Legitimationsschwierigkeiten für ihr pädagogisches Konzept, doch das ist ein völlig anderes Problem.

Kinder leben nicht ausschließlich in Kindertageseinrichtungen. Nachmittags oder an den Wochenenden sind vor allem ihre Eltern zuständig. Soweit andere Regeln gelten, ist zu fragen, wo die Kinder in engeren Grenzen leben und wo ihnen weniger Erfahrungsräume zugebilligt werden. Gespräche hierüber sind nicht nur günstige Anlässe für die Zusammenarbeit zwischen Erzieherinnen und Eltern, sondern auch wichtige Vergleichsmöglichkeiten für die Erzieherinnen für die Kompetenzen, die ein Kind besitzen mag und die es in der Tageseinrichtung anwenden darf. Das, was die Eltern erlauben, ist nicht unbedingt zum Maßstab, wohl aber zum Vergleich heranzuziehen.

Für die elterliche Erziehung hat die Rechtsprechung zum Beispiel anerkannt, dass Siebenjährige sich unbeobachtet im Straßenverkehr bewegen dürfen. Eine ständige Überwachung nämlich würde die Sorgfaltspflichten der Eltern überspannen, sofern das Kind gehörig angeleitet und mit ihm geübt wurde.

Achteinhalbjährige bedürfen regelmäßig weder einer Überwachung auf Schritt und Tritt, noch einer Kontrolle in kurzen, etwa halbstündigen Zeitabständen. Zu ihrem Spiel gehört, Neuland zu entdecken und zu erproben. Der notwendige Lernprozess im Umgang mit der Gefahr darf nicht gehemmt werden.

Und eine ständige Beobachtung eines fünfjährigen Kindes würde auf eine Gängelei hinauslaufen, die der gebotenen Erziehung zur Selbstständigkeit und Selbstverantwortlichkeit zuwiderliefe. (Obwohl sich dieser Satz wie einem Lehrbuch zum Situationsansatz, siehe oben, entnommen liest, steht er doch in einem Urteil zur Aufsichtspflicht von Eltern.)

Pädagogik als Maßstab der Aufsichtsführung

Das Ziel der freien Entfaltung im Allgemeinen und die Ziele des KJHG (und der Landesgesetze für Kindertageseinrichtungen) im Besonderen sollten für alle Erzieherinnen handlungsleitend sein. Der gesetzliche Auftrag kennt keine Möglichkeit zur Einschränkung dieser Ziele. Sie lassen sich nicht, wie es mitunter heißt, gegen Risiken abwägen. Mit dieser Formulierung soll verschleiert werden, dass man der Ansicht ist, die Ziele mögen zu

Gunsten der Absicherung suspendiert werden. Das aber lassen die Gesetze und der pädagogische Auftrag nicht zu. Praktisch jedes Ziel könnte sonst durch den Hinweis auf Risiken ausgehebelt werden. Drohen Ziele und Risiken in Konflikt miteinander zu geraten, kommt es darauf an zu entscheiden, in welchen Schritten, mit welchen Methoden und welchen akzeptablen Risiken das Ziel verfolgt wird.

Als pädagogisch (und rechtlich) entscheidende Fragefolge bietet Mörsberger[55] an:

- Welche pädagogischen Überlegungen bestimmen die Planung? Verfolge ich ein Teilziel auf dem Weg zu freier Entfaltung, Selbstständigkeit und Verantwortungsbewusstsein?
- Welche konkreten Gefahren sind absehbar mit der geplanten Aktion verbunden?
- Lohnt mein konkretes pädagogisches Ziel[56] das vermutliche Risiko? Gibt es eventuell einen risikoärmeren Weg, der zum gleichen Ergebnis führt?

Der pädagogische Auftrag gilt für alle Kindertageseinrichtungen, quasi für den Normalfall. Viele Kindergärten haben unter diesem Dach einen eigenen pädagogisch-konzeptionellen Schwerpunkt entwickelt, beispielsweise um die Bewegungsentwicklung der Kinder zu fördern.

Es gibt auch so genannte Waldkindergärten, denen fehlen absichtlich Umzäunung und TÜV-geprüfte Spielgeräte. Horte für Kinder im Schulalter und sogar schon Krippen für Kinder in den ersten drei Lebensjahren sind gruppenoffen strukturiert. Diese Beispiele sollen als Hinweis genügen, dass eine verschiedenartige Ausgestaltung pädagogischer Angebote sich auch auf die Aufsichtspflicht auswirkt.

Ein Vergleich soll dies weiter verdeutlichen. Abenteuerspielplätze sind (auch im Hinblick auf die Verkehrssicherungspflicht) anders einzuschätzen als die üblicherweise zu findenden möblierten Spielwiesen. Auch das Freigelände in Kindertageseinrichtungen hat eine andere Funktion als das der Schule. Zu unterschiedlich sind deren Sinn, Zweck und Auftrag, obwohl sie doch unter dem Begriff Spielplätze subsumiert werden.

Das Beispiel der Abenteuerspielplätze steht hier auch für die Anpassung von Sicherungsnormen an pädagogische Überlegungen. Denn gäbe es eine unbedingte Normierung von Aufsichts- und Sicherheitsanforderungen, hätten Abenteuerspielplätze nie Realität werden dürfen. Doch ihr Konzept besteht gerade darin, verlorengegangene Erfahrungs- und Freiräume zu simulieren. Die damit verbundenen Risiken werden bewusst arrangiert und die Rechtsprechung folgt dem pädagogischen Anspruch.

Auch Kindergärten sollen heute den Verlust der kindlichen Erfahrungsräume (siehe oben) ausgleichen helfen. Dies muss sich auf die Gestaltung der pädagogischen Arbeit einschließlich der Aufsichtsführung in allen Einrichtungen auswirken. Warum aber sollte beispielsweise nicht auch ein Abenteuerhort mit noch größeren Freiräumen als üblich organisiert werden können? Warum sollten nicht wenigstens Elemente eines Waldkindergartens im Freigelände eines Regelkindergartens etabliert werden?

55 Gekürzt aus: Mörsberger T./Prott, R.: Rechtsfragen bei der Entwicklung der Kindertagesstättenarbeit. In: Senatsverwaltung für Jugend und Familie Berlin: Perspektiven der Kindertagesstättenarbeit. Berlin 1994

56 Gemeint ist: die pädagogische Absicht.

Es muss ja nicht gleich auf den Zaun verzichtet werden. Früher waren Tageseinrichtungen für Kinder vor allem Bewahranstalten. Der Name war insoweit Programm, als diese Einrichtungen nicht der allgemeinen Förderung von Kindern dienten. Das zuständige Fachpersonal hieß Kindergärtnerin. Obwohl Kindergärtnerinnen früher mit den gleichen Altersgruppen von Kindern arbeiteten wie Erzieherinnen heute und obwohl beide Berufsgruppen in Einrichtungen tätig waren/sind, die nach wie vor Kindergarten, Hort oder Krippe heißen, kann beider Praxis nicht miteinander verglichen werden. Die Bezeichnung der Kindergärtnerin wurde nicht zufällig zur Erzieherin verändert. Sie beschreibt ein völlig anderes Berufsbild, mit völlig anderem Anspruch und Auftrag.

Pädagogische Praxis als Methode der Aufsichtsführung

Die Art der Aufsichtsführung (das heißt hier das Maß der Aufsicht) liegt im häuslichen Zusammenhang im Ermessen der Eltern und in pädagogischen Institutionen im Ermessen der Fachkräfte. Die Bezugspersonen der Kinder wissen in der Regel genau, was sie ihnen zutrauen können und zumuten müssen. Die Spannbreite reicht von engmaschiger Kontrolle bis zu unbeobachteten Aktivitäten (Spiel, Aufgabenerfüllung). Sogar eine zeitweise kontinuierliche Überwachung kann nicht ausgeschlossen werden, muss sich jedoch auf das geringst mögliche Maß beschränken, weil sonst die Entwicklung der Kinder gefährdet und ihre Rechte unangemessen eingeschränkt würden.

Nur ausnahmsweise unterliegt die Ausübung des Ermessens einer externen, einer neutralen, einer richterlichen Überprüfung. In der Regel ereignet sich dies nach vorhergehendem Schadensfall. Es hat dann den Anschein, als würden Juristen über die Fachlichkeit der Pädagogen oder gar über die Pädagogik verhandeln, wenn sie nach fachlichem Standard fragen, um zu einem Urteil zu kommen. Doch im Kern geht es ausschließlich um die Beurteilung des tatsächlichen Handelns von Pädagogen. Es geht um die Prüfung, ob deren konkrete Berufsausübung mit den an sie gerichteten Anforderungen – dem pädagogischen Auftrag – übereinstimmt. Unter anderem deshalb verfassen Sachverständige ihre Gutachten, denn sonst bliebe es einzig dem gesunden Menschenverstand und der persönlichen Ansicht der Richter überlassen, was sie für gut und richtig in der Erziehung halten. Üblich sind deshalb Urteilsbegründungen, wie die folgende:

Das Maß der Aufsicht muss mit dem Erziehungsziel, die wachsende Fähigkeit und das wachsende Bedürfnis des Kindes nach selbstständigem, verantwortungsbewusstem Handeln einzuüben, in Einklang gebracht werden. Dieser erwünschten Persönlichkeitsentwicklung wäre eine dauernde Überwachung hinderlich; deshalb dürfen und müssen Kindern in diesem Alter im Rahmen einer verantwortlichen Erziehung auch Freiräume eingeräumt werden, bei denen ein sofortiges Eingreifen des Aufsichtspflichtigen nicht mehr möglich ist. OLG Düsseldorf

Das Zitat ist ein hervorragendes Beispiel für eine eigentlich erforderliche Prägnanz, die leider im sozialpädagogischen Fachjargon manchmal verloren geht:

- Die Aufsicht muss in Einklang gebracht werden, nicht umgekehrt!
- Verantwortliche Erziehung erfordert Freiräume, Einschränkung ist demnach eher unverantwortlich!
- Dauernde Überwachung behindert die Persönlichkeitsentwicklung, kann also mit Pädagogik und ihren Zielen nicht viel zu tun haben!

Die Aufsichtsführung kann auf vielerlei Art erfolgen. Vergessen werden darf nicht, dass alle Minderjährigen ständig unter Aufsicht stehen (müssen). Die Formel vom Maß der Aufsicht, das unter anderem abhängig ist vom Alter und der Eigenart des Kindes, seiner Tätigkeit und den Umständen des Einzelfalles weist darauf hin. Alltagssprachliche Unkorrektheiten leiten in die Irre. Beispielsweise wird (auch in Urteilen zur Aufsichtsführung) häufig unbeaufsichtigt mit unbeobachtet gleichgesetzt. Wären diese Begriffe Synonyme, wäre es Kindern ausschließlich gestattet, unter den wachsamen Blicken erwachsener Aufsichtspersonen zu spielen. Dies jedoch wäre weder mit ihren Rechten noch mit den Aufgaben der Erziehung in Einklang zu bringen; es wäre überdies unzumutbar für die Aufsichtspflichtigen. Aufsicht heißt eben weder auf Sicht noch ununterbrochene Beobachtung! Dies ist kein Grundsatz, der nur ausnahmsweise dann gilt, wenn man es begründen kann. Im Prinzip sind vielmehr alle Arten der Aufsichtsführung als gleich möglich anzuwenden anzusehen. Sie variieren von Fall zu Fall und von Mal zu Mal, dabei sollte immer das geringstmögliche Maß an Aufsicht erfolgen.

Dass die Unterscheidung zwischen unbeobachtet und unbeaufsichtigt auch Richtern schwerfällt, die Kindern Freiräume zugestehen, zeigt ein Urteil des Amtsgerichts Hamburg-Harburg. Dort wurde festgestellt, dass es zum natürlichen Spiel der Kinder gehöre, dass sie sich verstecken. Folglich könnten sie in einen nicht einsehbaren Bereich des Spielgeländes entwischen. Diese Argumentation akzeptiert einerseits die Voraussetzungen von Kindern – nämlich ihren natürlichen Drang zum Verstecken – andererseits wird mit dem Begriff entwischen, dann doch wieder eingeführt, dass die Erzieherin dies verhindern müsste.

Logischer wäre folgende Argumentation: Wenn das Sich-Verstecken zur Natur des Kindes gehört, wenn dies Verstecken zudem noch ein wünschenswerter pädagogischer Prozess ist, der von Erzieherinnen zur Förderung der Entwicklung von Kindern unterstützt werden soll, dann gebietet es ihre Fachlichkeit – unter Einschätzung der allgemeinen Risiken in der Kindertageseinrichtung – für Verstecke zu sorgen und den Kindern Gelegenheit zum unbeobachteten Spiel einzuräumen.

Schlussbetrachtung

Menschen gehen unterschiedlich mit Risiken um. Andere Zeiten setzen veränderte Rahmenbedingungen für Erziehung. Deshalb kann und muss es in gewissen Abständen zu Diskussionen über Erziehungsziele und die gewünschte Art der Umsetzung kommen. Vermutlich wird es stets eine volle Bandbreite als richtig angesehener Methoden geben. An einem Ende wird pauschal für Freiräume geworben (die von Gegnern als unvertretbar angesehen werden), am anderen des Spektrums wird eine behütende Aufsicht erwartet (die für die Gegner als überzogene Anforderungen an die Aufsichtsführung gehalten werden). Um zu vermeiden, dass allein individuelle Erziehungseinstellungen zur Beurteilung eines Falles führen, sollten in jedem Fall sachverständige Gutachter das strittige pädagogische Handeln und die Qualität der Fachlichkeit (Theorie und Praxis) einschätzen.

Gerade in einer Zeit, in der die Freiräume der Kinder gefährdet sind, dürfen diese aus Angst vor Risiken nicht noch weiter eingeschränkt werden. Wichtiger als eine ausschließlich auf den Moment zielende Absicherung ist die langfristig angelegte, aktive Vorbereitung der Kinder auf den Umgang mit Gefahren. Es wäre ein Widerspruch,

Kindern das Aufwachsen in einer Risikogesellschaft zuzumuten und sie zugleich daran zu hindern, mit den damit verbundenen Anforderungen (altersentsprechend) umzugehen. Irgendwann wird jedes Kind in eine riskante Situation kommen. Die Verlagerung dieser Begegnung auf einen späteren Lebensabschnitt verlangt nach der Frage, wie Kinder den Umgang mit Risiken erlernen können sollen, wenn sie systematisch davon ferngehalten werden. Die Vermeidung jeglicher Risiken zum angeblichen Wohl der Kinder ist ein zu großes Risiko – für sie.

-Dienstweg-
Betreten Unbefugter
verboten

Kapitel 2: Aufsichtspflicht, pädagogische Praxis und Berufsbild

Vorab

Alle vierzehn Texte dieses Kapitels bewegen sich im Dreieck zwischen pädagogischer Praxis, Umgang mit Vorschriften und Berufsbild der Erzieherin – wie eines das andere beeinflusst und dass sehr leicht auch Widersprüchliches entstehen kann.

Text 1 stammt aus dem »Rechtshandbuch für Erzieherinnen« und geht auf die Besonderheiten der Arbeit mit Kindern unter drei Jahren ein. Ihm folgt ein Artikel aus »Theorie und Praxis der Sozialpädagogik« (»TPS«). Hierin wird die Praxis einer Krippenerzieherin beschrieben, die ihren Kindern Erfahrungen außerhalb ihrer Einrichtung ermöglichte und ihnen die städtische Umgebung erlaufbar und erfahrbar machte. Das möchte ich heute öfter sehen, es ist wichtiger denn je.

Die Texte drei bis neun stammen ursprünglich wieder aus dem Rechtshandbuch. Diese Texte behandeln zuerst die Besonderheiten der pädagogischen Arbeit mit den verschiedenen Altersgruppen von Kindern im Kindergarten und im Hort, gefolgt von einem Blick zu anderen Arbeitsfeldern von Erzieherinnen. Hierbei habe ich zwei alte Kapitel des Rechtshandbuches zusammengefügt, weil das Thema »Offene Arbeit« hier nicht als spezielles Kindergartenkonzept verstanden werden soll, sondern im Kinder- und Jugendfreizeitbereich angesiedelt ist. Offen heißt an dieser Stelle: ohne vertragliche Grundlage im Gegensatz zu den Betreuungsverträgen der Kitas.

Spezielle Aspekte folgen. Sie sind für die Arbeit mit allen Altersgruppen relevant, sieht man mal davon ab, dass Säuglinge eher selten in Gefahr sind, weil sie weglaufen oder auf Reisen gehen.

Obwohl, wie angedeutet, alle Texte den pädagogischen Alltag mit Kindern, den Umgang mit Vorschriften als Teil der Erzieherinnenarbeit und damit das Berufsbild der Erzieherin behandeln, steht bei den bisherigen Texten die Pädagogik im Vordergrund.

Die dann folgenden Texte diskutieren andere Teile der Arbeit von Erzieherinnen und warum sie wie mit ihren Aufgaben umgehen. Manchmal, so ist der Eindruck, vergessen sie, wie sie dabei nach außen wirken. Anspruch und Wirklichkeit stimmen zu häufig gar nicht überein. Selbstbewusste Erzieherinnen verstecken sich nicht hinter tatsächlichen oder vermeintlichen Vorschriften, suchen keine Ausreden. Pädagogische Konzeptionen, die sich nur nett lesen, aber nicht in die Praxis umgesetzt werden, schaden den Kindern und dem Ansehen der Erzieherinnen.

Das wird am Beispiel des Umgangs mit Regeln (zuerst in »Theorie und Praxis der Sozialpädagogik«) und dem Unterschied zwischen »Utopie und Wirklichkeit« eines ganz normalen Kindergartens (gleiche Zeitschrift) erörtert. Zwischen beiden Artikeln lagen neun Jahre: Hat sich inzwischen etwas verändert?

Der älteste Beitrag folgt. Er wurde mit Gerd Harms geschrieben, der in Berlin und Brandenburg als Staatssekretär für Kitas zuständig und später Bildungsminister in Sachsen-Anhalt war. Der Artikel erschien 1986 in »Welt des Kindes«. Wir stachen in ein Wespennest. So professionell wollten die Erzieherinnen nun doch nicht sein. Die Fragen jedoch, die uns damals bewegten, sind noch immer ungeklärt: Was macht die Angst vor der Aufsichtspflicht aus? Warum ist die Angst so stark?

Dass nicht nur Erzieherinnen, sondern auch Trägervertreter Angst vor der Aufsichtspflicht haben oder vorschützen, behandelt meine Antwort auf eine Anfrage an die Zeitschrift »klein&groß«. Was mir beim Durchlesen noch heute viele Gedanken bereitet, ist der Punkt, warum Auseinandersetzungen auf gleicher oder unterschiedlicher Hierarchieebene im Schlagabtausch und durch Macht entschieden werden sollen, statt sich gemeinsam sachkundig zu machen und gemeinsam Lösungen zu finden. Keine pädagogische Konzeption ohne das Ziel der Kooperationsfähigkeit, warum gilt das nur für Kinder? Und von wem sollen sie das lernen, wenn Erwachsene so miteinander umgehen?

In diese Kategorie passt mein letzter Artikel hier im zweiten Kapitel, auch für »Theorie und Praxis der Sozialpädagogik« (2005). Ich kenne wenige andere Berufsgruppen, bei denen Anspruch und Wirklichkeit so weit auseinander klaffen können, wie bei Erzieherinnen. Im Vergleich mit Menschen, die nicht weniger Verantwortung tragen, wird das deutlich.

Pädagogische Arbeit und Aufsichtspflicht in Krippen und Krabbelstuben

Bei der öffentlichen Erziehung der Kinder unter drei Jahren rangierte die Bundesrepublik Deutschland im Vergleich der Staaten der Europäischen Gemeinschaft in der Mitte der achtziger Jahre weit hinten. Nur für etwa drei Prozent aller Kinder in diesem Alter standen Plätze bereit, davon 1,6 Prozent in Krippen und Krabbelstuben, der Rest in Pflegestellen. Zum Vergleich: in Frankreich und Belgien hatten 20 bis 25 Prozent und in Dänemark 44 Prozent der Kinder unter drei Jahren einen Platz in vergleichbaren Einrichtungen. Demgegenüber war das Angebot an Plätzen in der ehemaligen DDR flächendeckend und lag 1989 durchschnittlich knapp über 80 Prozent, allerdings bezogen auf die ein- bis dreijährigen Kinder. Im Jahr 1994 gab es in den alten Bundesländern Krippenplätze für 2,2 Prozent und in den neuen Bundesländern für 41,3 Prozent aller Kinder unter drei Jahren.

Die Erziehung von Kindern unter drei Jahren in Krippen oder Krabbelstuben war in der Bundesrepublik Deutschland lange Zeit heftig umstritten. Sie ist seit dem Inkrafttreten des KJHG/SGB VIII anerkannter Teil der Jugendhilfe mit einem dem Kindergarten analogen Auftrag zur Betreuung, Erziehung und Bildung der Kinder. Durch den Beitritt der neuen Bundesländer steht die öffentliche Meinung der außerfamilialen Erziehung jüngerer Kinder mit mehr Akzeptanz gegenüber. Das ändert etwas an der noch immer vorherrschenden Meinung, Kinder unter drei Jahren sollen nach Möglichkeit in der Familie, das heißt von der Mutter betreut werden. Deutlich wird diese Haltung auch im KJHG/SGB VIII, in dem zwar Kindergärten und Horte ausdrücklich genannt werden, Krippen, Krabbelstuben und andere institutionelle Möglichkeiten hingegen nur zusammengefasst als andere Einrichtungen aufgeführt sind. Allerdings wird die Tagespflege mit einem eigenen Paragraphen (§ 23 KJHG/SGB VIII) versehen, ein Angebot, das in seinen Strukturen an die heile Familienwelt erinnert und im Westen deshalb etwas mehr akzeptiert wird.

Zusatz: An dieser Stelle erkennt man den Wandel, der im letzten Jahrzehnt stattfand. Die öffentliche Erziehung von Kindern unter drei Jahren ist weitgehend akzeptiert. Das KJHG/SGB VIII wurde entsprechend geändert. Es gibt nur noch »Tageseinrichtungen für Kinder« – ohne Altersgruppen zu unterscheiden – und es gibt die Kindertagespflege. Die Grundsätze der Förderung in den Tageseinrichtungen und in der Kindertagespflege stehen im § 22 SGB VIII; hier sind die übergreifenden Erziehungsziele zu finden: Eigenverantwortlichkeit und Gemeinschaftsfähigkeit. Auch § 24 SGB VIII ist auf beide Betreuungsformen gerichtet; er behandelt den individuellen Anspruch der Kinder auf Förderung, unterschieden nach Rechtsanspruch für die Kinder von drei Jahren bis zum Schuleintritt und Bedarfsanspruch für jüngere Kinder und die im schulpflichtigen Alter. § 22 a SGB VIII versammelt das Wesentliche zur Förderung in Tageseinrichtungen. Für die inzwischen Kindertagespflege bezeichnete Betreuungsform blieb der § 23 SGB VIII reserviert.

Trotz alledem, Krippenplätze wurden und werden gebraucht und gewünscht. In den alten Bundesländern bieten lediglich die beiden Stadtstaaten Berlin und Hamburg in nennenswertem Umfang Krippenplätze an, dazu noch wenige Großstädte. Bedarf nach außerfamilialer Erziehung von Kindern unter drei Jahren wird fast überall angemeldet. Eltern wünschen nicht allein wegen ihrer Erwerbstätigkeit für ihr Kind einen Platz in einer Krippe oder Krabbelstube, sondern auch aus der Überzeugung heraus, dass das Zusammenleben mit anderen Kindern und die Erweiterung des häuslichen Erfahrungsraumes für die Entwicklung ihres Kindes förderlich sind.

Wer nicht über einen eigenen Garten mit direktem Zugang zur Wohnung verfügt, wessen erstes oder einziges Kind keine Kontakte zu Nachbarkindern hat, wer in verkehrsreicher Umgebung oder in einer engen Wohnung lebt, kennt die Schwierigkeit, seinem Kind eine anregungsreiche Umwelt bereitzustellen. Für Kind und Mutter kann der tägliche Ausflug zum nächstgelegenen Kinderspielplatz oder Park ziemlich eintönig werden, weshalb sich die meisten Väter diesem Problem noch liebend gern durch außerhäusige Berufstätigkeit entziehen. Sie spielen bei der Erziehung der jüngeren Kinder noch immer eine untergeordnete Rolle.

Immer mehr Eltern leben in einer für ihr Kind eingeschränkten und anregungsarmen Lebenswelt. Kinder haben hingegen einen Anspruch darauf, dass ihre vitalen Bedürfnisse nach Bewegung, nach Entdeckung und Erforschung ihrer Umgebung, nach Kontakten zu anderen Menschen sichergestellt und befriedigt werden. Öffentliche Erziehung soll ausgleichende Angebote bedarfsgerecht bereitstellen.

Die Fachdiskussion um die Erziehung in Krippen und Krabbelstuben hat diese Ansprüche von Kindern und Eltern in die pädagogischen Konzeptionen aufgenommen. Damit hat auch die Aufsichtspflicht an Bedeutung gewonnen. Widmete sich die Krippenerziehung früher im Wesentlichen der Pflege und Versorgung von Kleinstkindern, so steht heute die Förderung ihrer emotionalen, psychischen und sozialen Entwicklung im Mittelpunkt der pädagogischen Arbeit. Pflege und Ernährung werden darin integriert. Das Spannungsfeld zwischen pädagogischen Erfordernissen und Gewährleistung der Aufsichtspflicht ist damit größer geworden, als es bei der überwiegend pflege- und versorgungsbetonten Arbeit war.

Wenn die Kleinsten nicht mehr durch Gitterbetten und Laufställchen von anderen Kindern und den Dingen ihrer Umgebung getrennt werden, wenn sie gar mit Kindergarten- und Hortkindern in altersgemischten Gruppen betreut werden, vervielfältigen sich ihre Entwicklungsmöglichkeiten, aber auch die Gefährdungen. Schließlich ist alles gefährlich, was neu ist und noch nicht sicher beherrscht wird. Wer nicht sicher laufen kann, läuft Gefahr zu stolpern. Wer nicht klettern kann, fällt vielleicht. Wer keine Gabel kennt, sticht sich womöglich in die Zunge. Wie bei älteren Kindern, kann es bei den jüngeren nur darum gehen, sie an einen angemessenen Umgang mit den Gefahren heranzuführen. Mehr noch als bei älteren Kindern gilt, dass dies durch eigenes Handeln der Kinder erfolgen muss und nicht durch Erklärungen oder Verbote (Belehrungen) seitens der Erzieherinnen zu erreichen ist.

Die Raumgestaltung und Raumausstattung nimmt bei der Gestaltung des pädagogischen Alltags eine zentrale Rolle ein. Wenn Krippen und Krabbelstuben so gestaltet sind, dass sie zu ganz verschiedenen Bewegungsabläufen anreizen, werden die Kinder mit Unterstützung – und unter Aufsicht – der Erzieherinnen schnell Sicherheit in ihren Bewegungsabläufen gewinnen. Schiefe Ebenen, Klettergelegenheiten, Kriechröhren, Matratzen, Polsterelemente, Kissen, Tücher, Gegenstände, die zum Hüpfen, sich Kugeln, Laufen, Springen, Klettern, Werfen, Kriechen herausfordern, gehören in den Gruppenbereich und nicht in den gesonderten Turnraum, in dem die Kinder einmal pro Woche beturnt werden. Im Alltag kann die Erzieherin die Kinder unterstützen und so die Eigenheiten jedes einzelnen Kindes kennen- und einschätzen lernen. Die wechselseitige Lernerfahrung – die Kinder entwickeln Fähigkeiten, die Erzieherin lernt den Entwicklungsstand der einzelnen Kinder kennen – bestimmt das Maß der Aufsicht.

Gleiches gilt für den Umgang mit Gegenständen und Materialien. Will die Erzieherin die kindliche Neugier unterstützen und alle Sinne anregen, muss sie den Kindern vielfältige Materialien und Gegenstände zur Verfügung stellen und Kinder damit selbsttätig umgehen lassen. Neben der Vielfalt ist darauf zu achten, dass die Materialien und Gegenstände in ausreichender Anzahl zur Verfügung stehen, um nicht unnötige Konflikte zwischen den Kindern zu produzieren. Nur in der alltäglichen Nutzung können die Kinder einen sachgerechten, ungefährlichen Umgang mit ihnen lernen. Außer den in Kisten, Körben, offenen Regalen frei verfügbaren Materialien wird es immer auch solche geben, die zunächst nur unter besonderer Anleitung der Erzieherin eingesetzt werden. Ziel sollte jedoch stets sein, sie nach einer Weile in den Bestand des offen zur Verfügung stehenden Angebots zu übernehmen.

Die Frage, ab wann Scheren und Klebstoff vom oberen Brett des Regals in das frei zugängliche untere wandern können, lässt sich nicht mit einer reinen Altersangabe beantworten. Die Frage ist vielmehr abhängig davon, ob und welche Erfahrungen die Kinder der jeweiligen Gruppe damit bereits sammeln konnten.

Sind die Kinder in diesem Sinne mit ihrer täglichen Umgebung in der Krippe oder der Krabbelstube vertraut und kennt die Erzieherin die Kinder und ihre Gewohnheiten, dann spricht nichts dagegen, auch die Kleinsten kurze Zeit ohne direkte Beaufsichtigung/Blickkontakt allein zu lassen. Ein Telefongespräch mit Eltern oder die notwendige Absprache mit einer Kollegin in der Nachbargruppe können zwar den geplanten Tagesablauf stören, eine Aufsichtspflichtverletzung muss dies nicht bedeuten. Im Gegenteil: Gerade bei den kleinsten Kindern ist die Gefahr am größten, ihnen jeden Handgriff, den sie noch nicht hundertprozentig beherrschen, abzunehmen, jeden Konflikt für sie zu lösen, jede noch unsichere Bewegung zu bremsen – und sie damit in ihrer Unsicherheit festzuhalten.

Jede Erzieherin kennt Situationen, in denen sie erstaunt darüber ist, zu welchen Leistungen ein Kind – ohne Unterstützung – in der Lage ist, zum Beispiel eine Tür zu öffnen oder den Lichtschalter zu betätigen, gerade weil sie nicht hilfreich zur Seite stand. Stolz und neu gewonnenes Selbstbewusstsein stehen dem Kind auf dem Gesicht geschrieben. Und Selbstbewusstsein ist die beste Voraussetzung für Sicherheit.

Ein Kind, das sich selbst in seinen Fähigkeiten und Grenzen kennt, weil es sich ausreichend ausprobieren kann und in diesem Sinne sich selbst bewusst ist, wird die Erziehungsperson vor nur wenige Aufsichtsprobleme stellen, weil es selbst vorsichtig ist. Voraussetzung hierfür ist nicht die Vermeidung von Gefahren, sondern die Sicherheit der Kinder, dass sie sich dann Unterstützung holen können, wenn sie sie wirklich brauchen. Nur ein vertrauensvolles Verhältnis zwischen Erzieherin und Kind bringt Selbstsicherheit auf beiden Seiten. Ein selbstsicheres Kind wird in einer gefahrengeneigten, noch unbekannten Situation die Unterstützung der Erzieherin suchen und bei bekannten, ungefährlichen Situationen unabhängig von ihr handeln können. Eine selbstsichere Erzieherin wird zwischen beiden Situationen zu unterscheiden wissen und sich entsprechend aktiv oder zurückhaltend verhalten.

Einer Krippenerzieherin, die solche Grundsätze berücksichtigt, sind durch die Aufsichtspflicht kaum Grenzen in ihrer pädagogischen Arbeit gesetzt. Sie kann mit ihrer Gruppe erlebnisreiche Erkundungsgänge machen, ein Picknick im nächstgelegenen Park veranstalten, Bus fahren, einkaufen gehen, einige Kinder allein auf dem Flur oder auf der nicht einsehbaren zweiten Spielebene im Gruppenraum spielen lassen, ohne mit der Aufsichtspflicht in Konflikt zu geraten.

Ebenso viel (oder ebenso wenig?) wie sich die Eltern eines ein- oder zweijährigen Kindes Gedanken darüber machen, ob sie die Aufsichtspflicht gefährden, wenn sie ihr Kind eine Weile im Kinderzimmer allein lassen, muss dies eine Erzieherin in einer eigens für Kinder geschaffenen Umgebung tun. Voraussetzung ist allerdings: sie kennt die Kinder gut, ihr Verhältnis untereinander und mögliche objektive Gefahren, wie kaputte Steckdosen oder ähnliches.

Andersherum formuliert: Je mehr Energien eine Erzieherin darauf verwendet, die einzelnen Kinder und die Gruppenzusammenhänge genau kennenzulernen, um so weniger Energien wird sie der reinen Beaufsichtigung widmen müssen.

In einem 1997 ergangenen Urteil des Landgerichts Berlin, das im September 1998 in der nächsten Instanz bestätigt wurde, scheinen auf den ersten Blick gegenteilige Argumente die obigen Aussagen einzuschränken. Zunächst eine kurze Fallbeschreibung: In der Krippenabteilung einer Kindertagesstätte wurde ein neun Monate altes Kind von einem ca. eineinhalbjährigen Kind mit Spielzeug geschlagen und in die Wange gebissen, während die zuständige Erzieherin sich knapp fünf Minuten außerhalb des Raumes befand. Das geschädigte Kind erlitt Verletzungen, deren Behandlung etwas mehr als 2.000,- DM kosteten. Die gesetzliche Unfallversicherung klagte auf Begleichung der Rechnung gegen den Träger der Einrichtung. Die Klägerin war der Ansicht, es hätte eine grobe Verletzung der Aufsichtspflicht durch die Erzieherin vorgelegen, was der beklagte Träger verneinte.

Der Klage wurde stattgegeben und durch die Richterin festgestellt, dass der Träger (in Gestalt der bei ihm angestellten Erzieherin) die Aufsichtspflicht verletzt hat und dass der Schaden durch die Abwesenheit der Erzieherin schuldhaft hervorgerufen wurde. Deshalb stand der Klägerin ein Schadensersatz in Höhe der verauslagten Arztrechnungen zu, nebst vier Prozent Zinsen bis zum Zeitpunkt der Urteilsverkündung. In der Begründung wurde die Aufsichtsbedürftigkeit der Kinder festgestellt, die sich nach *Alter, Eigenart und Charakter der Kinder, nach der Voraussehbarkeit des schädigenden Verhaltens sowie danach, was verständige Aufsichtspflichtige nach vernünftigen Anforderungen in der konkreten Situation an erforderlichen und zumutbaren Maßnahmen treffen müssen, um Selbstschädigungen und Schädigungen Dritter zu verhindern.*

Um den ursächlichen Zusammenhang (die Kausalität) zwischen der Aufsichtspflichtverletzung (hier als Verletzung der Amtspflicht) und dem eingetretenen Schaden zu widerlegen, hätte der beklagte Träger darzulegen gehabt, dass der Schaden auch bei gehöriger Aufsichtsführung entstanden wäre. *Dies hat der Beklagte nicht getan, sondern lediglich darauf verwiesen, dass es grundsätzlich immer zu spontanen aggressiven Handlungen unter Kleinkindern kommen kann.*

Dass niemand gern die Verantwortung für einen Schaden übernimmt, ist nachvollziehbar. Was hier zur Abwendung der Haftungsfolgen geschah, erscheint äußerst bedenklich. Anstatt nach Gründen zu suchen und die Handlungsweisen der Erzieherin *klar und frei von Widersprüchen* (siehe S. 61) zu erklären, wurde offensichtlich versucht, sich mit fadenscheinigen Begründungen herauszureden, indem auf die Spontaneität von Kindern hingewiesen wurde. Es ist davon auszugehen, dass der Träger vor Gericht mit den Angaben der Erzieherin argumentierte. Gemessen an den in den Vorkapiteln entwickelten Maßstäben war die Argumentation zu schwach, das heißt mindestens dieser Teil der pädagogischen Arbeit war mit Mängeln behaftet.

Die inhaltliche Seite sieht keineswegs besser aus. Das (einzige) Argument, *unter Kleinkindern kann es grundsätzlich zu spontanen aggressiven Handlungen kommen*, ist schlichtweg als Versuch zu werten, Kleinkinder allgemein in die Nähe wilder Tiere zu rücken und den beteiligten Kindern die Schuld in die Schuhe zu schieben. Das finden wir ethisch nicht in Ordnung, das ist einfach unfair. Dass dieser Weg auch argumentativ in die Sackgasse führte und obendrein negative Auswirkungen auf die Anerkennung der pädagogische Arbeit mit Kleinkindern nach sich ziehen kann, zeigt die Gegenargumentation der Richterin: *Gerade aber wenn es zu spontanen aggressiven Handlungen der Kleinkinder kommen kann und dies dem Aufsichtspflichtigen bekannt ist, ist es erforderlich, dass die zuständige Aufsichtsperson immer im Raum, zumindest ... in Hörweite bleibt oder ... dafür Sorge trägt, dass ... eine andere Person die Kinder (mit)beaufsichtigt.*

Die Erzieherin beziehungsweise der Träger argumentierten unseres Erachtens zu Recht, dass eine Erzieherin kurz den Raum verlassen darf. Sie begründeten dies jedoch nicht vernünftig und verständig für den konkreten Fall, sondern bemühten sich ganz offensichtlich, ihre Verantwortung abzuwälzen. Die Reaktion der Richterin ist nachvollziehbar: Verständige Menschen verringern Risiken so weit sie ihnen bekannt sind und verlassen angesichts von Gefahren nicht einfach den Raum. Die Entscheidung der ersten Instanz wurde vom Träger der Krippe angefochten. Die Berufungsverhandlung dauerte nur wenige Minuten, weil die Gründe des ersten Urteils als eindeutig zutreffend angesehen wurden.

Aus diesem Fall sollte keineswegs geschlossen werden, dass Kleinkinder immer unter Beobachtung zu halten sind, denn dann wäre eine zeitgemäße, qualitativ gute Krippenpädagogik kaum mehr durchführbar. Hier war das Verhalten der Erzieherin in Kenntnis der Eigenarten der Kinder nicht angemessen. Verallgemeinern lässt sich das Urteil höchstens so: Latent aggressive Kinder dürfen nicht allein gelassen werden![57]

57 PS.: Der Träger hat sich, im Gegensatz zu unserer skeptischen Haltung, voll auf die Seite der Erzieherin gestellt. Er hätte versuchen können, die Erzieherin in Regress zu nehmen. Beide Richterinnen haben allerdings nur eine Aufsichtspflichtverletzung festgestellt und die für den Regress entscheidende Frage offen gelassen, ob grobe Fahrlässigkeit vorlag oder nicht. Der Träger hat auf einen eigenen Prozess zur Klärung verzichtet.

»Stadtluft macht frei« – mit Kindern unter drei die Stadt entdecken[58]

»Ich möchte nochmal zwei sein und so verrückt wie damals.« Nun ja, nicht immer, aber manchmal doch. »So jung« wird mit vorrückendem Alter wichtig – aber wieso »verrückt«? Kinder mögen mir verzeihen, es geht nicht darum, ihnen geistige Verwirrtheit nachzusagen, das Schlageroriginal bot sich aber trotzdem an, denn in gewisser Hinsicht stimmt das Wort doch: Verrückt zu sein bedeutet, frei zu sein. Frei von Konventionen, von Übereinkünften, die andere geschlossen haben. Je jünger Kinder sind, je verrückter sind sie. Sie sind ent-rückt von den Notwendigkeiten dieser Welt, leisten sich den Luxus, entzückt zu sein und sind dabei – nicht nur und nicht immer – entzückend.

Besonders schön und auch manchmal unbequem daran finde ich, dass Kinder dies ohne Aufforderung und sogar gegen unseren Wunsch tun. Sie rücken von einem Moment zum anderen von etwas ab. Das halten Erwachsene leicht für unkonzentriert oder sprunghaft, eben kindlich. Die Erwachsenen übersehen dabei, dass die Konzentration nicht in dieser oder jener Aufmerksamkeit mit bestimmter Zeitdauer zu suchen ist, sondern in der Konzentration auf das Wichtige. Das ist für Kinder das Momentane, das, was ihnen das meiste Interesse abverlangt. Sie konzentrieren sich immer auf die jetzt für sie wichtige Erfahrung und setzen sich damit auseinander. Wenn das, was eben noch wichtig war, plötzlich seine Attraktivität verliert, dann hat es eben Pech gehabt Etwas anderes ist wichtiger geworden. Zu dem »Alten« kann man später zurückkehren. Auch darin sind Kinder den Erwachsenen überlegen und beweisen, dass Konzentrationsfähigkeit und Neugier miteinander zu vereinbaren sind. Kinder kehren zurück und wiederholen. Sie sind anhänglich darauf bedacht, auch Vertrautem neue Seiten abzugewinnnen. Wenn Kinder so von etwas ab-rücken, dann immer auch zu etwas hin. Sie verrücken sich und sind dabei so normal, wie wir es wären, täten wir nicht so, als würden wir schon alles kennen. Die Ver-rücktheit der Kinder rückt unsere Ansichten in anderes Licht.

Eineinhalb Jahre und schon so neugierig

Wissen Sie, wie es im Futtereimer eines Zirkustieres aussieht, das gar nicht im Zirkus, sondern auf der Straße frisst? Kennen Sie den Unterbau der Verkaufstheke Ihres Bäckers? Wie fühlen sich die Sitzbänke in der Fußgängerzone bei 10 Grad minus an? Wie viele Käfer gab es auf den letzten zehn Metern zusehen? Dies alles interessiert Kinder im Alter von eineinhalb bis drei Jahren. Das konnte ich miterleben. Voraussetzung für das Interesse war; dass sie die Möglichkeit hatten, alles selbst zu entdecken. Voraussetzung war; dass sie die Möglichkeit

58 Erstveröffentlichung in: Theorie und Praxis der Sozialpädagogik. Heft 4/1988

bekamen, ihr Interesse zu entwickeln und zu befriedigen. Christiane, ihre Erzieherin, ging mit der Gruppe der unter Dreijährigen »in die Stadt«, das heißt sie ging mit den Kindern auf Entdeckungsreise rund um die Kindertagesstätte. Sie fuhr mit ihnen in der U-Bahn und entdeckte sogar die nahe gelegene – für uns Erwachsene eintönige – Fußgängerzone neu.

Die Erfahrungen der Kinder waren aber auch Erfahrungsmöglichkeiten für Christiane. Indem sie die Kinder sich auf das konzentrieren ließ, was sie wichtig fanden, konnte Christiane sich die Zeit leisten, selbst neue Entdeckungen zu machen und das zu bemerken, was die Kinder erkannten. Ging sie anfangs noch auf die Spaziergänge, um den Kindern die städtische Umwelt begehbar und erfahrbar zu gestalten, so wandelte sich die Motivation im Laufe der Zeit dahin, dass sie für sich und die Gruppe größere Freiräume entdeckte.

Anfangs waren die Erkundungen vom Wissen betont und im Hinblick auf die Zukunft veranstaltet. In pädagogischen Zielen formuliert hieß das etwa so: die Kinder müssen ihre Umgebung kennen lernen, damit und weil sie später darin zurechtkommen müssen. Je eher man anfängt, je günstiger ist es. Außerdem bleiben den Kindern heute viele Erfahrungsmöglichkeiten verwehrt, die wichtig für sie sind. Und schließlich können Kinder nicht richtig laufen, sie werden überallhin gefahren, dagegen muss man etwas tun.

Es gibt viele Gründe, die pädagogische Arbeit so zu gestalten, dass Lern- und Vermittlungsmöglichkeiten betont werden. Bei aller Wichtigkeit handeln sich Erwachsene mit ein, dass sie für die spätere Zeit der Kinder mitdenken, dass die Erzieherin diese Zeit gedanklich vorweg nimmt. Jede Vor-wegnahme aber ist Wegnahme, das liegt in der Natur der Sache und im Wortsinn. Wie viel dürfen wir den Kindern wegnehmen? Müssen wir nicht dafür sorgen, dass vieles hinzukommt? Was kann es Wichtigeres geben, als das Interesse der Kinder an ihren Angelegenheiten zu fördern?

30 Jahre und noch so neugierig

Der Verzicht auf die Betonung des Lernaspektes brachte ungeahnte Freiräume. Christiane konnte das Alltägliche neu entdecken, ihm neue Seiten abgewinnen. Sie lernte das Unerwartete schätzen, weil sie jedes Mal auch neue Seiten bei den Kindern entdeckte: aus einer Gruppe, die sich schon früh daran gewöhnt hatte, dass alle alles zur gleichen Zeit tun, entwickelten sich / entwickelte sie (wer kann das auseinander halten?) zehn Persönlichkeiten.

Stadtluft macht frei, hieß es im Mittelalter. Frei von Abhängigkeit und Leibeigenschaft wurde, wer den Sprung aus den dunklen Bauernkaten in die Stadt wagte. Es warteten keine paradiesischen Zustände, aber doch andere, für viele bessere. Im übertragenen Sinne kann der Gang in die Stadt auch heute Freiräume öffnen. Der Gang in die Stadt mildert die Begrenztheit der Erzieherin und der Angebote in der Kindertagesstätte. Der Gang in die Stadt befreit von der vorgegebenen Quadratmeterzahl des Gruppenraumes. Er befreit die Erzieherin von dem Denkmuster, dass drinnen alles toll ist für die Kinder und draußen alles bedrohlich. Er befreit die Erzieherin von der Abhängigkeit, den Kindern wieder und wieder neue Angebote zu unterbreiten in dem besten Willen, sie nicht zum Konsum zu erziehen.

Freiheit, wie ich sie umschrieben habe, meint deshalb einfach weniger direkte Abhängigkeit und weniger sinnentleertes Aufeinanderangewiesensein. Freiheit so verstanden meint nicht Vogelfreiheit, meint nicht frei zu sein von sozialer Kontrolle. Im Gegenteil ist die pädagogische Arbeit mit Kindern »draußen« unter enormer sozialer Aufsicht für Kinder wie für Erzieherinnen. Wie jedoch sind sonst soziale Erfahrungen zu machen? Selbst wenn hin und wieder sich jemand gestört fühlt, es gibt mehr nette Leute, als man denkt. Da gibt es Schaufenstergestalter, die spielen mit und entfremden Strumpfhosen zum Tauziehen. Da gibt es Verkäuferinnen, die machen Zeichensprache durchs Schaufenster. Es gibt so viele Ausdrucks- und Verständigungsmöglichkeiten, wenn man (noch) nicht sprechen kann.

Soziale Kontrolle funktioniert auch so: fremde Erwachsene kümmern sich um Erzieherin und Gruppe. Sie helfen treppauf und treppab. Sie vergewissern sich, ob die Erzieherin weiß, dass zwei Kinder gerade mit dem öffentlichen Telefon Erfahrungen machen, wenn 15 Meter zwischen ihr und diesen Kindern liegen. Zu groß die Entfernung? Zu gering? Wofür? Zu viel für direkten Einfluss, nicht zu wenig für Sicherheit und Freiraum.

Wie öde dagegen ist der Tag in der Einrichtung, die darauf angelegt ist, das Unerwartete auszugrenzen und nichts zu ver-rücken. Wie eng sind die meisten Gruppenräume und Kinderzimmer wie ewig gleich das Spielzeug zu Haus wie in der Krippe. Wenn Spielzeug dazu dient, Erfahrungen nachzuvollziehen, dann möchte ich wissen, warum es fast überall den Bauernhof zum Spielen gibt. Was wird da nachvollzogen? Das schlechte Gewissen der Erwachsenen den Kindern gegenüber, weil die Welt nicht mehr so heil und schön ist wie auf dem Land? Schaut mal hin, wie schön die Welt sein kann für Kinder, wenn sie aus ihren Schonräumen heraus dürfen und für Erwachsene, wenn sie sich von den Kindern aus ihren Vorstellungen befreien lassen. Ich werde nie verstehen, warum Erzieherinnen sich lieber das Leben schwer machen, statt den Kindern das zu geben, was sie brauchen: den Raum für ihren nächsten Schritt und die Zeit zu entscheiden, wann der Schritt getan werde soll. Die Entscheidung über Ver-rücken und Vor-rücken.

Christianes und der Kinder Ausflüge können jetzt auf DVD nachvollzogen werden. Bitte beim verlag das netz oder beim Autor bestellen (E-mail: service@verlagdasnetz.de, siehe auch S. 215).

Pädagogische Arbeit und Aufsichtspflicht im Kindergarten

Mit der Etablierung des Elementarbereichs als Teil des Bildungssystems begann in der Bundesrepublik Deutschland die Aufwertung der Kindergartenpädagogik zu einem eigenständigen Bildungsangebot für die spezielle Lebenssituation der drei- bis sechsjährigen Kinder. Fast 100 Jahre lang waren die Beschäftigungen der Kinder im Kindergarten von der Schule abgeschaut und verniedlicht übernommen worden. Als didaktisches Prinzip der Schulpädagogik blieb trotz Anpassung an die Altersgruppe der drei- bis sechsjährigen Kinder im Kindergarten erhalten:

- Das Thema wird erst besprochen,
- dann erfolgt die Anschauung,
- hinterher werden Bilder gemalt oder Bastelarbeiten zur Vertiefung des Themas angefertigt,
- anschließend wird die Erfolgskontrolle durchgeführt.

Kennzeichen dieser schulorientierten Vorgehensweise waren und sind:

- Die Planung aller Aktionen wird von der Erzieherin bestimmt.
- Die Kinder führen aus, was die Erzieherin will.
- Wissen wird abstrakt und gelöst von sonstigen Lebenserfahrungen der Kinder vermittelt.

Günstiger als in der Schule kann jedoch im Kindergarten eine Beschäftigung abgebrochen und auf später verschoben werden, falls die Kinder keine Lust dazu haben. In der Schule lässt der Lehrplan soviel Flexibilität nicht zu.

Der seit der Bildungsreform in den siebziger Jahren entwickelte eigenständige Ansatz der Kindergartenpädagogik erfordert eine gänzlich andere Arbeitsweise, denn auch die Ziele haben sich grundlegend verändert. Kindergartenkinder sollen keine isolierten Techniken oder isoliertes Wissen erwerben; durch flexible Grundqualifikationen sollen sie in die Lage versetzt werden, mit den sich ständig wandelnden gesellschaftlichen Gegebenheiten klarzukommen. Kinder sollen schon frühzeitig mitwirken, teilhaben und aktiv gestalten können. Dazu brauchen sie:

- Selbstständigkeit/Autonomie,
- Problemlösungswissen,
- Handlungsfähigkeit,
- praktische und kognitive Kompetenzen,
- Solidarität,

welche als neue Ziele in der Kindergartenpädagogik besonderes Gewicht bekamen.

Neue wissenschaftliche Erkenntnisse über die Lernfähigkeit und die Lernmotivation des Menschen ergaben, dass die bis dahin weitverbreiteten Lernformen nicht sehr effektiv waren. Das Lernen, insbesondere das von Kindern, sollte nicht mehr begriffen werden als reproduzierendes Aufnehmen des Dargebotenen, sondern als tätige Auseinandersetzung mit Menschen, Gegenständen und Problemen der die Kinder umgebenden und sie interessierenden Welt.

Solche Ziele und die Grundbedingungen des Lernens erfordern in der praktischen Erziehungsarbeit eine Orientierung am Lernprozess, denn in den bildungsfähigen Lebensjahren vor der Schule – damals waren als solche nur drei Jahre anerkannt – geht es vor allem darum, das Lernen (systematisch) zu lernen. Aufgabe der Erzieherin ist es seitdem, die aktuelle und zukünftige Lebenssituation der Kinder zu berücksichtigen. Sie muss Themen, Probleme und Anforderungen zur Grundlage der pädagogischen Arbeit machen, die die Kinder aktuell oder später bewältigen müssen. Die Kinder lernen exemplarisch, ihre aktuellen Probleme zu lösen, ihre Wünsche zu realisieren, das aktuell benötigte Wissen zu erwerben, damit sie später in ähnlichen Situationen ähnlich vorgehen können. Es ist für Kinder nicht wichtig, alles zu lernen, auch nicht von jedem etwas. Die besondere Qualität des Lernprozesses liegt darin, dass Kinder darin das Wichtige erkennen, was sie auf andere Situationen übertragen und anwenden können. Auf diesem Hintergrund wird deutlich, dass die Themen der Elementarerziehung nicht lehrplanartig von außen vorgegeben und abgehandelt werden können. Vielmehr muss die Erzieherin selbstständig und eigenverantwortlich die Auswahl für ihre Gruppe (und am besten mit ihr) treffen.

Hilfestellung erhält die Erzieherin durch Prinzipien (Grundregeln) für die Gestaltung der Arbeit. Prinzipien sind nicht beliebig (siehe S. 31ff.). Sie müssen den pädagogischen Zielen entsprechen. Zu den angeführten Zielen passen:

- exemplarisches Lernen in Situationen des Lebenszusammenhangs der Kinder ermöglichen statt eines abgehobenen Rundumschlages,
- lieber wenige Themen vertiefen, statt viele bloß anreißen,
- aktive, tätige Auseinandersetzungsmöglichkeiten arrangieren, statt bloßer Anschauung in Büchern oder durch Erzählungen,
- in Ernstsituationen handeln, statt künstliche Angebote probeweise ausführen,
- soziale Erfahrungen ermöglichen oder erweitern, statt im Schonraum Kindergarten zu leben,
- Veränderungs- und Gestaltungsmöglichkeiten für Kinder wählen und Konsequenzen aus Handlungen erfahrbar machen, statt angeblich kindgerechter Aufbereitung bzw. Vorwegnahme von Problemsituationen.

Diese Elementarerziehung ist unter dem Begriff Situationsansatz (auch situationsorientierter Ansatz) bekannt geworden. Kernstücke dieses pädagogischen Konzepts sind die Gestaltung des Alltags mit den Kindern und Projekte, in denen Themen in ihrer Komplexität erfahrbar werden sollen. Kinder müssen sich Wissen aktiv handelnd aneignen können und neue Fähigkeiten als Veränderung im Sinne von Kompetenzerweiterung, Problemlösung und Emanzipation erleben. Lernen bekommt eine unmittelbar erlebte Relevanz (Wichtigkeit) zur Bewältigung von Alltagssituationen. Damit ist klar und offensichtlich, dass der Schon- und Abkapselungsraum Kindergarten in die Mottenkiste gepackt wurde. Das Motto: »Nicht für den Kindergarten, für das Leben leben und lernen wir!«

Selbstständigkeit, aktives Handeln und Veränderbarkeit sind gesellschaftlich akzeptierte Kriterien für die pädagogische Arbeit. Die Vorbereitung auf zukünftige Lebenssituationen ist notwendig und damit eine Vorbereitung auf nicht vollständig Kalkulierbares, denn wer kann schon in die Zukunft sehen?

In der Gewährleistung von sozialpädagogischem Bildungsauftrag und der Unversehrtheit der Kinder zugleich liegt eine wichtige Anforderung an die Erzieherinnen. Aufsicht über Kinder wird nicht durch den Vorrang der Bewahrung vor Schaden im Schonraum Kindergarten definiert. Aufsicht soll Kinder befähigen, mit den Gefahren umzugehen, die das Leben nun einmal bietet. Aufsicht ist keine allgemein festzulegende Kategorie, sondern soll vor Schaden bei bestimmten pädagogischen Aktivitäten schützen, aber vorrangig die allgemein akzeptierten pädagogischen Ziele unterstützen.

Das Ziel beispielsweise, die Kinder zur Selbstständigkeit zu erziehen, bedeutet stets, die Kinder zu etwas zu befähigen, wozu sie vorher allein nicht in der Lage waren und was sie hinterher gefahrlos selbst ausüben können. Die Erzieherin muss die Fähigkeiten der Kinder mehren und das Aktionsfeld entsprechend erweitern. Das bedeutet auch, dass die Kinder in der Lage sein sollen, sich dabei selbst zu schützen, Risiken abzuwägen und selbst tätig zu sein. Doch diese Beschreibung des Ziels Selbstständigkeit ist nicht ausreichend. Sie vernachlässigt, dass Kinder von ihren ersten Lebensmomenten an über viele Fähigkeiten verfügen, die nur sie allein ausüben können und die viel zu häufig von Erwachsenen eingeschränkt werden. Dazu gehören jede Art (freier) Eigenbewegung und das gesamte Verhaltensrepertoire zur Erlangung von Nahrung, von Geborgenheit oder von Aufmerksamkeit. Diese Beschreibung von Selbstständigkeit vernachlässigt ein zusätzliches Problem, welches darin besteht, dass die meisten Erwachsenen Kinder nur dann als wirklich selbstständig ansehen, wenn die Fähigkeiten und Kenntnisse des Kindes das Leben der Erwachsenen erleichtern, zum Beispiel wenn die Kinder sich allein die Schuhe zubinden, den Po abwischen oder ohne Hilfe essen können. Was aber, wenn das Kind selbstständig beschließt, nicht allein zu essen oder nicht zu schlafen oder gar ein Risiko einzugehen?
Die pädagogische Forderung nach Erweiterung des Aktionsfeldes, damit die Selbstständigkeit nicht eingeschränkt sondern erweitert wird, mit gleichzeitiger Befähigung, Risiken abzuschätzen und gering zu halten, entspricht der juristischen Forderung nach wachsender Selbstständigkeit und Unversehrtheit der Kinder. Beide, Pädagogik und Recht, suchen Kinder zu schützen. Wie dieser Schutz organisiert wird, ist Aufgabe der Pädagoginnen; zu überwachen, dass er organisiert wird, ist Aufgabe der Juristen. Beide können sich mit ihren Aufgaben ergänzen.

Selbstständigkeit können Kinder nur entwickeln, wenn sie ausreichende Freiräume haben und sich ausprobieren dürfen. Selbstständigkeit als pädagogisches Ziel kann nur angestrebt werden, wenn die Erziehungspersonen Freiräume ermöglichen, die die erworbenen Fähigkeiten der Kinder berücksichtigen und ihre Möglichkeiten zugleich erweitern.

Damit sind wir bei einigen Fragen angelangt:

- Was kann das Kind, was soll es können?
- Wie ist die aktuelle Lebenssituation des Kindes, wie seine zukünftige?
- Wie lange ist es (schon) im Kindergarten?
- Welche Erfahrungen hat es gemacht?
- Wie ist die räumliche und soziale Umgebung gestaltet?
- Welche Erfahrungsmöglichkeiten hat das Kind?
- Welche Freiräume muss die Erzieherin zulassen?

Diese Fragen sind wichtige Hilfen für die pädagogische Planung. Mit ihnen kann ebenfalls das Maß der Aufsicht bestimmt werden (vergleiche S. 76f.). Die Beantwortung solcher Fragen wird zur Grundlage der Erziehung wie auch zur Absicherung des Erzieherinnenhandelns, das heißt pädagogische und juristische Notwendigkeit sind nahezu identisch.

Aus den Fragen ergeben sich weitere Hinweise für die Gestaltung der pädagogischen Arbeit:

- Das einzelne Kind steht im Mittelpunkt der pädagogischen Planung. Es ist Mitglied der Kindergruppe. Diese wird in ihrer Vielfalt zum bestimmenden Faktor für die Gestaltung der pädagogischen Arbeit.
- Das Leben der Kinder in der Kindertageseinrichtung wird zum Gegenstand der pädagogischen Arbeit. Der Kindergarten selbst wird als Lern- und Erfahrungsraum einbezogen. Er ändert sich mit der Gruppe.

Ein Beispiel: Wenn Erzieherinnen in einem Kindergarten das Ziel Selbstständigkeit der Kinder verfolgen, dann dürfen sie sich nicht darauf beschränken, den Kindern den selbstständigen Umgang mit der Schere zu vermitteln oder ab und zu ein paar Spaziergänge zu unternehmen. Um ihr Ziel, vielleicht auch weitere Ziele wie Orientierungsfähigkeit und Entscheidungsfähigkeit, zu verfolgen, muss die gesamte Institution Kindergarten in die pädagogische Planung einbezogen werden. Tagtäglich werden hier heimliche oder offensichtliche, bewusste oder unbewusste, eingeschränkte oder offene Lernerfahrungen gemacht, je nachdem, was den Kindern ermöglicht wird. Liegt die Wahl des Aufenthaltsortes, des Spiels und der Spielpartner beim Kind oder bei den Erwachsenen? Suchen sich Kinder ihre Bezugsperson selbst oder wird sie ihnen zugeteilt? Mindestens die älteren Kindergartenkinder müssen solche Entscheidungen selbst treffen können.

Das klingt sehr freizügig, doch Grenzen gibt es genug. Die Anzahl der Räumlichkeiten ist beschränkt, ihre Lage verhindert vielleicht einen freien Zugang. Die psychische Verfassung eines einzelnen Kindes bedingt gerade heute ein besonderes Ruhebedürfnis. Nicht genügend entwickelte Kooperation im Team der Erzieherinnen stellt weitere Grenzen auf, feste Essenszeiten legen Abläufe fest. Sogar schöne und interessante Angebote durch die Erzieherinnen geben den Kindern zwar notwendige Orientierung, schränken zwangsläufig aber gleichzeitig ein.

Die wenigen aufgezählten Entscheidungsmöglichkeiten sollten als Mindestmaß allen Kindern bereitgestellt und erweitert werden. Wo, wenn nicht im Kindergarten, soll das Kind sich erproben? Welcher Ort ist heutzutage noch so überschaubar, so gefahrlos und zudem eigens für Kinder in diesem Alter geschaffen, wenn nicht der Kindergarten? Wer, wenn nicht die Erzieherin, hat die ausdrückliche Aufgabe, den Kindern diese Erfahrungen zu ermöglichen? *Kinder sind entsprechend ihrem Entwicklungsstand an allen sie betreffenden Entscheidungen der öffentlichen Jugendhilfe zu beteiligen*, heißt es dazu im § 8 Abs. 1 KJHG/SGB VIII. Eine Einrichtung, in der den Kindern nicht erlaubt werden kann, selbst zu entscheiden, wo und wann sie mit wem spielen, ist für uns nur ausnahmsweise vorstellbar. Ein Kindergarten, in dem die Ziele Selbstständigkeit oder Entscheidungsfähigkeit gelten, den Kindern aber die genannten Freiräume nicht gewährt werden, macht etwas falsch: entweder stimmen die Ziele nicht, ihre Umsetzung, oder es gibt Probleme zwischen den Erzieherinnen, mit den Eltern oder mit dem Träger.

Der individuelle Entwicklungsstand eines Kindes kann es erforderlich machen, seinen Freiraum vorübergehend enger zu bemessen. Ein neu aufgenommenes dreijähriges, vielleicht bis dahin überbehütetes Kind ist in jeder Hinsicht anders zu behandeln als ein sechsjähriges beim Übergang in die Schule. Zwischen beiden Situationen liegen Welten.

Das Sechsjährige muss in die Lage versetzt werden, allein den Schulweg zu gehen. Unverständlicherweise müssen Kinder mit unterschiedlicher Erfahrung am selben Stichtag die gleiche Leistung vollbringen, unabhängig von ihrem tatsächlichen Entwicklungsstand oder von ihrem genauen Alter. Dieser Stichtag ist der Tag der Einschulung, an dem manche Kinder fünfeinhalb oder sechs, andere sechseinhalb oder fast sieben Jahre alt sind. Kurze Zeit vorher waren die Siebenjährigen vielleicht noch im Kindergarten. Sie waren zu diesem Zeitpunkt älter als einige ihrer Klassenkameraden, die nun weite Schulwege bewältigen müssen. Sie durften die Einrichtung aber nicht verlassen, um auf dem Plattenweg vor der Einrichtung oder dem Spielplatz nebenan zu spielen, nicht einmal um Brot für das Gruppenfrühstück zu kaufen.

Durften sie nicht oder waren sie dazu nicht in der Lage? Egal wie die Antwort ausfällt, wir stellen uns diese Fragen:

- Wer hatte ihnen verwehrt, diese Fähigkeit zu erwerben?
- Wie verhielt sich das zu den pädagogischen Zielvorstellungen?

Ein weiteres Beispiel soll die Ansicht bekräftigen, dass die Gestaltung des Alltags in der Kindertageseinrichtung für den Erfolg der pädagogischen Arbeit wirksamer ist als jede Beschäftigung. In vielen Ganztagseinrichtungen muss jedes Kind sich zum Mittagsschlaf hinlegen oder es wenigstens eine halbe Stunde probieren. In vielen Halbtagskindergärten können sich die Kinder niemals hinlegen, weil es keine Betten gibt. Wie verhält sich dies zu den Zielen Selbstständigkeit und Entscheidungsfähigkeit? Wieso bestimmen Erwachsene über ein Grundbedürfnis von Kindern einmal so und einmal so? In beiden Formen von Tagesbetreuung mögen die gleichen Ziele verkündet werden, doch sie werden unterschiedlich umgesetzt und meist sogar mit der Aufsichtspflicht der Erzieherin begründet. Doch in der Verpflichtung zur Aufsicht liegt keine Begründung dafür, dass die einen schlafen müssen, während die anderen sich nicht zum Schlafen zurückziehen dürfen. Ziele sind nicht auf jede Art erreichbar, und niemand sollte die Aufsichtspflicht für seine Bequemlichkeit missbrauchen! Wer muss darüber wachen, dass ein Kind schläft oder ruhig im Bett liegt? Doch wohl nur die Person, die das Kind an anderen Tätigkeiten hindern will. Die Aufsichtspflicht wird hierbei als bloße Ausrede benutzt, denn Kinder, die schlafen wollen, benötigen keine Aufsicht, sondern Geborgenheit; Kinder, die nicht schlafen wollen, sollten eine Umgebung vorfinden, die ihnen Raum für Aktivitäten bietet.

Dies setzt einen entsprechend vielfältig gestalteten Kindergarten voraus. Dafür müssen Erzieherinnen klare Ziele, klare Vorstellungen von der Lebenswirklichkeit der Kinder und klare Vorgehensweisen entwickeln. Daraus wird eine stimmige Konzeption für das Haus, die Gruppe und das einzelne Kind. Sie gilt als generelle Handlungsanleitung und findet im Einzelfall Anwendung. Und sie kann anderen Leuten dargestellt und erklärt werden. So können Erzieherinnen die allgemeinen Anforderungen an die pädagogische Arbeit erfüllen und, falls wirklich einmal erforderlich, die Beweisführung zur Aufsichtspflicht antreten. Nicht mehr und nicht weniger wird von ihnen erwartet.

Pädagogische Arbeit und Aufsichtspflicht im Hort[59]

Mehr noch als für den Kindergarten gilt für den Hort, dass die Pädagogik Entwicklungsmöglichkeiten und Freiräume schaffen muss für Kinder, die älter, verständiger, mobiler und sicherer werden. Hortpädagogik darf sich nicht beschränken auf Hausaufgabenbetreuung, sie ist auch nicht selbstgenügsame Überbrückung der kurzen Zeitspanne zwischen Schule und zu Hause. Hortpädagogik darf sich erst recht nicht orientieren am vermeintlichen Ideal der Gestaltung von Ferienaktivitäten oder von Gruppenbeschäftigungen, die im Kindergarten schon seit Jahren als alter Hut gelten.

Die Institution Hort war (und ist teilweise noch immer) in den alten Ländern der Bundesrepublik Deutschland nur als Ausnahme im Angebot der öffentlichen Erziehung geduldet. Daher wurden die Platzzahlen so gering wie nur möglich gehalten, was den Eindruck einer Noteinrichtung noch verstärkte. Kein Wunder also, dass der Institution Hort nur ungenügend Anerkennung zuteil wurde. Selbst neun Jahre nach Inkrafttreten des KJHG/SGB VIII wandelt sich das Bild nur langsam. Der Hort ist als Tageseinrichtung gesetzlich anerkannt wie der Kindergarten, und Hortplätze werden gebraucht und eingerichtet, trotzdem scheint ein Makel am Hort zu bleiben, der den Gedanken nahelegt, es wäre besser, ein Kind müsste nicht dorthin gehen.

Selbst ein quantitativ gut ausgebautes Angebot an Horten, wie es in den sogenannten neuen Bundesländern seit vielen Jahren bereitgestellt wurde, reicht jedoch nicht aus, dem Hort einen besonderen Stellenwert zuzubilligen. Im Gegensatz zu den alten muss in den neuen Bundesländern nicht um den Ausbau, sondern um die Erhaltung des Hortangebotes gekämpft werden. Sicherlich kommen hier viele ungünstige Faktoren zusammen: die Weigerung der Landesregierungen genügend Gelder für Bildung und Erziehung bereitzustellen, die Arbeitslosigkeit von Eltern, welche aus Kostengründen ihre Kinder zu Hause behalten, auch qualitative Kritik an der Horterziehung spielt eine Rolle. Zwar war der Hort in der DDR dem Bildungsbereich zugeordnet, zwar gab es ein flächendeckendes Angebot für nahezu alle Kinder, doch gab es keine eigenständige Hortpädagogik. Sie orientierte sich einseitig am System der Schule, denn sie fand oft in den Klassenräumen statt, war Erfüllungsgehilfe bei den Hausaufgaben und ordnete sich auch den sonstigen Vorgaben der Schule unter.

Die Anerkennung des quantitativen Bedarfs an Hortplätzen, um etwa die Berufstätigkeit von Eltern zu sichern, ist nicht gleichzusetzen mit der Anerkennung des qualitativen Bedarfs an der Institution Hort, um beispielsweise (möglichst vielen) Kindern außerschulische Bildungser-

59 Literaturempfehlung zu diesem Aspekt: Berry, G./ Pesch, L. (Hrsg.): Welche Horte brauchen Kinder? Luchterhand Verlag, Neuwied, Berlin 1997 (beim Verlag vergriffen)

fahrungen zu ermöglichen. Die Anerkennung des Bedarfs wiederum ist zu unterscheiden von der Anerkennung der geleisteten Hortarbeit. Die Unterscheidungen sind wichtig für die Analyse des gesellschaftlichen Stellenwerts der Institution Hort, vor allem wichtig jedoch für die dort tätigen Erzieherinnen. Ihre pädagogische Arbeit entscheidet schließlich, ob Eltern, wenn sie die Wahl haben, ihre Kinder lieber im Hort betreut oder lieber außerhalb wissen wollen.

Welchen Stellenwert genießt, ganz allgemein, die Tagesbetreuung von Schulkindern außerhalb von Unterrichtsveranstaltungen? Im KJHG/SGB VIII werden alle Kindertageseinrichtungen in einem Abschnitt zusammen gefasst und auf diese Weise als gleichrangige Institutionen der öffentlichen Erziehung gewürdigt. Seit rund dreißig Jahren gilt die formale Gleichstellung aller Kindertageseinrichtungen und der ihnen gemeinsame eigenständige sozialpädagogische Bildungsauftrag. Auf Gesetzesebene sind nun die Aufgaben der Bildung, Erziehung und Betreuung fixiert. Sind damit Eigenständigkeit, Professionalität und allgemeine Achtung erreicht? Gewiss nicht, denn das Verhältnis des Hortes zur Schule ist damit nicht geklärt; auch kann aus dem Auftrag und den Aufgaben der Horterziehung nicht automatisch auf eine Umsetzung auf hohem Niveau geschlossen werden. Das ist ein Grund, weshalb die erwähnten Vorbehalte gegenüber der öffentlichen Erziehung außerhalb der Schule fortbestehen. Vielerorts wird Horterziehung aus Kostengründen und Gewohnheit noch immer in Klassenräumen und ohne eigenständige Ausstattung wie ein Anhängsel zum Schulunterricht organisiert. Auch das erinnert an vergangene Zeiten und trägt zur Skepsis bei. In der Summe mindern alle Faktoren die Anerkennung des Hortes und sogar der Erzieherinnen, die in ihrer Arbeit wirklich neue Ansätze entwickelt haben.

Neben diesen Rahmenbedingungen mindern Horterzieherinnen den Stellenwert ihrer Arbeit selbst und tragen auf diese Weise dazu bei, dass Schule Priorität hat bei der Wahl zwischen Schul- und Hortelternabenden oder dass Eltern ihre Kinder abmelden, weil wieder einmal die Hortbeiträge erhöht werden. Horterzieherinnen ziehen daraus häufig den falschen Schluss, Eltern würden sich nicht ausreichend für ihre Kinder interessieren, sich nicht um sie kümmern.

Dieser Vorwurf ist pauschal und falsch. Er lenkt vom eigentlichen Problem ab. Das Problem besteht darin, dass es zu wenige Ansätze einer eigenständigen, offensiv vertretenen Hortpädagogik gibt, einer Hortarbeit, die ein wirkliches Gegengewicht zur Schule darstellt, weil sie den Kindern Möglichkeiten eröffnet, die im schulischen Alltag nicht denkbar sind:

- Bildungsansprüche der Kinder zu befriedigen jenseits von Stillsitzen, Zensurendruck und Konkurrenz;
- Erziehungsansprüche der Kinder zu befriedigen jenseits von Maßregelungen, Strafarbeiten und festgefügter Hierarchie zwischen Erwachsenem und Kind;
- Betreuungsansprüche der Kinder zu befriedigen jenseits von qualitativer und quantitativer Überbehütung und Mittagessen.

Gerade eine Überbehütung der Kinder im Hort trägt zur Unterbewertung der Hortarbeit entscheidend bei. Die Überbetonung des Schutzgedankens führt unwillkürlich zu Fragen:

- Erstens, was wird dem Kind im Hort außer Hausaufgaben und Sicherheit noch geboten?
- Zweitens, sind für Schutzmaßnahmen nicht vor allem Sicherheitsexperten zuständig?
- Drittens, ist für Hortkinder ein besonderer Schutz notwendig?

Die Mehrheit der Kinder in dieser Altersgruppe kommt ohne Hort zurecht. 1994 besuchten 3,5 Prozent der Kinder zwischen sechs und zwölf Jahren in den alten Bundesländern einen Hort, in den neuen Ländern waren es 22,6 Prozent.

Alle anderen Kinder wachsen ohne den Schutz des Hortes auf. Wir können uns nicht vorstellen, dass die Mehrheit von ihnen sich einfach nur selbst überlassen ist, ohne Schutz, ständig in Gefahr. Wem also nutzt der Hort, wem der Schutz – den Hortkindern oder den Erzieherinnen? Die Überbetonung des Schutzgedankens als Argument für die Notwendigkeit des Hortes beweist im Grunde das Gegenteil: Es ist gut möglich, aufzuwachsen ohne einen Hort zu besuchen. Mit dieser Folgerung werden nicht die Institution Hort oder der Beruf der Horterzieherin in Frage gestellt, sondern eine verbreitete Praxis.

Kinder werden heutzutage weitgehend ausgegrenzt von dem, was sie später einmal bewältigen sollen. Kinder in Tageseinrichtungen laufen oft Gefahr, im isolierten Raum aufzuwachsen. Anstatt Beihilfe zu dieser Entwicklung zu leisten, sollten Erzieherinnen durch und mit einer offensiven, eigenständigen Hortpädagogik versuchen, Kinder zum Umgang mit dem Draußen zu befähigen.

Dazu ein Beispiel. Ein wunderschönes Gelände direkt neben einem Hort, aber jenseits des Zaunes gelegen, durfte trotz räumlicher Enge im Haus von den Kindern nicht genutzt werden. Ihnen wurde verboten, dort zu spielen. Die Sicherung der Institution und der Wunsch der Erzieherinnen nach Absicherung hatten Vorrang gegenüber den Kindern, ihren Spielbedürfnissen und dem Erziehungsauftrag. Da das Gelände in diesem realen Fall objektiv als nicht gefährlich einzustufen war, konnte das Verbot pädagogisch nicht akzeptiert werden. Die Einschränkung war um so unverständlicher, als die Kinder jeden Tag allein zur Schule und nach Hause gingen, am fraglichen Gelände vorbeikamen und dort spielten – an Wochenenden sowieso. Die Einschränkung schützte daher nicht die Kinder, sondern ihre Erzieherinnen vor eventuellen Unannehmlichkeiten.

Zu ihrer Ehrenrettung muss das Beispiel ergänzt werden. Die Erzieherinnen überlegten, wie die enge Spielfläche des Hortes erweitert werden könnte. Obwohl es mit großer Mühe für die Erzieherinnen verbunden war, stellten sie einige Anträge beim Jugendamt. Schließlich hatten sie Erfolg. Das fragliche Gelände wurde dem Hoheitsgebiet des Hortes zugesprochen. Mit einer Ausnahme blieb es unverändert: ein Zaun verläuft seitdem Drumherum. Durch ihn wurde das Gelände angeblich sicherer.

Uns zeigt das Beispiel, wie die Institutionalisierung von Kindheit fortschreitet. Die Institution Hort wird (unter Mithilfe der Erzieherinnen und des Jugendamts) ausgeweitet; sie verselbstständigt sich in gewisser Weise. Das eingezäunte Gelände steht nur noch den Hortkindern zur Verfügung. Für alle anderen ist es verloren, und verloren ist es auch für spontane Kontakte von Hort- und Nichthortkindern, verloren ist es als Treffpunkt für Freundschaften, die während der Hortzeit getrennt sind, und verloren ist es schließlich als Spielgelände sogar für die Hortkinder, nämlich in den Zeiten, in denen der Hort geschlossen ist.

Der angebliche Schutzraum wird größer, aber ist das eine Verbesserung? Wie viel Schutz brauchen Kinder? Sind sie nur noch in Reservaten denkbar? Was lernen die Kinder daraus? Eine pädagogische Leistung?

Die Betreuungsfunktion des Hortes beinhaltet selbstverständlich eine aktuelle Absicherung der Kinder, das heißt die Bewahrung vor körperlichem Schaden in der Gegenwart. Kann Absicherung aber absolut gesehen werden? Diese Frage ist sowohl im Hinblick auf die pädagogischen Zielsetzungen als auch in Kenntnis der alltäglichen Gefahren des Lebens schon für jüngere Kinder zu verneinen, für den Lebensabschnitt Hortkind schon überhaupt.

Seien wir ehrlich, Leben ist lebensgefährlich, schrieb Erich Kästner. Damit müssen wir uns abfinden, wollten wir nicht eine zentrale Aufgabe von Horterzieherinnen vernachlässigen: Das ist die Absicherung der Kinder in zukünftigen Lebenssituationen durch den Erwerb von Handlungskompetenzen, Wissen und Sicherheit im Umgang mit Menschen, Gegenständen und in verschiedenen Lebenslagen. Diese Art von Absicherung ist tatsächlich eine pädagogische Aufgabe. Da sämtliche pädagogischen Ziele erst in zukünftigen Situationen erreicht werden können, darf sich die Pädagogik nicht an der Gegenwart, sondern muss sich an der Zukunft orientieren. Der Blick in die Zukunft darf wiederum nicht von deren möglichen Ende bestimmt sein, wie es der Fall ist, wenn pädagogische Angebote einzig so hinterfragt werden: »... und wenn was passiert?« Der Katastrophenfall darf nicht zum bestimmenden Faktor und das mögliche Ende des Lebens (eines Kindes) nicht zum alltäglichen Bestandteil der Arbeit werden. Ausnahmen müssen beachtet, jedoch nicht als Einschränkung allgemein eingeplant werden.

Ein angstbesetzter Blick in die Zukunft verführt sogar zu falschen Maßnahmen, wie wir mit dem obigen Beispiel gezeigt haben. Damit schaden Erzieherinnen sich und den Kindern. Was gewinnen die Kolleginnen dadurch, dass das Gelände eingezäunt ist? Macht es einen Unterschied, wenn innerhalb des Zaunes einem Kind etwas zustößt statt außerhalb? Wird der Schmerz erträglicher, die Fragen der Eltern angenehmer, das Bedauern intensiver?

Eine weitere unnütze Maßnahme zeigt unser nächstes Beispiel. Die Kolleginnen baten die Eltern der Hortkinder um Einverständnis und um die Unterschrift für folgende Feststellung: »Hiermit erlaube ich, dass mein Kind ... den Hort verlassen darf. Ich weiß, dass mein Kind für diese Zeit nicht versichert ist.«

Als nur wenige Eltern diese Zeilen unterschrieben, zogen die Horterzieherinnen ihre Konsequenzen. Sie verboten den Kindern in die nahegelegene Stadtbücherei, zum Bäcker oder zur Wohnung eines Freundes zu gehen. Zugleich beklagten sie sich über die mangelnde Unterstützung ihrer Arbeit durch die Eltern. Wir sehen das Problem etwas anders. Die Erzieherinnen haben ungewollt die Aufsichtspflicht zur Daumenschraube gemacht. Sie haben sich selbst, den Kindern und den Eltern geschadet.

Betrachten wir zunächst den ersten Satz des Schreibens: »Hiermit erlaube ich, dass mein Kind ... den Hort verlassen darf.« Als Nachricht an die Eltern wird dadurch vielleicht mitgeteilt, dass eine Neuerung im pädagogischen Konzept der Einrichtung vorgenommen wird, zumindest wird daran erinnert, dass von den Erzieherinnen solche Ausflüge grundsätzlich akzeptiert werden. Dies den Eltern mitzuteilen, ist notwendig und ihre Zustimmung prinzipiell erforderlich, weil damit die praktizierte oder sich verändernde Konzeption des Hortes erklärt wird.

Die Erziehungsberechtigten sind an den Entscheidungen in wesentlichen Angelegenheiten der Tageseinrichtung zu beteiligen. § 22a Abs.2 KJHG/SGB VIII

Wie die Erziehungsberechtigten sich entscheiden, hängt von der Vorarbeit der Erzieherinnen ab. Stimmen die Eltern mit der (veränderten) Richtung der Erziehung überein? Oder haben sie den Eindruck, dass die Bedingungen des ursprünglichen Betreuungsvertrages einseitig geändert werden sollen, sodass sie ihre Zustimmung versagen, vielleicht sogar ihr Kind abmelden müssen?

Noch etwas kann diesem Satz entnommen werden. Die Bitte um Erlaubniserteilung legt den Gedanken nahe, dass damit (alle) Aufsichtspflichten von den Erzieherinnen genommen werden sollen. Das trifft selbstverständlich nicht zu, aber einige Eltern könnten den Satz so verstehen und ihre Konsequenzen ziehen. In rechtlicher Hinsicht befreit eine Erlaubniserteilung keineswegs von individueller Aufsichtsführung. Die Prüfung, ob einem Kind zugetraut werden kann, die Einrichtung zu verlassen, muss jede Erzieherin jeden Tag von Neuem vornehmen. Selbst ein Kind, das ansonsten sehr sicher ist, muss nach seiner Tagesform eingeschätzt werden: Ist es krank, aufgeregt, nervös, wütend oder sonst wie belastet? Gibt es sonstige Umstände, die es der Erzieherin ratsam erscheinen lassen, das Kind heute nicht zu diesem Treffen oder jenem Vorhaben gehen zu lassen?

»Ich weiß, dass mein Kind für diese Zeit nicht versichert ist.« Der zweite Satz aus dem Schreiben ist falsch. Schlicht und einfach. Die gesetzliche Unfallversicherung erstreckt sich auf alle offiziellen pädagogischen Veranstaltungen und Aktivitäten.

Hier nun werden die pädagogische Arbeit, die Zusammenarbeit mit den Eltern und die Klagen der Erzieherinnen erörtert. Was ist geschehen? Die Erzieherinnen wollten eine bestätigende Unterschrift für etwas, das den Eltern zusteht (Nachricht über die Konzeption) und für missverständliche beziehungsweise falsche Informationen (Aufsichtspflicht, Versicherung). Die Erzieherinnen haben damit erreicht, dass die Mehrheit der Eltern ihre Unterschrift nicht gab. Wahrscheinlich wurden einige Eltern sogar misstrauisch, denn wozu braucht man für solche Zwecke eine Unterschrift?

Die Horterzieherinnen lassen die Kinder seitdem nicht mehr allein aus der Einrichtung, sie arbeiten ihrem erklärten Ziel Selbstständigkeit entgegen. Nichts jedoch schädigt das Ansehen der eigenen Arbeit mehr, als wenn man seine Ziele nicht verfolgt und außerdem die Kooperationspartner misstrauisch macht. Eine Schädigung (im übertragenen Sinne) wurde der Hortpädagogik ganz allgemein zuteil. In dem die Erzieherinnen mittlerweile gängige Standards des pädagogischen Angebots gesondert absichern wollten, haben sie indirekt ausgesagt, dass Aktivitäten außerhalb des Hortes als etwas Besonderes anzusehen sind. Jede Erzieherin, die solche Außenaktivitäten ganz selbstverständlich im Programm hat, wird erst einmal an den Rand und in die Rechtfertigung gedrängt, je mehr Kolleginnen solche Unterschriftensammlungen praktizieren. Je unterschiedlicher die pädagogische Praxis gehandhabt wird, je schwieriger ist die Feststellung, was als normal und was als Ausnahme zu gelten hat. Erzieherinnen, die selbstverständliche Aktionen als besondere Bemühungen darstellen, arbeiten einer oft beklagten allgemeinen Verunsicherung in die Hände, denn: *Tritt ein Schaden ein, weil der Erzieher pädagogische Versuche anstellt, die nicht auf anerkannten pädagogischen Grundsätzen beruhen, so kann sein Verhalten ... als Verletzung der Aufsichtspflicht gemäß § 832 BGB gewertet werden.*[60]

Je verbreiteter in der Praxis bestimmte Methoden sind, desto eher ist von deren allgemeiner Anerkennung auszugehen, desto stärker wirkt die gegenseitige (indirekte) Unterstützung der Erzieherinnen untereinander.

Das Rechtshandbuch ist kein pädagogischer Ratgeber zur Hort- oder zur Elternarbeit. Wir bearbeiten überwiegend die rechtlichen Aspekte der Pädagogik. Da doch andererseits nach so vielen Aussagen: Wie man es nicht machen soll! von uns eine klare Stellungnahme zu wünschenswerten Ansätzen erwartet wird, möchten wir uns dem nicht entziehen. Die Vorstellungen, die unserer Kritik zu Grunde liegen, drücken wir als Mindestanforderungen an zeitgemäße pädagogische Arbeit im Hort aus. Wären wir Eltern eines Hortkindes, hätten seine Erzieherinnen sich mit diesen Erwartungen und Ansprüchen auseinanderzusetzen.

Hortkinder sollen und müssen nach kurzer Zeit, möglichst schon als Kindergartenkinder, in der Lage sein, allein zur Schule gehen. Die Wege zwischen Elternhaus, Schule und Hort werden ihnen also bekannt und vertraut sein. Damit ist das Einzugsgebiet im Groben beschrieben, in dem sich die Kinder auskennen und aufhalten können, zumindest gilt diese Aussage für die Bereiche, in denen Kinder nicht per Schulbus weite Strecken zwischen den verschiedenen Sozialisationsorten zurücklegen müssen. Je nachdem, wie die Gegend beschaffen ist, erhalten wir Anhaltspunkte über das Maß der von den Kindern selbstständig zu bewältigenden Gefahrenmomente: viel Verkehr, Ampelregelungen, Mähdrescher, Wassergebiet...

Weiterhin ist davon auszugehen, dass die Kinder dieses Gebiet, zumindest teil- und zeitweise, auch in der schul- und hortfreien Zeit benutzen. Sie können und dürfen sich darin bewegen, sie kennen die Spielmöglichkeiten, sie kennen sich aus. Es ist Aufgabe der Horterzieherinnen, zuallererst eine Bestandsaufnahme über das Wissen, die Fähigkeiten, die Vorlieben der Kinder zu erstellen. Erzieherinnen, die nicht wissen, was ihre Kinder vermögen, können die Kinder nicht unterstützen und fördern.

Auf diesem Grundwissen kann die pädagogische Arbeit aufgebaut werden. Die Fähigkeiten der Kinder sind systematisch zu erweitern, Unsicherheiten sind abzubauen. Kindern, die nicht über diese Fähigkeiten verfügen, ist der Erwerb zu ermöglichen. Der Aktionsradius und die Vielfalt der Aktionsmöglichkeiten sind dem zunehmenden Alter und Erfahrungsstand entsprechend zu vergrößern.

Dies gilt nicht nur für das Einzugsgebiet. Zu beachten ist, was Kinder in diesem Alter gern spielen, welche Tätigkeiten sie gern ausüben und welche Möglichkeiten sie hierfür haben. Freundschaften werden wichtig, spannende Spiele locken, Mutproben sind zu bestehen. Der Platzbedarf für die einzelnen Betätigungen wird größer, denn Fahrrad fahren, Inline skating, Fußballspielen sind Renner und selten in der Einrichtung befriedigend auszuüben. Daraus folgt, dass häufig nur außerhalb des Hortes die motorischen Bedürfnisse befriedigt werden können: auf dem hoffentlich unbenutzten Parkplatz der Einrichtung, auf der Asphalt-Auffahrt, der Spielstraße zwei Ecken weiter, im Sportverein oder in der Interessengruppe, die von der Schule angeboten wird.

60 Claussen, H./Vent, H./Knappertsbusch, P.: Aufsichtspflicht und Aufsichtspflichtverletzung unter besonderer Berücksichtigung von Einrichtungen der Jugendhilfe. Hannover, AFET e.V., Heft 12/1995, S. 42

Das Verhältnis zu den Erwachsenen beeinflusst die Qualität der Pädagogik. Weder erzieherische noch aufsichtsrechtliche Anforderungen legen nahe, dass (Hort-)Kinder sich in permanentem Sichtkontakt zu den Betreuungspersonen befinden müssen. Das würde im Gegenteil gerade den Zielen der Horterziehung widersprechen. Nehmen wir als Beispiel das Ziel Gemeinschaftsfähigkeit/Soziale Kompetenz, konkreter: sich streiten und vertragen können. Kinder können diese Kompetenz im Umgang mit Erwachsenen nicht gut lernen, weil das Unterordnungsverhältnis zu bestimmend ist. Sich streiten kann man nur mit prinzipiell Gleichgestellten und ohne drohenden Eingriff seitens pädagogischer Schiedsrichter. Hier verhindert die Anwesenheit der Erzieherinnen mehr als sie nutzt, auch wenn die Streitigkeiten nicht immer in Formen ablaufen, die wir von Erwachsenen erwarten dürfen. Immerhin sollen die Kinder die Kompetenz erst lernen und nicht bereits fehlerfrei praktizieren.

Erzieherinnen in Horten sollen ihr Angebot an Aktivitäten an den Interessen und der (notwendigen) Entwicklung der Kinder ausrichten. Eine Verlängerung der Kindergartenzeit durch den siebenten Gipsguss zu Nikolaus, das vierte Herz aus Salzteig zum Muttertag lehnen wir ab. Wichtig für die Auswahl und die Gestaltung der Spiel-, Lern- und Erfahrungsmöglichkeiten sind die Gegenwart der Kinder (was wollen sie; wie sind ihre Bedürfnisse zu erweitern?) und ihre Zukunft (was müssen sie nach Verlassen des Hortes selbstständig können?). Wenn einem Kind in einem Hort verboten wird, zwischendurch für eineinhalb Stunden zum Schwimmtraining zu gehen, stellt sich die Frage, wie die Erzieherinnen ihre Aufgabe begreifen. Kinder, die im Hort durch Verbote mehr eingeschränkt werden, als sie es sonst gewöhnt sind, langweilen sich schnell, übertreten Verbote, stören die Abläufe und werden schnell zu auffälligen Kindern gestempelt, wo doch ihr Verhalten als eine gesunde Reaktion auf einschränkende Bedingungen angesehen werden kann.

Mitunter und besonders im Rahmen von Hortbetreuung an Schulen wird Druck auf die Erzieherinnen seitens des Lehrkörpers oder des Rektors ausgeübt, die Aufsicht schulähnlicher durchzuführen, also mit mehr Präsenz der Erwachsenen. Eine solche Situation ist nicht leicht auszuhalten und noch weniger leicht zu ändern. Wir wollen mit diesem Kapitel die dringende Notwendigkeit hervorheben, den eigenständigen Charakter der Hortpädagogik (Jugendhilfe) gegenüber der Schule und ihren in ihrem Rahmen berechtigten spezifischen Anforderungen zu verteidigen. Schule und Hort gehören unterschiedlichen Systemen an. Sie betreuen die gleichen Kinder, doch in unterschiedlichem Rahmen. Deshalb ist die pädagogische Arbeit im Hort (einschließlich der Anforderungen an die Aufsichtspflicht) nach Schulmaßstäben ebenso wenig durchführbar wie die Gestaltung des Unterrichts mit Hortmethoden. Schule und Hort sollten gegenseitig ihre jeweiligen Kompetenzen und Bereiche achten, nicht dominieren.

Im Zehnten Kinder- und Jugendbericht der Bundesregierung wird auf die eigenständige Bedeutung außerschulischer Erfahrungen für Kinder im Hortalter hingewiesen. Es heißt dort, *dass Kinder nach der Schule ein anderes räumliches Umfeld bekommen sollten, das sich vom schulischen Alltag abhebt und in der Ausstattung den Anforderungen der Kinder in diesem Alter genügt ... Ältere Kinder haben zunehmend Anspruch auf eine selbstbestimmte Kinderkultur. Dieser Begriff steht für eine Zurücknahme der Einmischung von Erwachsenen zugunsten eines selbstständigen und gemeinschaftlichen Lernens.*

Der Hort und die anderen Angebote für Kinder im Schulalter sollten sich weder auf eine die sozialen Defizite ausgleichende, noch auf eine den schulischen Unterricht ergänzende und unterstützende Funktion reduzieren lassen. Vielmehr geht es hier um die Initiierung und Förderung von Sozialisations- und Lernprozessen von Kindern im Schulalter durch situationsorientierte Hilfestellung und Unterstützung bei dem Bestreben, eine eigenständige Persönlichkeit zu werden.[61]

61 Bundesministerium für Familie, Senioren, Frauen und Jugend: Zehnter Kinder- und Jugendbericht. Bericht über die Lebenssituation von Kindern und die Leistungen der Kinderhilfen in Deutschland. Bonn 1998, S. 201

Pädagogische Arbeit und Aufsichtspflicht in anderen pädagogischen Feldern

Kinderclubs, betreute Spielplätze, Kinderbauernhöfe und andere Angebote der offenen Kinder- und Jugendarbeit

Alle Angebote der Jugendhilfe, die von Kindern selbstständig und aus eigenem Entschluss wahrgenommen werden und deren Wahrnehmung nicht von einem Vertragsabschluss zwischen den Eltern und dem Veranstalter (bzw. Träger) abhängt, bezeichnen wir hier als offene Kinder- und Jugendarbeit. Die Form des Angebots variiert zwischen stationären Einrichtungen, zum Beispiel als Abenteuerspielplatz, als Freizeitheim, als Haus der offenen Tür, und mobilen Angeboten, beispielsweise einem Spielmobil oder einer Spielaktion mit eher animatorischem Charakter.

Da zwischen den Eltern und dem Träger der Veranstaltung keinerlei Vertragsverhältnis eingegangen wird, übernehmen die dort tätigen Erzieherinnen die Aufsicht über anwesende Kinder nicht per Vertrag. Die Regelungen des § 832 BGB (siehe S. 165) können – anders als in Krippe, Kindergarten oder Hort – von daher keine Anwendung finden. Dennoch sind die Erzieherinnen in der offenen Kinderarbeit nicht frei von einer Verpflichtung zur Beaufsichtigung der Kinder. Wenn sie zum Beispiel für die Arbeit auf einem Abenteuerspielplatz angestellt sind, sollen sie die Kinder, die den Platz aufsuchen, pädagogisch unterstützen, anregen und fördern. Dies ist ohne Aufsicht unmöglich zu gewährleisten; von daher ergibt sich die Verpflichtung aus ihrem Arbeitsvertrag.

Die offene Kinderarbeit lebt von Kindern, die freiwillig kommen und gehen. Die Verpflichtung zur Aufsicht beschränkt sich auf ihre Anwesenheit. Kinder, die nicht da sind, können nicht beaufsichtigt werden, insofern sind Erzieherinnen in der offenen Kinderarbeit nur für diejenigen verantwortlich, die das Angebot erkennbar wahrnehmen (wollen).

Durch das Prinzip der Freiwilligkeit und den vertragslosen Zustand zwischen den Eltern und dem Träger des Angebots brauchen die Kinder gegenüber den Erzieherinnen keine Rechenschaft über ihre Teilnahme oder Nichtteilnahme am Angebot abzulegen. Die allgemeine Aufsichtsverpflichtung liegt weiterhin bei ihren Eltern, so als hielten sie sich auf der Straße oder einem unbetreuten Spielplatz auf. Pädagogische Mitarbeiterinnen in der offenen Kinderarbeit können voraussetzen, dass die Kinder mit Einverständnis oder zumindest mit Duldung der Eltern in ihre Einrichtung kommen bzw. das Angebot wahrnehmen.

Deshalb erstreckt sich die Aufsicht über die Kinder in der offenen Kinderarbeit nur auf besonders gefährliche Tätigkeiten und den Umgang mit besonders gefährlichen Gegenständen. Diese Minimalverpflichtung ergibt sich aus den Vorschriften des Bürgerlichen Gesetzbuches *wonach verschuldete unerlaubte Handlungen eine Verpflichtung zur Leistung von Schadensersatz nach sich ziehen. Dies leuchtet unmittelbar ein, wenn Betreuer durch aktives Verhalten die Unfallursache setzen, indem sie zum Beispiel einem erkennbar noch nicht hierzu reifen Kind gefährliches Werkzeug ohne Anleitung und Beaufsichtigung in die Hand geben, und es sich im Umgang mit diesem Werkzeug verletzt. Aber auch Unterlassungen als Unfallursache können eine solche Haftung auslösen.*[62]

Eine Erzieherin, die auf einem Abenteuerspielplatz Äxte an Dreijährige ausgibt, handelt nicht verantwortungsbewusst und muss für Folgeschäden einstehen. Ebenso kann einer Erzieherin schuldhaftes Versagen vorgeworfen werden, wenn sie nicht einschreitet, falls Kinder sich mit Werkzeugen bewerfen. Die Verpflichtung zum Einschreiten trifft allerdings auch jeden Passanten auf der Straße. Der Unterschied zu diesen besteht allerdings im Maß der Verantwortlichkeit. Für Angebote der offenen Kinderarbeit wird meistens und ausdrücklich qualifiziertes Personal eingesetzt, damit die Kinder pädagogisch betreut werden. Von Erzieherinnen ist daher eher ein den Kindern und den Aktivitäten angemesseneres Verhalten zu erwarten als von zufälligen Passanten. Die Erzieherin sieht sich höheren Anforderungen ausgesetzt, richtig zu handeln.

Wie in anderen pädagogischen Bereichen auch, besteht ein Spannungsverhältnis zwischen der Anforderung an Sicherheit und der Bereitschaft zu erwünschten Risiken. Gefahren dürfen nicht um jeden Preis vermieden werden, Risiken sind erwünscht. Abenteuerspielplätze werden aus pädagogischen Gründen gerade deshalb eingerichtet, weil Kindern (über den Überlebenskampf im Straßenverkehr hinaus) Abenteuer und Risiken zugemutet werden sollen. Die Risikobereitschaft wird juristisch nur soweit eingeschränkt, wie verhindert werden soll, dass Kinder absehbar – mit hoher Wahrscheinlichkeit – verunglücken. Der Auftrag zum Abenteuer entlastet die Erzieherin von überzogenen Sicherheitsvorstellungen. Nehmen wir den kritischen Satz als zutreffend an: »Abenteuerspielplätze haben soviel mit Abenteuern zu tun, wie ein Gummibaum mit einem Dschungel«, lassen sich die tatsächlichen Risiken für Kinder als geringfügig werten. Die Chance für Erzieherinnen, den Anforderungen an die Aufsicht zu genügen, steigt dementsprechend.

Kinder besuchen Einrichtungen der offenen Kinderarbeit selbstständig. Sie halten sich im Rahmen des Aufenthaltsbestimmungsrechts der Eltern, im weitesten Sinne, mit deren Einverständnis oder Duldung dort auf. Eltern (müssten) wissen, welches Angebot ihre Kinder dort erwartet. Sie sind prinzipiell damit und mit seinen Risiken einverstanden. Erzieherinnen haben gleichwohl die Verpflichtung, darauf zu achten, dass die Besucher sich in der Einrichtung sicher bewegen können, und zu schauen, ob sie sich sicher bewegen können. Das Einschätzen von Alter und Verhalten der Kinder ist hierfür in der Regel ausreichend. Haben die Erzieherinnen einen hinreichenden Eindruck über das sichere Verhalten eines Kindes gewonnen (und können sie dies begründen), sind sie nicht verpflichtet, es bei seinen Tätigkeiten zu begleiten. Dies wäre in der Praxis weder möglich, noch wünschenswert.

Kinder lernen miteinander und voneinander. Erzieherinnen können darauf bauen, dass Kinder sich miteinander beraten, anregen und ein gemeinsames Verständnis darüber entwickeln, was an bestimmten Orten und in bestimmten Situationen möglich ist und was nicht. Auch das entlastet die jeweilige Erzieherin bei der Gestaltung ihres Angebots sowie bei der vorrangigen Auf-

62 Feldmann, P. v.: Spiel und Recht. München 1980, S. 64

gabe, gemeinsam verständliche, tragfähige und nachvollziehbare Regeln zu entwickeln, die von möglichst allen akzeptiert und eingehalten werden können. Diese Regeln können sich auf den Umgang mit Werkzeug und Material beziehen, auf die Nutzung von Räumen oder die Zusammenarbeit zwischen Erzieherinnen und Kindern. Ebenso wie in anderen pädagogischen Einrichtungen ist es sinnvoll, diese Regeln in Form einer pädagogischen Konzeption aufzuschreiben. Dies erhöht die Verbindlichkeit, hilft bei der Einarbeitung neuer Kolleginnen und setzt den Träger in die Lage, seine Garantenstellung gegenüber den Eltern zu erfüllen. Der Träger wird dadurch unterstützt, zu vertreten, dass die Veranstaltung bzw. das Angebot für Kinder geeignet ist; er kann das Angebot dadurch besser inhaltlich tragen.

Die Verantwortung für die Ausgestaltung der Arbeit einschließlich der Aufsichtsführung liegt in der Hand der Erzieherinnen – und dies ist auf jeden Fall zu begrüßen. Individuelle Verantwortlichkeit lässt mehr Spielraum zu, als es generelle Regelungen vermögen, welche sogar meist einschränkend wirken. Größere Unfälle auf öffentlichen Spielplätzen, die sich an Spielgeräten ereignen, ziehen häufig den Abbau dieser Geräte nach sich. So werden die ohnehin schon eingeschränkten Spielmöglichkeiten weiter reduziert oder ganz verhindert.[63] Es liegt weder im Interesse von Kindern noch in dem von Erzieherinnen, wenn sie pauschal bevormundet werden. Wenn alles vorgegeben wird und keine Situation selbst gestaltet werden kann, dürfen Erzieherinnen kein Risiko selber einschätzen. Ihre Verantwortlichkeit wird reduziert, und sie selbst werden dequalifiziert.

Erzieherinnen, die ihre Arbeit ernst nehmen und ihren Beruf selbstbewusst ausfüllen, müssen ihre pädagogischen Fähigkeiten auf den Einzelfall bezogen anwenden und individuell verantworten. Die Grenzen, die sich aus juristischen Regelungen ergeben, sind gerade in der offenen Kinderarbeit weit gesteckt. Sie lassen eine an den Interessen der Kinder und pädagogischen Vorstellungen orientierte Arbeit zu, ja sie fordern sie geradezu heraus.

Heimerziehung und andere Hilfen zur Erziehung

Erzieherinnen arbeiten nicht ausschließlich in der Kindertagesbetreuung oder in der offenen Kinder- und Jugendarbeit. Im Rahmen von Hilfen zur Erziehung wachsen Kinder und Jugendliche in Heimen oder anderen betreuten Wohnformen außerhalb der Herkunftsfamilie auf und werden hier von pädagogischem Fachpersonal betreut, erzogen und beaufsichtigt. Die zu Kindertageseinrichtungen unterschiedlichen Rahmenbedingungen der Institutionen, wie zum Beispiel

- eine kontinuierliche Betreuung rund um die Uhr,
- organisatorische Besonderheiten, wie Schichtdienste oder Teamarbeit,
- Fluktuation und
- Aufnahme von Kindern mit schwierigem Erfahrungshintergrund,

bedingen entsprechend angepasste Formen der Aufsichtsführung, verändern jedoch nicht die allgemeine pädagogische Zielsetzung des KJHG/SGB VIII. Pädagogik und Aufsicht in betreuten Wohnformen unterscheiden sich daher nicht grundsätzlich von den anderen Berufs-

63 Leider typisch: Nach einem Unfall auf einem öffentlichen Spielplatz mit geprüften Spielgeräten in Berlin informierten etliche Träger von Kindertagesstätten die Erzieherinnen durch Rundschreiben darüber, jedoch leider nur über grundsätzliche Gefahren. In manchen Stadtteilen wurde gar der Abbau baugleicher Geräte in die Wege geleitet, obwohl sie intakt waren und seit mehr als zehn Jahren unfallfrei benutzt wurden.

feldern der Erzieherinnen. Die allgemeinen Ausführungen aus den vorangegangenen Kapiteln gelten deshalb mit Angleichung an diese Rahmenbedingungen ebenso.[64]

Der Vorrang des pädagogischen Auftrags wurde beispielsweise mit einem vielzitierten Urteil des Oberlandesgerichts Hamburg aus dem Jahre 1988 bestätigt. Nachdem zwei vierzehn bzw. fünfzehn Jahre alte Jugendliche aus einem Heim entwichen waren, ein Kanu entwendet und beschädigt hatten, ging der Bootsbesitzer mit seiner Klage auf Schadensersatz leer aus, weil das Gericht feststellte: *Allerdings hätte das Entweichen der beiden Zöglinge und damit der dem Kläger entstandene Schaden verhindert werden können, wenn die Jugendlichen gleichsam gefängnisartig eingeschlossen gehalten würden. Das ist aber nicht Aufgabe dieses Heimes, welches der Erziehung schwererziehbarer Jugendlicher dient. Zu diesem Zweck war den Bediensteten des Beklagten (des Heimträgers) ... diejenige Aufsicht über die Jugendlichen übertragen, die sonst ihre Eltern oblegen hätte.*[65]

Das Gericht wies auf die allgemein anzulegenden strengen Maßstäbe bei der Beurteilung von Aufsichtspflichten hin. Gerade bei schwererziehbaren Jugendlichen sollte die Aufsicht so geführt werden, dass (weitere) Straftaten verhindert würden. Sinnvolle Methoden dafür wären *sinnvolle Freizeitbeschäftigung, Übertragung gewisser Verantwortlichkeiten im Heimalltag, Belehrungen über die Schädlichkeit von Straftate*n u.v.m. Ein vollständiger Einschluss wurde jedenfalls als pädagogisch völlig unvertretbare Maßnahme angesehen, entgegengesetzt den Zielen Selbstständigkeit und Eigenverantwortung. Das Gericht befand schließlich: *Würden Eltern so restriktiv handeln, würden sie eventuell das Jugendamt wegen Gefährdung des Kindeswohls auf den Plan rufen.*

Das Urteil erging zwei Jahre vor Inkrafttreten des KJHG/SGB VIII, noch mit dem Jugendwohlfahrtsgesetz als gesetzlichem Hintergrund. Bei diesem Gesetz wurde stets kritisiert, dass es noch deutliche Züge des preußischen Polizeirechts trug und deshalb ersetzt gehörte, weil es den erreichten pädagogisch-fachlichen Stand in keinster Weise reflektieren würde.[66]

Die Hamburger Richter verglichen die erforderlichen Pflichten der Heimerzieherinnen mit denen der Eltern. Sie bezogen sich insbesondere auf die Erziehungsziele und die Pflicht, strengere Maßnahmen als üblich in Betracht zu ziehen und gegebenenfalls zu ergreifen, wenn gefährdende Umstände bekannt sind. Die allgemeine Aufgabe der Erziehung und Beaufsichtigung muss in der besonderen Situation ausgestaltet werden. Die allgemeinen gesetzlichen Vorgaben des Grundgesetzes und des Bürgerlichen Gesetzbuches, ergänzt um das Fachgesetz (jetzt: KJHG/SGB VIII) sind zu beachten. Für die Erziehung in Heimen und sonstigen betreuten Wohnformen (beispielsweise Außenwohngruppen, Jugendwohngemein-

64 Für eine ausführlichere Auseinandersetzung empfehlen wir die schon mehrfach zitierte Broschüre: Claussen/Vent/Knappertsbusch: Aufsichtspflicht und Aufsichtspflichtverletzung unter besonderer Berücksichtigung von Einrichtungen der Jugendhilfe. Veröffentlicht als: Wissenschaftliche Informationsschriften der Arbeitsgemeinschaft für Erziehungshilfe AFET e.V.-Bundesvereinigung; Heft 12/1995, Hannover außerdem: Münder, J.: Beratung, Betreuung, Erziehung und Recht. Handbuch für Lehre und Praxis. Münster 1991

65 Zitiert nach NJW-RR 1988, 799

66 In der momentan aktuellen Diskussion um die Wiedereinführung von geschlossenen Heimen könnte eine sachliche pädagogische und juristische Auseinandersetzung sicherlich mehr helfen als die auf kurzfristigen politischen Erfolg geführte Schlagzeilenhascherei.

schaften und Betreutes Einzelwohnen) ergänzt § 34 KJHG/SGB VIII den gesetzlichen Rahmen: *Hilfe zur Erziehung in einer Einrichtung über Tag und Nacht (Heimerziehung) oder in einer sonstigen betreuten Wohnform soll Kinder und Jugendliche durch eine Verbindung von Alltagsleben mit pädagogischen und therapeutischen Angeboten in ihrer Entwicklung fördern. Sie soll entsprechend dem Alter und Entwicklungsstand des Kindes oder des Jugendlichen sowie den Möglichkeiten der Verbesserung der Erziehungsbedingungen in der Herkunftsfamilie*

1. *eine Rückkehr in die Familie zu erreichen versuchen oder*
2. *die Erziehung in einer anderen Familie vorbereiten oder*
3. *eine auf längere Zeit angelegte Lebensform bieten und auf ein selbstständiges Leben vorbereiten*[67].

Jugendliche sollen in Fragen der Ausbildung und Beschäftigung sowie der allgemeinen Lebensführung beraten und unterstützt werden.

Je älter die zu betreuenden Minderjährigen werden, je mehr Selbstständigkeit sollte ihnen nicht nur in Einzelfragen, sondern schon bei der Wahl der Wohnform zugebilligt werden. Trotzdem dürfen Betreuung und Unterstützung nicht vergessen werden. Hilfen zur Erziehung begleiten Minderjährige in mehr oder weniger krisenhaften Situationen professionell. Die Entwicklung von Selbstständigkeit und Eigenverantwortung ist weder mit Bevormundung möglich, noch mit einer Laissez-faire-Haltung.

Im Rahmen von Hilfen zur Erziehung kann es angebracht sein, die Methode der Erlebnispädagogik als angemessene Form zur Unterstützung des Minderjährigen anzuwenden. Erlebnispädagogik, schon der Name steht dafür, Jugendliche eher ungewöhnliche Situationen erfahren zu lassen. Sie werden besonderen Anforderungen ausgesetzt und müssen sich daran bewähren. Gerade bei äußerst schwierigen Jugendlichen kann eine lockere Form der pädagogischen Betreuung der auslösende Schritt zur Eigenverantwortung bedeuten. Entscheidend ist die pädagogische Prognose im Einzelfall. Das Spannungsverhältnis zwischen rechtlich begründetem pädagogischem Auftrag (langfristige Sicherheit) und rechtlich gebotener Verpflichtung zur aktuellen Absicherung wird wieder deutlich. Erzieherinnen müssen individuell abwägen und versuchen, die beste Entscheidung zu treffen.

Wenngleich die Entscheidungsspielräume groß und zu Gunsten einer offensiven Pädagogik gestaltet sind, können weder die Aufsichtspflichtigen von ihrer Verantwortung entbunden, noch auf Aufsichtsführung verzichtet werden. Ganz im Gegenteil. Das Spannungsverhältnis erfordert erfahrene Erziehungsfachkräfte, die durch verantwortungsvolles Handeln ihrer beruflichen Verantwortung nachkommen. Das pädagogische Handeln ist dabei nicht beschränkt auf die unmittelbare Interaktion zwischen Erzieherin und Jugendlichem, sondern schließt – sogar mit besonderer Bedeutung – die Vorbereitung und die Begründung des jeweiligen Angebots ein.

Als Unterstützung für Erzieherinnen sei nochmals darauf hingewiesen, dass das Maß der Aufsicht sich nach diversen Faktoren richtet, die mit- und gegeneinander abgewogen werden müssen. Dem Zweck der Veranstaltung sind die weiteren Überlegungen nachgeordnet. Die Auf-

67 Hervorhebung durch den Autor

sicht muss so gehandhabt werden, dass dieser Zweck erreicht werden kann; bei erlebnispädagogischen Unternehmungen ist ein hohes Maß an Offenheit unerlässlich. Verglichen mit anderen Unternehmungen steigt damit einerseits das objektive Risiko für den Jugendlichen, für Dritte und für die Erzieherin. Andererseits schützt der besondere pädagogische Zweck die Erzieherin vor einer einschränkenden Beurteilung ihres Handelns. Das pädagogische Ziel ist nie ohne Risiken zu erreichen. Das subjektive Risiko der Erzieherin sinkt mit der allgemeinen Anerkennung des objektiven Risikos.

Die Aufsichtspflicht dient den Erziehungszielen und den aktuellen Schutzinteressen sogenannter Dritter wie gleichfalls den Schutzinteressen der Jugendlichen selbst. Der anzustrebende pädagogische Erfolg ist nicht alleiniger Maßstab, aber der wichtigste, der gegenüber dem auch bei bester Vorbereitung verbleibendem Risiko abzuwägen ist. Eine verständige Aufsichtspflichtige muss und wird durch Abwägung der verschiedenen Interessen zu einer vernünftigen Form der Umsetzung (= pädagogischen Arbeit) kommen.

Überall, wo Minderjährige unterschiedlichen Geschlechts zusammen leben, kann es zu sexuellen Kontakten untereinander kommen. Die zuständigen Erziehungspersonen können in Situationen geraten, in denen sie für Schäden ungewöhnlicher Art haftbar gemacht werden. In einem bei Claussen u.a. veröffentlichten Urteil[68] ging es um die Frage, ob die Heimleiterin bzw. der Heimträger für den Unterhaltsanspruch eines Kindes einstehen muss, das ein vierzehnjähriger Heimbewohner mit einer vier Jahre älteren (damals noch nicht volljährigen) Bewohnerin des gleichen Heimes gezeugt hatte. Der minderjährige Vater des Kindes hatte geklagt, weil er das Kind bei angemessener Wahrnehmung der Aufsichtspflicht durch das Heim nicht hätte zeugen können. Mit vielleicht diesen Worten des Klägers: *Bei intensiverer Überwachung hätte die Heimleiterin verhindern können, dass ich solchen Schaden anrichte* wurde im ersten Prozess der Klage stattgegeben. In der zweiten Instanz wurde sie dann abgewiesen.

Aus dieser an sich kuriosen Situation können einige Überlegungen abgeleitet werden, die für die gemeinsame Erziehung von Jungen und Mädchen in betreuten Wohnformen oder auf Jugendreisen wichtig sind. Da Koedukation eine grundsätzlich anerkannte Form der Erziehung darstellt, dürfen koedukative Angebote durchgeführt werden. Eine Trennung der Geschlechter ist jedenfalls da notwendig und gegebenenfalls zu überwachen, wo die Gefahr von Folgen besonders groß ist. In der Regel sollten Mädchen und Jungen, zumindest ab einem gewissen Alter, in getrennten Räumlichkeiten schlafen. Eine lückenlose Überwachung ist dabei grundsätzlich ebenso wenig geboten wie eine unüberbrückbare Trennung. Es reicht in der Regel, wenn es für die Erzieherin möglich ist, sich über das Verhalten der betreuten Jugendlichen zu informieren und gelegentliche Kontrollen wahrzunehmen. In besonderen Situationen kann sogar von getrennten Räumen abgewichen werden, dann allerdings sind höhere Anforderungen an die Aufsicht zu stellen.

Das Gericht begründete seine Entscheidung gegen die Unterhaltszahlungen als Schadensersatz so: *Jede Aufsicht findet ihre Grenzen in der Notwendigkeit, den Kin-*

68 Claussen, H./Vent, H./Knappertsbusch, P.: Aufsichtspflicht und Aufsichtspflichtverletzung unter besonderer Berücksichtigung von Einrichtungen der Jugendhilfe. Hannover, AFET e.V., Heft 12/1995, S. 159f.

dern ... ein ständig steigendes Maß von Freiheit zu gewähren. Ohne einen gewissen Spielraum der freien, das heißt unbeaufsichtigten Betätigung kann sich ein Mensch nicht zur Selbstständigkeit entwickeln, auf die er angewiesen ist, um später im Leben bestehen zu können. Jede Freiheitsgewährung ist aber bei unausgereiften Menschen mit Gefahren verbunden. Diese müssen im Rahmen der Erziehung in Kauf genommen werden, da andernfalls die weit schwerwiegendere Gefahr besteht, dass sich ein ständig beaufsichtigtes Kind, wenn es bei Erreichung der Volljährigkeit aus der Aufsicht entlassen wird, plötzlich vor Aufgaben gestellt sieht, denen es in keiner Weise gewachsen ist.

Freiräume und Freiheiten bergen Gefahren. Der Schutz von Jugendlichen auch vor sich selbst kann nicht so weit gehen, dass jedes Risiko ausgeschaltet wird. Das Gericht erkannte, dass weitreichende Kontrollen zwar vielleicht den Geschlechtsverkehr zwischen den beiden Jugendlichen verhindert, jedoch durch die damit verbundenen Einschränkungen weit schwerwiegendere Folgen für sie selbst gehabt hätten. Deshalb wurde das pflichtgemäße Verhalten der Heimleiterin durch Freistellung von der Haftung gewürdigt.

Besuchskinder

Wenn in Kindertageseinrichtungen über Besuchskinder nachgedacht wird, dann gleiten die Gedanken schnell zu den Hindernissen und Schwierigkeiten, die solche Besuche mit sich bringen mögen. Fragen tauchen auf: »Dürfen wir fremde Kinder reinlassen?«, »Denken Eltern und Träger, wir Erzieherinnen sind nicht ausgelastet, wenn wir noch mehr Kinder hereinlassen?«, »Leisten wir einer Erhöhung der Gruppenfrequenzen Vorschub?«, »Was geschieht bei einem Unfall?«

Es ist in der Tat auf den ersten Blick heikel, zugleich für einen besseren Personalschlüssel einzutreten und mehr als die angemeldeten Kinder in der Kindertageseinrichtung spielen zu lassen. Doch wie so oft, reicht ein erster Eindruck nicht aus, um das eigentliche Problem zu erkennen und eine angemessene Lösung zu finden. Schon der zweite Blick offenbart, was hinter den Fragen stecken mag: Angst oder Unsicherheit vor Übertretung einer nicht bekannten Weisung des Trägers; Unsicherheit darüber, ob Eltern und Träger die pädagogische Arbeit würdigen; die Befürchtung, dass die Arbeitsbedingungen verschlechtert werden könnten; Angst vor den Folgen einer Aufsichtspflichtverletzung; die Befürchtung, inkonsequent zu erscheinen.

Über diese Hintergrundthemen sollten Erzieherinnen diskutieren, damit sich im Team ein begründeter Standpunkt herausbilden kann. Eine Entscheidung für oder wider Besuchskinder in der Kindertageseinrichtung darf solche Themen nicht aussparen, sonst wird vielleicht eine Stellvertreterdiskussion geführt. Nochmals zurück zu den Fragen: sie sind ausnahmslos erwachsenenbezogen formuliert. Die Kinder, um die es gehen soll, stehen im Hintergrund. Warum wollen Kinder zu Besuch kommen, warum sollen sie? Welche Bedeutung haben Besuche für Kinder in Kindertageseinrichtungen?

Die Aufnahme in eine Kindertageseinrichtung grenzt die angemeldeten Kinder üblicherweise ein und die nicht angemeldeten aus; durch Besuchskinder verliert die Institution Kindertagesstätte an Anstaltscharakter. Vom pädagogischen Anspruch her ist ein Kontakt zwischen Kindern innerhalb und außerhalb einer Kindertageseinrichtung sehr zu empfehlen. Freundschaften können unterstützt werden, also soziales Verhalten geübt. Kinder im Hortalter beispielsweise können sich bereits während der Öffnungszeit treffen, wenn eines ein Hortkind ist, das andere jedoch nicht. In der Familie ist das üblich, es wäre schön, würde der Hort seinen Kindern das auch zugestehen.

Erzieherinnen haben dann darauf zu achten, dass durch die Anwesenheit der Besuchskinder keine höhere Gefährdung für die angemeldeten Kinder in der Einrichtung entsteht. Daraus folgt praktisch, dass Besuchskinder im Rahmen der normalen pädagogischen Arbeit mit beaufsichtigt werden müssen. Auch mit ihnen müssen die Erzieherinnen klare Absprachen treffen.

Zu vergessen ist nicht, dass auch Erzieherinnen Gründe und Interesse (und eben nicht nur Ängste und Unsicherheiten) an Besuchskindern haben können. Um auszuprobieren, ob ein Kind in die Gruppe passt, kann es einige Zeit auf Probe kommen. Der Status eines Besuchskindes kann hilfreich und erleichternd für die Eingewöhnung eines Kindes sein, und zwar für Kind und Erzieherin. Wie verhält es sich dann mit der Aufsichtspflicht?

Zu unterscheiden ist, ob ein Kind mit Kenntnis oder Duldung der Eltern, also nach Absprache zwischen Erzieherinnen und Personensorgeberechtigten die Einrichtung besucht. In diesem Fall ist in der Regel davon auszugehen, dass eine vertragliche Übernahme der Aufsichtspflicht durch die Erzieherin vorliegt.

Kommt ein Kind auf Einladung eines aufgenommenen Kindes oder einfach aus Neugier einmal in die Kita (wissen also die Eltern nichts davon), dann obliegt der Erzieherin keine Aufsichtspflicht, die Eltern üben sie ungebrochen aus. Die Erzieherin, die Leiterin, der Träger übernehmen gleichwohl ein unbestimmtes Maß an Verantwortung. An der Frage, die häufig im Vordergrund steht: »Was geschieht, wenn etwas passiert?«, werden zwei Möglichkeiten diskutiert:

1. Das Besuchskind erleidet einen Schaden

Für Schäden, die Besuchskinder erleiden, haftet der Träger, da er für die Kindertageseinrichtung verantwortlich ist. Ihm obliegt die Verkehrssicherungspflicht, die Aufgabe also, Gefahrenstellen zu sichern oder Spielgeräte intakt zu halten. Das ist nicht anders als bei den angemeldeten Kindern.

Falls der Schaden durch Kinder entstanden ist, die in der Kita angemeldet sind und weil ihre Erzieherin die Aufsichtspflicht verletzt hat, kann auch ihr gegenüber ein Haftungsanspruch geltend gemacht werden. In diesem Falle könnte eine Berufshaftpflichtversicherung für die Erzieherin eintreten.

2. Das Besuchskind verursacht einen Schaden.

Wenn ein Kind bei einem Besuch in einer Einrichtung einen Schaden anrichtet, haften dafür die Eltern des Kindes im Rahmen der allgemeinen Bestimmungen, da sie für die Aufsicht zuständig sind. Eine Erzieherin könnte nur dann ein Vorwurf treffen, wenn der Schaden vorhersehbar und vermeidbar gewesen wäre. In diesem Fall würde zusätzlich gegen die Erzieherin ein Haftungsanspruch bestehen. Wer bloß zuschaut, wie sich ein Schaden entwickelt, ohne ihn zu verhindern, muss für sein Verhalten einstehen.

Besuchen ehemalige Kindergartenkinder die Einrichtung, begleiten jüngere Kinder ihre älteren, bereits aufgenommenen Geschwister oder werden einzelne Kinder im Notfall mal einige Tage auch ohne Vertrag betreut, handelt es sich auch um Besuchskinder. Sie alle sind durch die gesetzliche Unfallversicherung (nach SGB VII) mit den gleichen Leistungen versichert, wie die angemeldeten Kinder, wie die Erzieherinnen, wie Kinder in der Schule oder Eltern am Arbeitsplatz. Der Versicherungsschutz wirkt per Gesetz, er ist beitragsfrei.

Praktisch einzige Voraussetzung ist, dass die Leiterin/die Erzieherin von dem Besuch weiß und dass es um die Teilnahme an einer regulären, offiziellen Veranstaltung geht. Ausflüge sind dann ebenso versichert wie die damit zusammenhängenden Wege.

Ausflüge mit der Kindergruppe

Das Salz in der Suppe. Auf Ausflügen wird der Erfahrungsschatz der Kinder erweitert; Ausflüge helfen, den Alltagstrott zu durchbrechen; Ausflüge bringen die Erzieherin in sichere Entfernung von Kolleginnen, mit denen sie sich nicht versteht. Ausflüge machen Spaß und Arbeit.

Wer darf mit wem unter welchen Umständen ausfliegen? Nach den allgemeinen Grundsätzen der Aufsichtspflicht beschränken sich die Überlegungen der Gruppenerzieherin nicht nur auf die Auswahl des Ausflugsziels, sondern beziehen auch den Weg, die Verkehrsmittel, die Anzahl der Begleitpersonen und die Anzahl der Kinder in die Planung ein. Von Erzieherinnen wird erwartet, dass sie sich zum Beispiel folgende Fragen stellen:

- Wie lange kenne ich die Kindergruppe?
- In welcher momentanen Verfassung befindet sich die Gruppe (Aggression, Müdigkeit, Ausgeglichenheit...)?
- Welche Erfahrungen hat die Gruppe im Straßenverkehr?
- Welche Verkehrsmittel werden benutzt?
- Habe ich mit den Kindern klare Absprachen getroffen?
- In welcher Verfassung befinde ich mich selbst?
- Will ich mit den Kindern allein losziehen oder wen will und kann ich als Begleitperson mitnehmen?
- Ist das Ausflugsziel mir oder den Kindern bekannt?
- Wie bin ich bzw. sind die Kinder auf einen Notfall vorbereitet?

Durch die Beantwortung solcher Fragen wird die jeweilige Situation konkret bestimmbar und einschätzbar. Es kann daher keine allgemein gültige Gruppengröße für Ausflüge festgelegt werden; darin gleichen sie allen übrigen Gruppenaktivitäten.

Die vertretbare Zahl der auf Ausflügen mitgenommenen Kinder in Relation zu den erwachsenen Begleitpersonen ist von vielen Variablen abhängig. Hinweise geben uns die je nach Bundesland verschiedenen allgemein gültigen Gruppengrößen. Die in den Kindergartengesetzen und anderen Vorschriften festgelegten Zahlen gelten jeweils als Normalwert. Ein weiterer Maßstab ist das, was als pädagogisches Angebot für die jeweilige Altersgruppe angemessen ist. Aus der Tatsache, dass die Gruppengröße so bemessen sein muss, dass die Kindertagesstätte ihrem pädagogischen Auftrag nachkommen kann, lässt sich schließen, dass sämtliche anerkannten Angebote mit allen Kindern einer Kindergruppe durchzuführen sein müssten.

Einschränkungen dieser allgemeinen Regel sind dann zu beachten, wenn ein Träger einer Kindertageseinrichtung eine spezielle Dienstanweisung erlassen hat. Unabhängig von den Bestimmungen der Aufsichtspflicht muss jede Erzieherin die Dienstanweisungen ihres Arbeitgebers einhalten, sofern damit nicht eine pädagogisch akzeptable Arbeit unmöglich wird. Einige Träger haben besondere Regelungen für Ausflüge innerhalb bzw. außerhalb der jeweiligen Ortsgrenzen erlassen. Manche Träger wünschen, dass die Erzieherinnen die geplanten Ausflüge offiziell anmelden. Eine häufige Begründung hierfür ist, dass Ausflüge außerhalb der Ortsgrenzen arbeitsrechtlich als Dienstreisen anzusehen sind, so dass sich Konsequenzen für die Vergütung ergeben könnten.

Manchmal wird die Anmeldung jedes einzelnen Ausflugs damit begründet, dass sich der Träger absichern muss. Dies ist ein grober Unfug, der die tägliche Arbeit mit überflüssigen Verwaltungshandlungen belastet, ohne ein Mehr an Sicherheit zu produzieren. Kein Trägervertreter kann per telefonischer Rücksprache wirklich entscheiden, welcher Ausflug noch zulässig und welcher zu verbieten ist.

Ebenso wenig nutzen allgemein gültige Dienstanweisungen mit einem genauen Zahlenverhältnis zwischen erwachsenen Begleitpersonen und mitgenommenen Kindern. Die Beantwortung der Frage, ob die Kindergruppe von einer oder von mehreren Personen begleitet werden muss, hängt von den gleichen Kriterien ab wie die Frage nach der zumutbaren Gruppengröße. Wenn keine ausdrückliche Dienstanweisung vorliegt, entscheidet die Gruppenerzieherin (im Notfall: die Leiterin). Sie muss für eventuelle Notfälle in dem Rahmen Vorsorge treffen, wie es der pädagogische Auftrag der Kita zulässt und fordert. Sicherheit und das Ziel der Entfaltung der kindlichen Persönlichkeit müssen gegeneinander abgewogen werden. Auf diesem Hintergrund bestimmt sich, was mit einer Kindergruppe unternommen werden kann oder nicht.

Pädagogisches Ziel muss sein, dass die Kinder sich selbstständig verhalten können; sie sollen lernen, Situationen zu überschauen. Der den Kindern gewährte Freiraum muss den jeweils nächsten Entwicklungsschritt zulassen. Eine Kindergruppe muss nicht in Reih' und Glied die Straße entlang marschieren oder ein Seil festhalten. Vielleicht genügt die Absprache, dass auf der Straße nicht mit Bällen gespielt und beim Vorlaufen an den Straßenecken gewartet wird, bis die Gruppe gemeinsam die Straße überquert. Bei älteren Hortkindern wird die Verabredung genügen, dass sie sich zu einer bestimmten Zeit am Zielort einfinden. Ausflüge von Kindergruppen sind ein Weg, zusammen mit den Kindern Erfahrungen zu machen. Sie sollen nicht dazu dienen, militärische Marschformen und Drill einzuüben.

Wenn eine Erzieherin nach gewissenhafter Überlegung davon ausgehen kann, dass ihre Kindergruppe außerhalb der Einrichtung Gefahren selbstständig einschätzen und aus dem Weg gehen kann, dann ist der Aufsichtspflicht Genüge getan. Die Erzieherin muss besonders berücksichtigen, dass viele Situationen den Kindern nicht bekannt sein mögen. Dies erhöht die Wichtigkeit fortdauernder Übung, der Gespräche mit den Kindern über ihr Verhalten und der schrittweisen Heranführung.

Reisen mit Kindern

Bei Reisen mit Kindergruppen haben Erzieherinnen eine gesteigerte Aufsichtspflicht, weil den Kindern und meist auch ihnen die Umgebung nicht bekannt ist. Die höhere Anforderung ergibt sich aus den allgemeinen Kriterien der Aufsichtspflicht (vergleiche S. 76f.). Das Maß der Aufsichtspflicht richtet sich u.a. nach der Beschaffenheit des Geländes, dem Bekanntheitsgrad und der Sicherheit, mit der sich Kinder und Erzieherinnen darin zu bewegen vermögen. Je unbekannter und gefahrenträchtiger ein Gelände, je vorsichtiger muss gehandelt werden.

Wenn es sich um die erste Kinderreise handelt, die diese Gruppe unternimmt, verschieben sich nochmals die Gewichte. In der Regel wird eine Erzieherin ihre Kinder kennen. Es liegt in der Natur der Sache, dass Reisen, die zur Erweiterung des Erfahrungsschatzes der Kinder durchgeführt werden oder mit denen sie neue Stufen der Selbstständigkeit erleben sollen, auch insoweit ein Risiko bergen, als dass die Erzieherin nur begrenzt vorhersehen kann, wie die Kinder auf eine ihnen nicht vertraute Umgebung reagieren. Die möglichen Folgen beginnen beim schlichten Heimweh, sie äußern sich in übergroßer Vorsicht, vielleicht in unvorsichtigem Draufgängertum oder in psychosomatischen Reaktionen. Schon vor Reiseantritt können Schwierigkeiten oder Gefahren reduziert werden. Die Erzieherin muss sich bei den Eltern über eventuelle Krankheiten (Allergien zum Beispiel) der Kinder erkundigen, um auf Hilfsmaßnahmen vorbereitet zu sein.

Wie in allen Fällen der Aufsichtspflicht und ihrer Ausübung ist es wichtig, dass die Aufsichtführenden sich über mögliche Gefährdungen Gedanken machen und sich mit ihrem Verhalten darauf einrichten.

Bei der Bemessung der Aufsichtspflicht muss ferner zwischen den Erfordernissen eines Mindestbestandes von Sicherheit und Ordnung einerseits und dem pädagogischen Ziel der freien Entfaltung der kindlichen Persönlichkeit andererseits abgewogen werden (Landgericht Berlin zur Aufsichtspflicht, Geschäftsnummer 7.0.247/75).

Auch auf Reisen mit Kindern können Sicherheit und Ordnung nur ein Gesichtspunkt unter anderen sein, der beachtet werden muss. Es empfiehlt sich, die neue Umgebung – möglichst mit den Kindern – in überschaubaren Etappen zu erkunden und gemeinsam Verhaltensregeln aufzustellen. Vorrangig zu beachten ist das pädagogische Ziel, dem die Aufsichtsüberlegungen dienen sollen. Darum können zu einer Reise auch besondere Unternehmungen gehören, wie zum Beispiel Pony reiten, Dampferfahrten, Nachtwanderungen.

Der Schutz der gesetzlichen Unfallversicherung für Kinder und Erzieherinnen gilt wie bei allen Unternehmungen der Kindertageseinrichtung.

Ein besonderes Problem stellt die Aufsicht rund um die Uhr dar. Bei Antritt der Reise verpflichten sich die Betreuungspersonen, während der ganzen Dauer der Reise die Aufsicht zu gewährleisten. Dies heißt nicht, dass nachts jeweils eine Person wach bleiben muss. Eine Erzieherin muss aber für die Kinder immer erreichbar sein, und mögliche Gefahrenquellen (zum Beispiel Feuer) müssen für die Nacht beseitigt werden. Die zu ergreifenden Maßnahmen richten sich nach dem Alter der Kinder, ihrer Verständigkeit, der Gesamtsituation am Reiseort, der Art und Weise der Unterbringung usw.

Weglaufen von Kindern

Eltern geben ihre Kinder in Kindertageseinrichtungen, damit sie in der Obhut von Erzieherinnen betreut, erzogen und gebildet werden. Manche Eltern leiten daraus ab, dass die Erzieherin die Kinder ohne Unterbrechung überwachen sollen. Sie halten dies für eine altersgemäße Fürsorge und für eine Auflage der Aufsichtspflicht. Richtig an dieser Auffassung ist die Erwartung, dass eine Erzieherin dem Grundsatz nach wissen muss, wo sich die Kinder aufhalten und was sie tun. So sollte sie wissen, wann und warum ein Kind die Einrichtung verlässt.

Aber es muss differenziert werden. Jeder Einzelfall liegt anders. Kleinstkinder beispielsweise sollten ihre Krippen oder Krabbelstuben gar nicht ohne Begleitung (»ohne Aufsicht«) verlassen. Hingegen ist es für Hortkinder durchaus sinnvoll und erforderlich, alleine oder in kleinen Gruppen zum Sportverein zu gehen oder außerhalb zu spielen (siehe Pädagogische Arbeit im Hort und Aufsichtspflicht, S. 127ff.). Kindergartenkinder sollen auf den Schulweg vorbereitet werden oder gehen fürs Gruppenfrühstück einkaufen. (siehe Pädagogische Arbeit im Kindergarten und Aufsichtspflicht, S. 102ff.). Für geplante Aktivitäten gelten im Rahmen der Selbstständigkeitserziehung die allgemeinen Grundsätze der Aufsichtspflicht. Sinnvoll ist die gemeinsame Entwicklung von Regeln, die festlegen, wann und wie Kinder ihre Einrichtung verlassen können und wann nicht. Kinder müssen erleben, dass sie mit zunehmenden Fähigkeiten mehr Rechte erhalten. Kinder, die immer eingesperrt werden, versuchen zu entkommen. Das Verfahren der Absprache ergibt sich aus der pädagogischen Konzeption, den Beteiligungsrechten der Kinder, den Verabredungen mit den Eltern und der Erfahrung der Erzieherinnen.

Trotz aller Vorsicht laufen mitunter Kinder weg – weil sie sich eingesperrt fühlen, weil außerhalb der Einrichtung interessante Dinge locken, weil sie die Erzieherinnen provozieren wollen, weil sie nach Hause möchten, weil sie Kummer haben, ... es gibt viele Gründe. Das Weglaufen ist nicht zu verhindern, selbst dann nicht, wenn man die Kindertageseinrichtung abschließt. Irgendeine Lücke findet sich immer. Doch sowieso ist eine lückenlose Kontrolle über die Kinder weder sinnvoll noch wünschenswert. Kindheit verläuft heutzutage eher zu kontrolliert. Pädagogik muss dagegen Freiräume eröffnen und Vertrauen in die Kinder setzen. Der pädagogische Auftrag der Erziehung zur Selbstständigkeit und Eigenverantwortung muss mit dem Mindestmaß an Sicherheit umgesetzt werden. Was also tun?

Prävention, Vorbeugung ist als Rat immer wohlfeil, doch lassen sich einige Gründe, warum Kinder fortlaufen, tatsächlich voraussehen. Mit entsprechenden pädagogischen Aktivitäten kann dann vorgebeugt werden. Greifen wir die Beispiele des letzten Absatzes noch einmal auf!

- Wenn Kinder sich eingesperrt (oder eingeengt) fühlen, muss ihr Handlungsraum erweitert werden.

- Wenn außerhalb der Einrichtung interessante Dinge locken, muss ihnen nachgegangen werden. Neugierige, wissbegierige Kinder sind ein Schatz; sie brauchen Anregungen.
- Wenn Kinder ihre Erzieherin provozieren wollen, müssen die Gründe herausgefunden und die Beziehung ins Lot gebracht werden.
- Wenn Kinder nach Hause gehen möchten, ist es vielleicht zu langweilig, haben sie vielleicht Angst um ihre Eltern, fühlen sie sich in der Kita vielleicht nicht heimisch genug.
- Wenn ein Kind Kummer oder Ärger hat, will es vielleicht einfach nur mal für sich sein.
- Hinter jedem Weglaufen steckt ein Bedürfnis, für das es in einer Kindertageseinrichtung eine Möglichkeit zu seiner Realisierung geben sollte.

Ist aber ein Kind aus der Einrichtung weggelaufen, so muss schnell und trotzdem gründlich nachgedacht sowie koordiniert gehandelt werden. Die jeweils richtigen Reaktionen sind nur aus der Situation selbst zu entwickeln. Es sind das Alter der Kinder, ihre Fähigkeit, sich im Verkehr zurechtzufinden und der vermutliche Grund des Weglaufens zu berücksichtigen. Wenn zum Beispiel ein zehnjähriges Hortkind die Einrichtung verlässt, weil es gegen den Willen der Erzieherin auf einen Jahrmarkt in der Nähe gehen will, so wird es in der Regel reichen, die Eltern zu informieren. Wenn genügend Erzieherinnen anwesend sind, sollte eine auf dem Jahrmarkt nachschauen und versuchen, das Kind zur Rückkehr zu bewegen. Läuft hingegen ein dreijähriges Kind nach einem heftigen Streit davon, muss die zuständige Erzieherin sofort nach dem Kind suchen bzw. es suchen lassen.

Juristisch ist die Erzieherin nur verpflichtet, im Rahmen ihrer Möglichkeiten darauf zu achten, dass die Kinder nicht unbeaufsichtigt bzw. ohne Absprachen die Einrichtung verlassen. Die Erzieherin ist nicht verpflichtet, selbst nach dem weggelaufenen Kind zu suchen, denn sie darf in der Regel die anderen Kinder nicht unbeaufsichtigt lassen. Sucht sie das Kind nicht selbst, muss sie auf jeden Fall so schnell wie möglich die Eltern informieren. Zusätzlich muss sie die Polizei verständigen und das Kind suchen lassen, wenn nach ihrer Ansicht das Kind die Anforderungen auf der Straße nicht allein bewältigen kann. Günstig ist es in jedem Fall, wenn alle Mitarbeiterinnen der Kindertageseinrichtung sich (vorher) verständigt haben, wie sie auf das Weglaufen eines Kindes arbeitsteilig reagieren wollen.

Der Erzieherin kann nur dann ein Vorwurf gemacht werden, wenn sie hätte absehen können, dass das Kind wegläuft, und wenn sie darauf nicht reagiert hat. Wichtig ist, dass Eltern, Erzieherinnen und Träger sich klar machen, dass eine totale Sicherheit nicht wünschenswert und auch nicht möglich ist. Pädagogische Einrichtungen, aus denen kein Kind mehr entkommen kann, sind keine – sie gleichen Gefängnissen.

Ein Problem in diesem Zusammenhang stellt die Frage des Versicherungsschutzes der gesetzlichen Unfallversicherung (GUV, siehe S. 193) dar. Kinder sind auf den Wegen von und zur Kindertageseinrichtung versichert, wenn es sich um den üblichen Weg im zeitlichen Zusammenhang mit dem Besuch der Einrichtung handelt.

Zwei Varianten, Weg und Zeit sind zu beachten. Läuft ein Kind nach Haus, besteht der Versicherungsschutz. Üblicherweise (jeden Tag, auch in Begleitung der Eltern) beginnt und endet der Schutz der gesetzlichen Unfallversicherung mit dem Weg von und zur Kindertageseeinrichtung an der Außentür des Wohnhauses. Diese Regelung ist eindeutig.

Kompliziert wird es durch den Zeitaspekt. Bis hin zur Bundesebene hatten Sozialgerichte einen Fall zu entscheiden, in dem ein knapp vierjähriges Kind ohne Kenntnis seiner Erzieherin fortgelaufen, in sein Wohnhaus gelangt und dort aus einer höheren Etage hinab gestürzt war. Das Kind wurde schwer verletzt. Handelte es sich um einen Wegeunfall (Zuständigkeit GUV) oder nicht?

Das Bundessozialgericht entschied als oberste Instanz, dass der gesetzliche Versicherungsschutz zum Zeitpunkt des Unfalls bestand, weil das Kind die Einrichtung nicht erlaubt verlassen hatte. Deshalb stand es in Obhut der Einrichtung und prinzipiell unter Aufsicht der Erzieherin. Auch wenn ihr kein Vorwurf zu machen ist, ändert dies doch nichts daran, dass das Kind sich zu dieser Zeit in ihrer Zuständigkeit befand. Aus dem Urteil des Bundessozialgerichts (B 2 U 20/97 R), gekürzt: Wird ein Kind in die Obhut einer Kindertageseinrichtung gegeben, dauert diese Obhut aufgrund des Betreuungsvertrages bis das Kind sie in erlaubter Weise wieder verlässt. Erlaubt heißt hier, es wechselt wieder in die Obhut der Personensorgeberechtigten oder einer beauftragten Person oder das Kind verlässt mit Einverständnis seiner Eltern die Einrichtung allein. Der Unfallversicherungsschutz folgt der Obhutspflicht des Kindergartens, besteht also so lange und in dem Umfang, wie sich diese zeitlich und räumlich erstreckt.

Grundlage ist seit 01.01.1997 der § 2 Abs. 1 Nr. 8 Buchstabe a SGB VII (Gesetzliche Unfallversicherung). Das Erfordernis der Zusammenarbeit von Fachkräften und Eltern zum Wohl des Kindes bestätigt [inzwischen] § 22a Abs. 2 SGB VIII. Zum Betreuungsauftrag gehört die Gewährleistung einer lückenlosen Obhut für das Kind. Dieser öffentlich-rechtlichen Aufgabe muss der gesetzliche Unfallversicherungsschutz folgen.

Durch das unerlaubte Verlassen befand sich das Kind weiter im Betreuungskreis des Kindergartens, weil es nicht mit Erlaubnis der Eltern die Einrichtung verlassen hatte. Es stand weiter unter dem gesetzlichen Versicherungsschutz. Auf die Frage, ob eine Mitarbeiterin des Kindergartens (Erzieherin) ein Verschulden trifft, kommt es für die Beurteilung des Fortbestehens des Unfallversicherungsschutzes nicht an. Auch das Durchschreiten der Haustür stellte keinen automatischen Wechsel in den Obhutsbereich der Eltern dar. Das zum Unfall führende Verhalten des Kindes stand daher im inneren Zusammenhang mit seiner versicherten Tätigkeit, so dass das Ereignis versicherungsrechtlich als Arbeitsunfall anzusehen ist.

In der Regel: ungeeignet!

Über den üblichen Umgang mit der Aufsichtspflicht[69]

Als erstes stelle ich die Regel auf: Wer bis hierher gelesen hat, muss diesen Artikel zu Ende lesen! Wenigstens probieren könnten Sie doch! Bitte. Bitte, bitte! Warum denn nicht? Weil die Regel unsinnig ist? Genau! Dies aus zwei Gründen. Erstens ist der Inhalt absurd; zweitens ist die Konstruktion nicht sinnvoll.

Der Inhalt: Kennzeichen vieler Regeln, insbesondere der nicht eingehaltenen, ist ihre Absurdität. Sie geben inhaltlich nichts Vernünftiges her. Eine Person, die die Regel aufstellt, möchte zwar etwas erreichen, doch gibt beispielsweise meine Bedingung »anfangen zu lesen /beenden müssen« keinen Sinn. Kinder haben dafür ein feines Gespür. Dem Erwachsenen bleibt dann nur noch zu drohen oder zu flehen, um seine Absicht umzusetzen. Die Regel jedoch ist überflüssig. Übertretene Regeln gehören deshalb auf den Sinnzusammenhang überprüft, nicht die Kinder besser angepasst!

Die Konstruktion: Meine Regel zum Beispiel war einseitig gesetzt. Solche Regeln funktionieren, wenn überhaupt, nur aus einer Machtposition heraus. Die ist einem Autor gegenüber seinen Leserinnen nicht gegeben. Gesetzte Regeln sind Vorschriften. Wer sie anders nennt, versteckt sich und seine Absichten.

Wenn Sie sich an meine Regel halten, weil Sie es wollen, habe ich Glück gehabt. Um das Glück nicht zu versuchen, könnte ich diese Regel vorher mit Ihnen abgesprochen haben. Gegenseitig abgesprochene Regeln aber sind soziale Übereinkünfte. Sie setzen auf Konsens, Vernunft und Partnerschaft. Solche Regeln nennt man Absprachen.

Mit dieser Unterscheidung könnten Klarheit und Handlungssicherheit in die Welt, zumindest die Welt einer Kindertageseinrichtung, gebracht werden. Die Unterscheidung hilft jeder Erzieherin spätestens, wenn jemand mit einer als Regel getarnten Vorschrift beeindrucken will. Wenn sie selber schwankt zwischen »Vorschrift setzen« und »Übereinkunft erzielen«, dann kann sie überlegen, was sie damit tatsächlich erreichen will.

Übereinkünfte sind tragfähiger

Ein Beispiel: In einer akuten Gefahrensituation gibt es keine Zeit zum Aushandeln. Es kann trotzdem als Konsens zwischen Erzieherin, Eltern und Kind vorausgesetzt werden, dass das Kind unverletzt bleiben soll. Doch selbst, wenn darüber kein Konsens besteht, gebietet es die Vernunft, dass in einem solchen Fall partnerschaftliche Absprachen hintan stehen. Die Vorschrift hat dann Vorrang vor einer Übereinkunft, denn Sicherheit hat hier Vorrang.

69 Erstveröffentlichung in: Theorie und Praxis der Sozialpädagogik. Heft 4/1998

Aber nicht immer! Völlige Gefahrenfreiheit kann gar nicht hergestellt und darf nicht zum Ziel pädagogischer Arbeit werden. Freie Entfaltung der Kinder birgt Risiken, für sie selbst, für die Eltern und die Erzieherin. Die Risiken kalkulierbar zu gestalten, dafür sind soziale Übereinkünfte (Absprachen) zwischen Erzieherinnen, Kindern und Eltern eine tragfähige Möglichkeit. Sie allein führt zu den bekannten Zielen der Erziehung: Selbstständigkeit, Verantwortung und Handlungskompetenz.
Ein Beispiel hierfür: In vielen Kindertageseinrichtungen gibt es die »Regel«, dass nur drei, vier oder fünf Kinder allein im Garten oder in der Bauecke spielen dürfen. Damit soll meistens erreicht werden,

- dass die Kinder ruhig (= ohne Streit) spielen können oder
- dass die Gruppe überschaubar ist (für die Erzieherin) oder
- dass scheinbare Vorschriften der Aufsichtspflicht eingehalten werden.

Was lernen die Kinder bei Anwendung dieser Vorschrift? Bis drei oder vier oder fünf zu zählen. Was aber könnten sie lernen, wenn sie durch die Erzieherin auf das Wesentliche vorbereitet würden? Sie könnten lernen, dass man sich mit jedem auseinandersetzen muss, der anders spielen will als man selbst. Sie lernen dann, ihre Interessen zu behaupten; sie lernen, mit Interessenkonflikten umzugehen, nicht sie zu vermeiden. Warum sollen Kinder ohne Streit spielen? Das ist doch völlig lebensfremd! Hier hilft die Unterscheidung zwischen Vorschrift und Übereinkunft nicht weiter, sondern nur die Überprüfung der eigenen Erziehungsziele und -methoden.

Die vorgestellte Baueckenregel ist für ein Kind absurd, weil es weiß, dass Streit schon mit einem zweiten Kind entstehen kann. Kinder ahnen, dass die Überschaubarkeit der Gruppe vorwiegend der Bequemlichkeit der Erwachsenen dient. »Regeln aushandeln« ist für Kinder untereinander ein sehr ernstes Spiel. Zwischen Kindern und Erwachsenen geht das nicht besonders gut. Erwachsene sind zu dominant oder zu ungeduldig, wollen eine schnelle und bequeme Lösung. Eltern und Träger zu erklären, dass es nicht Aufgabe einer Erzieherin ist, bloß »eine Situation zu regeln«, sondern dauerhaft selbstverantwortetes Verhalten entwickeln zu lassen und dafür ein entsprechendes Klima zu schaffen, ist ein schwieriges Geschäft. Um so mehr, als viele Träger und Eltern glauben, sie würden mit Regeln/Vorschriften viel erreichen und vieles unterstützen.

Ähnlich wie die Baueckenregel gibt es häufig die Trägervorschrift, dass eine Erzieherin nur mit 10, 15, 20 Kindern allein in den Garten gehen darf. Die Vorschrift ist bequem überprüfbar, doch nicht hilfreich für die Erziehung und die Aufsichtsführung. Manchmal ist eben schon das zweite Kind und manchmal jede Erzieherin zuviel. Die Vorschrift des Trägers schränkt die Eigenverantwortlichkeit der Erzieherin ein. Das ist gefährlich, denn die Verantwortung für die Gruppe trägt immer sie selbst. Wenn sie stur dem Träger folgt, ohne auf die konkrete Situation zu achten, kann die Erzieherin sich einzig darauf berufen, seine Regel eingehalten zu haben. Damit erfüllt sie nicht alle erforderlichen Erziehungs- und Aufsichtskriterien, sondern »nur« eine Arbeitsanweisung eines ängstlichen Trägers.

Macht begrenzen

Permanente Überschaubarkeit soll Macht und Einfluss auf Verhalten sichern. Das gilt im Strafvollzug, beim Militär und im Kindergarten, überall. Erwachsene sind Kindern gegenüber in dieser Hinsicht im Vorteil. Erwachsene haben die Überwachungs-Macht, Kinder nicht. Aber der Größenvorteil eines Erwachsenen für die Überwachung von Kindern wird dann zum Nachteil, wenn diese Überwachung nicht gewollt ist, weil man Kindern Freiräume zugestehen will. Pädagogische Ziele, alle Kindergartengesetze, die Aufsichtspflicht und die Professionalität von Erzieherinnen fordern Freiräume für Kinder. Die Erzieherin muss deshalb überlegen, wie sie das Machtverhältnis begrenzen will, und sich mit denen auseinandersetzen, die eine permanente Überwachung fordern. Das ist risikobeladen. Da scheint es manchmal einfacher, einschränkende Regeln für Kinder aufzustellen. Was dabei jedoch nicht vergessen werden darf: Wer Regeln aufstellt, muss sie überwachen! Das verändert das Berufsbild, ist das gewünscht?

Meist gelten alle Regeln für alle Kinder. Warum eigentlich ist es in Kindergruppen unüblich, individuelle Regeln zu entwickeln? Ist es (siehe oben) die Bequemlichkeit? Ist es ein Gleichheitsanspruch? Den würde ich allerdings lieber Gleichheitswahn nennen, denn kein Kind gleicht dem anderen. Wenn sie es wären, müssten sie erst recht unterschiedlich behandelt werden, denn sie sollen zur Individualität erzogen werden. Absprachen zwischen zwei Personen sind »in der Regel« verbindlicher als in Gruppen. Daraus ließe sich pädagogisches Kapital schlagen. Ein Kind darf allein einkaufen gehen, das andere fährt Fahrrad auf dem Gehweg vor dem Kindergarten, das nächste muss heute in der Obhut der Erzieherin bleiben. Das ist individuelle Erziehung, die mit der Aufsichtspflicht vollkommen in Übereinstimmung steht, weil sie den unterschiedlichen Stand von Kindern berücksichtigt und weil im Einzelfall entschieden wird, gerade wie es die Ethik der Erziehung fordert. Alles andere ist von Gleichmacherei nicht zu unterscheiden. Soziales Verhalten im Sinne von Unterordnung des eigenen Interesses unter das gemeinsame wird anders gelernt.

Angst verhindert Zutrauen

Erziehung heißt Risikobereitschaft und setzt Zutrauen voraus, damit daraus Vertrauen wachsen kann. Angst verhindert Risikobereitschaft. Angst verhindert Zutrauen, entzieht dem Vertrauen den Nährboden. Wer Angst um andere hat, kann oft nicht genug Vertrauen in die eigenen Fähigkeiten entwickeln, kann Kindern nur begrenzt ein Vorbild sein.

In Seminaren wird mir gesagt: »Die Angst um die Kinder zwingt zur Aufstellung von Regeln.« Gemeint sind Vorschriften, praktisch sind es Verbote. Zugunsten der Einschränkung möglicher negativer Erfahrungen werden mögliche positive ausgeschlossen. Dies Verfahren wird als allgemeingültige Selbstverständlichkeit ebenso selten hinterfragt wie in Theorie und Praxis über Möglichkeiten der Erarbeitung entwicklungsfördernder Gebote nachgedacht wird. Können aber Erwachsene (Eltern wie Erzieherinnen) elementare Erfahrungen von Kindern auf Dauer verhindern? Der Versuch widerspricht dem Erziehungsauftrag. Die Lebenspraxis zeigt, dass Erwachsene nicht einmal einen objektiv richtigen Zeitpunkt für eine beliebige Erfahrung bestimmen können, also sollten sie sie zulassen und fördern, sobald sich die Chance dazu bietet.

Die Angst um die Kinder stellt sich nach solcher Diskussion als Angst vor Rechtfertigung vor den Eltern dar. Das hieße: Die Angst der Erzieherin vor den Eltern lässt sie die Kinder einschränken. Die Angst vor Rechtfertigung ist Angst vor Auseinandersetzung und Unsicherheit, den eigenen Standpunkt zu behaupten. Wenn nicht gar Angst vor Übernahme von Verantwortung eine Ursache davon ist, so zumindest Unsicherheit vor deren offensiver Darstellung. Selbstbewusste Erzieherinnen sagen nicht: »Ich habe aber die Verantwortung!«, sondern: »Ich habe die Verantwortung. Aus ihr heraus versuche ich, Risiken so zu gestalten, dass ein Zuwachs an Erfahrung, Zutrauen und Vertrauen für Kinder, Eltern und mich möglich wird.«

Utopie und Wirklichkeit – getrennt durch das Damoklesschwert Aufsichtspflicht?[70]

Eine sendereife Filmszene: Das Kameraauge fängt eine Art Traumhaus ein, fährt auf die Eingangstür und bleibt kurz an der daneben angebrachten Tafel hängen. Kindergarten steht dort geschrieben. Kindergarten, und darunter in leuchtenden Buchstaben Garten für Kinder.

Die Kamera wird gehoben, lugt über das Dach, zeigt, was bisher verborgen war. Wir sehen große, starke und kleinere Bäume, gerade und verästelte, mit Laub oder Nadeln, mit Obst oder anderen Früchten. Kinder klettern an ihnen hoch, binden sich gegenseitig daran fest, schaukeln oder laufen im Slalom drumherum. Die Kamera wird geschwenkt. Fast sieht es so aus, als irre sie umher, doch soll nur die Weitläufigkeit des Geländes umrissen werden. Es gelingt nicht ganz, zu groß ist die Grundfläche. Viel Platz zum Spielen, kein Spielplatz. Nahe den Bäumen liegt eine Wiese: wilde Blumen, wucherndes Kraut; das Gras knietief, aber auf Teilflächen geschoren für Ball- und Kreisspiele. So groß das Gelände ist, so wenig fällt die Weite auf. Viele Hecken unterteilen die Bereiche. Büsche und Sträucher bilden an mehreren Stellen einen schier undurchdringlichen Dschungel, der überall seine Ableger und Kolonien gebildet zu haben scheint. Drinnen: Höhlen, Nestern gleich, ein sicherer Hort. Von hier aus schauen Kinder auf andere, die am vorbei fließenden Bach kleine Dämme bauen. Hölzchen sollen um die Wette schwimmen. Ab und zu wird ein Damm geöffnet, dann geht die Fahrt rasend schnell. Weiter unten hat sich eine Riesenpfütze, fast schon ein Teich, gebildet. Hier wird Wasser mit Sand umgegraben, im Matsch wird geformt und gebaut. Dazwischen werden Holzplanken zu Stegen gelegt. Links neben dem Hügel, der im Winter zum Schlitten fahren dient und von dem sich jetzt einige Kinder herunter rollen oder mit ihren Dreirädern herunter zu fahren versuchen, weiter hinten also, fängt die Kamera eine Feuerstelle ein, schwenkt jetzt kurz zur Pumpe, wo...

»Halt,halt, halt! Das ist ja nicht zum Aushalten! Hat man je so etwas gesehen?« schreit der Produktionsleiter seine Mitarbeiter an. »So einen Blödsinn glaubt uns kein Mensch! War denn niemand vorher in einem normalen Kindergarten? Hat sich niemand umgesehen? Das jedenfalls können wir nicht senden. Lasst mal die MAZ abfahren, dann zeige ich Euch, warum.«

Kinder sind keine Engel

Die Magnetaufzeichnung läuft. Die Szenerie kennen wir und auch die Kameraführung. Wir sehen genau das gleiche wie zuvor, nur größer. Durch einen Trick ist die Kameralinse auf Einzelheiten eingestellt. Als erstes zeigt sie uns das Schild an der Eingangstür. Die Worte Gar-

70 Erstveröffentlichung in: Theorie und Praxis der Sozialpädagogik. Heft 2/1989

ten für Kinder sind nur angesprüht. Dahinter prangt ein Fragezeichen. Bei den Bäumen werden einzelne Kinder und kleine Spielgruppen gezeigt. Hier wirft ein Kind einem anderen ein Stück Fallobst an den Kopf, dort bricht ein Zweig ab, als jemand versucht; auf einen Baum zu gelangen, um eine Schaukel zu befestigen; hier bröselt ein Kind Rinde von einem Baum, dort liegt eine Schnur fast am Hals eines gefesselten Kindes. Bei den Büschen pflücken zwei Kinder dunkle Beeren und Blätter, essen sie. Auf der Wiese liegen einige Jungen und Mädchen mit ihren Puppen und Teddys, andere pflücken Blumen für »zu Haus«. Makroaufnahme: Wespen und Bienen umschwirren die Kinder. In einer Höhle, weit zurückgezogen, drei weitere Kinder. Eines ist vollkommen nackt. Sie spielen »Dschungelarzt«, untersuchen, horchen ab, verbinden und kommen wohl um eine Impfung oder Injektion nicht herum, denn sie hantieren mit einem spitzen Gegenstand. Am Bach kniet ein Kind halb im Wasser. Es ruft seinen Freund, der die Hölzchen für die Wettfahrten vom nächsten Strauch abbricht. Unten am Teich stehen sie bis zu den Knöcheln im Schlamm und beginnen nun auch noch, Pampe ins Wasser zu werfen, so dass es heftig spritzt und dunkle Flecken auf Haut und Kleidung hinterlässt. Ein Kind ärgert sich darüber und holt drohend mit einer Latte aus. Sein Gegenüber lässt sich nicht zweimal auffordern und ergreift die Gelegenheit sowie gleichfalls eine Latte. Nun beginnt ein Fechtkampf. Dazwischen läuft ein Kind durchs Bild: auf der kurzen Suche nach einem geeigneten Versteck. Die Unübersichtlichkeit des Geländes ist sein Partner.

Was fixiert die Kamera jetzt? Fassungslos, fast aufgelöst, einen schnellen Schritt hierhin, einen anderen dorthin andeutend, so als wüsste sie nicht wohin zuerst: eine Erwachsene. Sie versucht einen Ruf, doch der erstirbt ihr auf den Lippen. Sie kann bloß noch murmeln: »Ich sehe nicht mehr alle meine Kinder. Bei denen, die ich sehen kann. kann ich es nicht mit ansehen. Wie soll ich da die Aufsicht führen?«

Die Zeit des »Lüftens« muss überwacht werden

Schnitt. »Sehen Sie, meine Herrschaften, das wäre der Alltag in Ihrem Kindergarten. Sie sollten besser aufpassen, sonst zeigen Sie das heile Weltbild der Kindergarten-Phantasten, das Bild der Planer, Theoretiker und Schwätzer und nicht das Bild der Praxis. Die Wirklichkeit sieht aus, wie sie Sie eben in Großaufnahmen beobachten konnten.

Apropos Praxis. Haben Sie wirklich jemals einen Kinder-Garten gesehen? Wenn das so toll wäre, wie Sie glauben machen wollten, dann gäbe es so etwas schon längst. Der Garten, den Sie zeigten, ist überhaupt nicht kindgerecht, sondern gefährlich. Er erschwert die Aufgabe der Kindergärtnerin, die Aufsicht zu führen und die Kinder vor Schaden zu bewahren. Deshalb sind Freiflächen möglichst übersichtlich und kontrollierbar, gesandet und geordnet. Da gibt es kein Verstecken. Die Kinder sollen immer im Auge behalten werden. So etwas strengt die Erwachsenen natürlich an. Zur Entlastung gehen immer alle Kinder und Kindergärtnerinnen zusammen an die frische Luft – und zwar eine halbe Stunde zwischen Beschäftigung und Heimweg. Mehr schadet den Kindern sowieso.«

Angenommen, diese Ideen rührten nicht aus bloßer Gewohnheit oder Gedankenlosigkeit, sondern sind Ausdruck einer reflektierten Einstellung, dann deutet dies darauf hin, dass dieser Produktionsleiter Kinder als hilflose und im Grunde unfähige Wesen ansieht, die durch Aufsicht daran zu hindern sind, Schaden anzurichten. Der Erwachsene muss die Kinder jederzeit vor allen Übeln bewahren. Er muss die Zeit des Lüftens überwachen.

Eine Gegenposition vertreten möglicherweise die von ihm so heftig gescholtenen Mitarbeiterinnen, vorausgesetzt, sie haben ihr Kindergartenbild weder aus Gedankenlosigkeit noch aus dem Streben nach heiler Kinderwelt gezeigt.

Die Kinder in der ersten Szene spielen allein, die Erzieherin spielt keine Hauptrolle. Die Kinder entscheiden, was und wo und mit wem sie spielen. Sie können Raum und Zeit einteilen, miteinander auskommen und ihre Geschicklichkeit erproben. Weil in den Bildern nicht permanent auf die Gefährlichkeit des kindlichen Tuns hingewiesen wird, können wir annehmen, dass solche Gefahren den Kindern zugetraut und als erwünscht angesehen werden. Die pädagogische Arbeit wird hierbei als Bereitstellung von Möglichkeiten gesehen, nicht als deren Begrenzung, auch nicht als Einschränkung durch Draufsehen.

Diese hier schwarz-weiß gegenüber gestellten Positionen gibt es natürlich in der Realität in vielfältigen Schattierungen. Gewiss, die Nuancen zu bemerken, kann ein genaueres Bild ergeben; der bloße Hinweis darauf kann auch vom eigentlichen Problem ablenken. Das Problem heißt: »Welche Pädagogik vertrete ich, welche Aufsichtsführung traue ich mir zu?« Weil Wahrnehmung Kontrast braucht, bleibe ich bei den zwei gegenübergestellten Bildfolgen.

Falscher Maßstab »Sicherheit«

Der Produktionsleiter beschreibt die Regel in der Kindergartenlandschaft. Die »Gärten« sind übersichtlich gestaltet und werden entsprechend genutzt, angeblich um die Kinder zu schützen. Wovor denn bitte schön? Es gibt kaum sicherere Gebäude als Kindergärten. Zaun drumherum, drinnen alles normiert, sichergestellt vom Handtuchhaken bis zur erlaubten Bepflanzung. Trotzdem geschehen Unfälle in Kindergärten. Es muss nicht »trotzdem« heißen, sondern »deshalb«, weil Kinder in vermeintlicher Sicherheit gewiegt werden, weil sie nicht zum Umgang mit Gefahren erzogen werden, sondern davor bewahrt werden sollen. Bei vielen Erzieherinnen hat sich die »Sicherheit der Kinder« als falscher Maßstab ihrer Arbeit durchgesetzt. Das ist unkorrekt ausgedrückt. Das Ver- und Absicherungsdenken hat sich als Maßstab durchgesetzt. Sicherheit und Pädagogik werden in einen Gegensatz gebracht. Kurzformel hierfür ist die Aufsichtspflicht, die plötzlich die Oberhand über das pädagogische Denken erlangt. Doch die Pflicht zur Beaufsichtigung ist nur ein Teil der pädagogischen Arbeit. Sie ist eine Nebenpflicht und dient dazu, sicher zu stellen, dass die Erziehungsziele erreicht werden können.

Die Aufsichtspflicht soll die Erziehung zur Selbstständigkeit fördern – nicht behindern

Ein wichtiges Ziel der pädagogischen Arbeit im Kindergarten ist die Selbstständigkeit. Zu ihr gehört die Fähigkeit, sich seine Zeit selbst einteilen und Freiräume nutzen zu können. Besonders in einer Zeit, in der zu befürchten ist, dass die gesamte Kindheit durch Erwachsene verplant wird, haben Pädagoginnen die Aufgabe, Gegengewichte an der Wippe zu befestigen und sich nicht noch selbst ans schwere Ende »Einschränkung« anzuhängen. Die Aufsichtspflicht soll helfen, die Erziehung zur Selbstständigkeit zu fördern und nicht zu behindern. Werden Aufsicht und Sicherheit zu Bestimmern der pädagogischen Praxis, dann haben Erziehungsmittel und -prinzipien die Ziele der Erziehung verdrängt und weniger Wichtiges ist vor die eigentliche Aufgabe getreten. Das ist, als würden Opernkarten eigens dafür verkauft, statt der Aufführung die Notausgänge und die Sicherheitsbeleuchtung zu zeigen.

Wie wird unser Film weitergehen? Machen wir uns eigene Bilder! Kinder erfahren, dass Blätter und Beeren bitter schmecken und spucken sie aus; bei Wespen und Bienen helfen Ruhe oder ein paar Schritte zur Seite; die Kleidungsstücke kommen in die Waschmaschine; zwar wachsen die Zweige nicht wieder an, doch stirbt der Baum nicht davon; zwei Kinder fechten miteinander, üben ihre Motorik und ihr Sozialverhalten, denn vertragen kann sich nur, wer miteinander gestritten hat; die Schlinge liegt nur im Spiel am Hals.

Diese Bilder sind mir allemal lieber, als die von Erzieherinnen, die die Schlinge der Daueraufsicht um den Hals der Kinder legen, weil sie glauben, nur so können sie ihren eigenen Kragen retten. Dabei unterscheide ich, ob die Einschränkungen aus Angst und Unsicherheit, aus Ratlosigkeit oder abweichenden pädagogischen Zielen vorgenommen werden. Für die Kinder aber spielen die Unterschiede kaum eine Rolle. Ich meine, dass Kinder im Kindergarten die Freiräume erhalten müssen, die ihnen außerhalb inzwischen verwehrt sind. Die Angst einer Erzieherin, nicht jederzeit zu wissen, wo und womit ein Kind sich gerade beschäftigt, ist auf Dauer kein hinreichender Grund für einschränkende Aufsicht. Der Hinweis auf mögliche Schäden ebenfalls nicht. Sie beweisen eher die Kreativität der Kinder, trotz Einöde noch etwas Spannendes zu tun. Ein Kinder-Garten, der den Kindern gehört, muss praktisch jederzeit zu ihrer Verfügung stehen. Er benötigt kein Fragezeichen auf dem Schild an der Eingangstür.

Was wir nicht wollen, dürfen wir nicht! Aufsichtspflicht – Ohnmacht oder Ausrede?[71]

Vor einigen Jahren stellten wir die Frage »Aufsicht aus Angst oder Bequemlichkeit?«[72] und damit die Beobachtung zur Diskussion, dass einerseits für jede Erzieherin gilt »Angst vor der Aufsichtspflicht braucht keiner zu haben, der sich einigermaßen um fachlich begründetes Handeln bemüht«[73], dass jedoch andererseits das Reizwort Aufsichtspflicht wie kein anderes Unsicherheit auslöst.

Bei offensichtlich seltenen Konsequenzen für Erzieherinnen einerseits, bei (unangemessen) hoher Angst vor Folgen andererseits und im Wissen um die fachliche Qualifikation von Erzieherinnen, die in den meisten Fällen sich nicht nur um ein »fachlich begründetes Handeln bemühen«, sondern es tatsächlich auch tun, stellten wir unsere These auf: Das Argument »Angst vor Aufsichtspflichtverletzung« wird als Killerargument missbraucht!

Verbreiteter Informationsmangel über Hintergründe und Folgen der Aufsichtspflicht konnte nicht allein die Ursache für alle Befürchtungen sein. Wir fanden einen anderen gemeinsamen Nenner. Wir vermuten, dass der Begriff der Aufsichtspflicht oft gebraucht wird, wenn eine Auseinandersetzung vermieden werden soll, wenn es günstiger, bequemer und gefahrloser erscheint, aus einer Konfliktsituation herauszukommen.

Im Folgenden fassen wir nochmals unsere Argumente zusammen. Die erste These kann missverstanden werden: Sie ist von uns nicht frauenfeindlich gemeint! Wir behaupten nicht, dass es so sein muss, wir stellen bedauernd fest.

Im Anschluss an die Begründungen unserer These diskutieren wir das letzte uns bekannte Urteil zur Aufsichtspflicht. Wir heben die Untauglichkeit von Regelungen hervor, die für alle Fälle gelten sollen und in Wirklichkeit Auseinandersetzungen verhindern und somit zu Killerargumenten gegen pädagogisches, eigenverantwortliches Handeln der Erzieherinnen werden. Wir plädieren hingegen für offensives Arbeiten sowohl auf Seiten der Träger als auch der Erzieherinnen, was unseres Erachtens AUF lange SICHT die beste Aufsicht darstellt.

Sind Frauen ängstlicher?

Der Erzieherinnenberuf ist ein Frauenberuf. Frauen wurden meist zur Mutter erzogen, zur Beschützerin der Kinder, eher zur Zurückhaltung und zum Bewahren als zu Draufgängertum und Auseinandersetzung. Die in den Aufsichtspflichtregelungen enthaltene Verpflichtung, die

71 Verfasst mit Gerd Harms in: Welt des Kindes. Heft 3/1986

72 F.I.P.P.: Aufsicht aus Angst oder Bequemlichkeit. In: Theorie und Praxis der Sozialpädagogik. Heft 3/1982

73 Mörsberger, T.: Die Angst vor der Aufsichtspflicht. In: Theorie und Praxis der Sozialpädagogik. Heft 6/1980

Kinder vor Schaden zu bewahren, spricht damit Anteile der Sozialisation der Erzieherinnen an, die dazu führen, dass sie Kindern Möglichkeiten nehmen, Risiken abschätzen zu lernen, indem sie gefahrenträchtige bzw. ihnen unangenehme Aktivitäten abblocken und diesen Schritt mit der Aufsichtspflicht begründen.

Dies gilt u.E. für Aktivitäten, die handwerkliche oder körperliche Fähigkeiten erfordern, wie der Umgang mit richtigem Werkzeug. Die Erfahrungen von Kindergruppen, die im Vorschulalter den richtigen Gebrauch üben durften, beweisen, dass Kinder sich nicht bei erster Gelegenheit aus Ungeschicklichkeit oder absichtlich die Köpfe einschlagen. Diese Erfahrungen beweisen zwar nicht die Falschheit der Argumente »das können Kinder nicht« bzw. »das ist zu gefährlich für meine Kinder«, sie beweisen nur, dass in diesen Fällen Kinder am Erlernen solcher Fähigkeiten gehindert wurden. Hier scheint eher ein Problem der Erzieherinnen vorzuliegen als eine Unfähigkeit der Kinder.[74]

Sind Ausreden einfacher?

Die Reform des Kindergartens stellte mit der Vielzahl pädagogischer Ansätze nicht nur eine Konfrontation mit Althergebrachtem dar, sondern bedeutete im Nebeneinander teilweise sich widersprechender Anforderungen oft genug eine Überforderung der Erzieherinnen, die sie ohne entsprechende Hilfestellung nicht bewältigen konnten.

Im Wirrwarr pädagogischer Überlegungen hilft das Argument von der Aufsichtspflicht, der man nicht genügen kann, als Entlastung von ständig neuen Anforderungen. Inhaltliche Argumente prallen an diesem Schild ab, der einerseits Schutz vor drohenden Überforderungen bietet, andererseits auch bedauerlicherweise die Möglichkeit, sich der Auseinandersetzung zu entziehen.

Sind Zäune sicherer?

Die Umsetzung der pädagogischen Anforderungen wird von vornherein erschwert durch den institutionellen Charakter des Kindergartens bzw. der Kindertagesstätte. Erzieherinnen arbeiten in der Regel in einer geschlossenen Institution, nahezu alle Einrichtungen sind durch einen Zaun und die geschlossene Eingangstür gekennzeichnet.[75] Für die Kinder bedeutet die Abschottung nach außen eine unzulässige Behinderung ihrer Entwicklungsmöglichkeiten. Erzieherinnen, die sich an die geschlossene Institution gewöhnt haben, verstellen sich den Blick auf die Möglichkeiten durch die Öffnung mit dem Argument der Aufsichtspflicht.

Sind andere Beschäftigungen bequemer?

Warum sollten Erzieherinnen solche Aktivitäten gegen die genannten Schwierigkeiten entwickeln? Auch sie sind Lohnarbeiterinnen! Es ist bekannt, dass derjenige, der seine Arbeitskraft gegen Lohn verkauft, in aller Regel nicht mehr arbeitet, als er laut Arbeitsvertrag ver-

74 F.I.P.P. (Preissing, Ch./Best, U.): Mädchen in Erziehungseinrichtungen. In: Alltag und Biografie von Mädchen. Opladen 1985
75 Purmann, R.: Überlegungen zur Hochsicherheitskinderfarm. In: DJI (Hrsg.): Kindheit, Kindergarten – offene Fragen in Forschung und Praxis. München 1980

pflichtet ist. Weiterhin ist bekannt, dass Lohnarbeiter verschiedene Formen entwickeln, sich gegen überzogene Ansprüche des Arbeitsgebers zu wehren.

In Zeiten enorm verschlechterter Arbeitsbedingungen, in denen weniger Erzieherinnen mehr Kinder in weniger Zeit betreuen und erziehen sollen, ohne dass irgendjemand davon abrückt, den pädagogischen Anspruch der Förderung jedes Kindes an die Kolleginnen zu stellen, gibt es eine Methode, sich gegen zu hohe Arbeitsbelastung zu schützen. Diese Methode ist das »pädagogische Gegenargument« oder: die Aufsichtspflicht als Arbeitskraft sparendes Argument.

Dies scheint auf den ersten Blick abwegig, zumal doch gerade die Aufsicht so manchen (Angst-)Schweiß kostet. Bei genauerem Hinsehen gibt es aber viele Fälle, die besonders arbeitsintensiv sind und mit der Aufsichtspflicht abgewehrt werden (Ausflüge, Schwimmbadbesuche, Gewöhnen der Kinder an selbstständiges Handeln...).

Günstig ist diese Methode, weil sie scheinbar fachlich auf Anfragen und Argumente eingeht, in Wirklichkeit jedoch Fragen nach der praktizierten bzw. unter solchen Bedingungen praktizierbaren Pädagogik abwürgt und auch die Auseinandersetzung zwischen Arbeitnehmer und Arbeitgeber um bessere Arbeitsbedingungen verhindert. Fatal ist diese Methode, weil sie erlaubt, dass »schwarze Schafe« sich ihrer bedienen, um tatsächlich so bequem wie möglich über den Tag zu kommen. Damit wird die angebliche Sorge für das Kind entlarvt als Ausrede zu seinen Lasten.

Fatal ist diese Methode auch da, wo der berechtigte Wunsch nach angemessenen Arbeitsbedingungen auf Unsicherheiten bei aufwendigen Aktionen trifft. Ohne Übung kann die Unsicherheit nicht abgebaut werden und ohne kollegialen Erfahrungsaustausch auch nicht, doch dazu müssen Probleme angesprochen und nicht als Scheinargumente vorgeschoben werden.

Sind Paragraphen einleuchtender?

Die Ausbildung greift der (schlechten) Praxis voraus: Probleme im Unterricht werden als Zwänge des Lehrplans verkauft, statt Zusammenhänge lernen die Erzieherinnen Nebeneinanderstehendes aus dem Fächersalat und Auseinandersetzungen werden vornehmlich über Zensuren geregelt: Scheinargumente und Behinderungen für die spätere Tätigkeit.

In Sachen Aufsichtspflicht werden durch die Fächerteilung nicht pädagogische Fragen erörtert, sondern über die bloße Behandlung der Paragraphen die Geister der Folgen einer Aufsichtspflichtverletzung beschworen, ohne auf die Relativität der Aufsichtspflicht zwischen pädagogischem Auftrag, Selbstständigkeit der Kinder und Gefahrenverhütung hinzuweisen. So klappt nur eines hundertprozentig: die Abschreckung.

Sind Dienstanweisungen besser?

Abschreckung ist eine besonders krasse Form des Scheinarguments, das vom vorhandenen Problem ablenken und Verantwortungsbereiche einschränken soll. Im Alltag erfahren Erzieherinnen selbst, wie wirksam solche Killerargumente sind. Vorgesetzte verbieten oder schränken Aktivitäten mit der Drohung einer Aufsichtspflichtverletzung ein. So muss der Vorgesetzte nicht mehr argumentieren oder überzeugen, sondern kann alle Einwände vom Tisch fegen.

Eine andere Methode ist, solche Ideen erst gar nicht aufkommen zu lassen; dazu genügen Dienstanweisungen oder andere Regelungen, die schon durch das bloße Vorhandensein Aktivitäten verhindern, weil sie als übergreifende Vorschriften jeden Einzelfall regeln sollen und damit nicht praktikabel sind. Hier besteht der Sinn der Abschreckung in einer angeblichen Absicherung, die nur darum so sicher ist, weil niemand etwas unternimmt. Pädagogik findet an anderer Stelle statt.

Wie untauglich die Formulierung ganz präziser Regelungen (und deren strikte Befolgung) mit Blick auf die Anwendbarkeit für alle Fälle ist, weiß jeder, der sich einmal über nicht ausführbare Dienstanweisungen geärgert hat. Dass solche Regelungen auch für die Klärung der Aufsichtsfragen untauglich sind, muss deutlich hervorgehoben werden, weil jeder Einzelfall zu beurteilen ist. Mit Dienstanweisungen ist eben nur das Dienstverhältnis zu regeln, die pädagogische Arbeit wird dadurch nicht sicherer. Da bei strittigen Aufsichtspflichtfragen, also dann »wenn etwas passiert ist«, das konkrete Verhalten der verantwortlichen Erzieherin erfragt wird, schützen Dienstanweisungen nicht automatisch. Da weiter im konkreten Fall die solchen Regelungen zugrundeliegenden Kriterien herangezogen werden, sind Dienstanweisungen zur Aufsichtspflicht schlicht überflüssig. Sie verschaffen nur den Trägervertretern ein gutes Gewissen und verhindern die fachliche Diskussion.

»Mädchen beim Baden ertrunken« – wenn ein tragischer Unfall passiert

Das in Berlin zuletzt bekannt gewordene Urteil zu unserem Thema mag einige Hinweise auf die Richtigkeit unserer Behauptungen geben. Zunächst der Fall:

Beim Baden im Nichtschwimmerbecken eines öffentlichen Hallenbades war ein fünfjähriges Mädchen aus einer fünfzehnköpfigen Gruppe, die von einer Gruppenerzieherin und einer Berufspraktikantin begleitet wurde, ertrunken und die Erzieherin wegen fahrlässiger Tötung infolge mangelnder Beaufsichtigung angeklagt und schließlich freigesprochen worden.

Neben Fragen nach dem Entwicklungsstand und dem aktuellen Zustand des Kindes und der Kindergruppe, der Beschaffenheit des Schwimmbades, der Berufserfahrung der Kollegin und natürlich des genauen Ablaufs spielte im Verfahren die Frage eine Rolle, wie der Badeverordnung des Senats von Berlin (= Landesregierung) genüge getan wurde. Danach muss sich jede Erzieherin beim Betreten des Schwimmbereichs beim Bademeister anmelden. In diesem Falle geschah die Anmeldung »durch bloßes Zunicken«. Schon bei einer nicht strikten Auslegung des Wortes »anmelden« assoziieren wir: Meldeformular, abzählen, zumindest mündliche Meldung.

Der Richter kam zu dem Schluss. dass »nach Sinn und Zweck dieser Regelung« der Schwimmmeister erkennen soll, dass eine geschlossene Gruppe das Bad betritt. Weitergehende Forderungen bezüglich der »Anmeldung wären überspannt«. Warum ist das wichtig im Zusammenhang mit der Aufsichtspflicht? »Selbst wenn man annehmen wollte, die Angeklagte habe ihre Anmeldepflicht verletzt, wäre dies unerheblich, da ... nicht kausal für den Tod des Kindes...«

In einem weiteren Streitpunkt der Verhandlung wurde die Frage behandelt, ob das betreffende Kind Schwimmflügel getragen hätte und ob durch Meldung beim Schwimmmeister das Kind jedenfalls mit Schwimmflügeln ausgestattet worden wäre.

In unserem Zusammenhang wird diese Frage relevant, weil unmittelbar nach dem Unglücksfall der Träger der Kita eine neue, die allgemeine Badeverordnung präzisierende und zugleich einschränkende Dienstanweisung herausgab. Danach müssen nunmehr alle Kinder Schwimmflügel tragen, wenn sie nicht schwimmen können, ohne Berücksichtigung der Wassertiefe oder auch, dass Schwimmflügel die Gefahr nicht unbedingt mindern.

Zur Frage der Schwimmflügel kam der Richter zu dem Schluss, dass die Sorge für das Tragen der Schwimmflügel unerheblich gewesen sei, da Kinder dieses Alters ohne weiteres fähig sind, sie sich abzustreifen und es deshalb nichts geändert hätte, »wenn sie (das Mädchen) diese von Anfang an getragen hätte«. Das Einhalten der nach dem Unglücksfall veränderten Dienstanweisung hätte kein Mehr an Sicherheit produziert.

Wo soll eine Erzieherin sich aufhalten. wenn sie mit den Kindern schwimmen geht? Folgen wir der erwähnten Dienstanweisung, dann müssen erstens zwei Personen vorhanden sein, von denen zweitens eine außerhalb des Beckens postiert sein muss, die andere bei den Kindern sein sollte. Auch hier kommt der Richter zu einer anderen Auffassung. Zwar tauchen die gleichen Orte auf (so viel Auswahl ist ja auch nicht vorhanden), jedoch ist dies ausschließlich auf diesen Fall bezogen, da ... *nicht mit der notwendigen Sicherheit feststeht, dass das Ertrinken des Kindes rechtzeitig bemerkt worden wäre, wenn eine oder beide Betreuerinnen der Gruppe am Beckenrand gestanden hätten*, so heißt es in dem Urteil – und diese Frage ist die einzig wichtige.

Weiterhin zeigt die Formulierung »die Angeklagte musste also mit äußerster Sorgfalt darauf achten, dass keines der Kinder – gleichgültig ob mit Schwimmflügeln ausgerüstet oder nicht – in diese tiefere Hälfte des Beckens gelangte« zwar die absolute Notwendigkeit zu überwachen, ob ein Kind in tieferes Wasser gelangen würde, jedoch liegt es einzig und allein in der Kompetenz und damit der Verantwortung der Erzieherin, wie sie dies tut. »Diese Überwachung konnte entweder von der Mitte des Beckenrandes oder von einer Position auf oder an der gedachten Mittellinie im Becken erfolgen.«

Wer verantwortlich handelt, braucht sich nichts vorzuwerfen

Und hier sind wir u. E. bei einem Kernpunkt des Urteils angelangt: Die Bestätigung der Eigenständigkeit und Eigenverantwortlichkeit der Erzieherin durch den Richter. An allen Ecken und Enden wird hervorgehoben, wie wichtig die professionelle Einschätzung ist.

Gleich eingangs betont das Gericht in der Beschreibung des beruflichen Werdegangs der Kollegin, dass diese »seit 1963 mit einigen Unterbrechungen regelmäßig mit Kindergruppen – teilweise auch im offenen Meer – baden ging«. Mit anderen Worten: viel gesicherte Erfahrung, keine Einschränkung der Pädagogik.

Aus dem Urteil ist ferner zu ersehen, dass die Schwimmmeister auf eine mögliche Überfüllung des Bades achten müssen, damit genügend Sicherheit gewährleistet ist. Fast völlig unabhängig davon zu beurteilen ist jedoch, wie die jeweilige Erzieherin eine solche Situation einschätzt, ob sie sich nicht in der Lage fühlt, die Gruppe im Auge zu behalten, wodurch im Zweifelsfall »die Verpflichtung bestanden hätte, das Baden abzubrechen«.

Im vorliegenden Fall ist die Gruppe zu eben jenem Zeitpunkt, an dem es unüberschaubar zu werden drohte, aus dem Bad gegangen und genau zu diesem Zeitpunkt geschah dann der Unglücksfall, der zu jenen gehört, die sich »leider immer wieder ereignen werden, wenn man im Konflikt zwischen Sicherheit und pädagogischem Effekt letzteren nicht völlig untergehen lassen will.«

»Nicht völlig« kann nach Lage der Dinge nur heißen: Die Pädagogik droht ohnehin schon zu kurz zu kommen; die Sicherheitsmaßstäbe werden im Alltag gegenüber der Pädagogik oft zu hoch gewertet. Es gilt, wie es ein anderer Richter betonte, bei einem »erforderlichen Mindestmaß an Sicherheit bei größtmöglicher Freiheit« pädagogisch zu arbeiten. Auch dieses Urteil zeigt, dass nicht allgemeine Regelungen oder Paragraphen in der juristischen Wertung entscheidend sind, sondern eine menschlich und fachlich-pädagogisch begründete Arbeit, mit der die Selbstständigkeit der Kinder zu fördern ist.

Es bleiben Fragen offen:

- Warum schränken Träger in vielen Fällen die Pädagogik ein?
- Warum helfen Erzieherinnen dabei, aus Angst, Bequemlichkeit oder anderen Gründen?
- Warum müssen Richter die Pädagogik retten?

»Ein Paragraph muss her!« Muss er?

So lautete die Überschrift zum nachstehenden Brief einer Leserin, veröffentlicht in der Zeitschrift »klein& groß«[76]:

Es war einmal eine Hortgruppe in einer hübschen Gemeinde in Niedersachsen. Die Kinder fühlten sich richtig wohl und geborgen. Die Erzieherinnen waren Vertrauenspersonen und Kameradinnen, wurden geliebt, geachtet und respektiert. Die Eltern wussten und fühlten, dass ihre Kinder im Hort sehr gut betreut wurden. Die Kinder gingen allein nach Hause, zur Schule, zum Hort und alles war so in Ordnung.

Der Träger war zufrieden, da der Hort erst aus der Kita ausziehen musste, um für die »Rechtsanspruchskinder« Platz zu machen, in einen Extraraum an der Turnhalle. Nach dem Umzug lief alles noch ein gutes Jahr so schön weiter wie im Märchen. Aber leider, leider, leider, es war zu schön, um immer so weiter zu gehen.

Das Unheil nahte, es nahte in Form eines um seine Mitarbeiterinnen besorgten Amtsleiters. Mit Schrecken stellte besagter Amtsleiter eines Tages fest, dass seine Mitarbeiterinnen doch einfach sechs- bis zehnjährige Hortkinder zeitweise ohne Sicht- und Rufkontakt auf dem Schulgelände allein spielen lassen. Auch die Beteuerungen der Erzieherinnen, »ihre« Kinder zu kennen und genau zu wissen, welche Kinder auf dem am Gruppenraum anschließenden Schulhof ohne ständige Beobachtung spielen können, ließ er nicht gelten.

Der Amtsleiter möchte doch nur, dass ständig jemand die Kinder beaufsichtigt. Denn es gibt doch eine Aufsichtspflicht. Da müssen doch die Erzieherinnen ständig die Kinder sehen. Wenn aus Gesundheits- oder Urlaubsgründen nur eine Erzieherin in der Gruppe ist. kann kein Kind an der frischen Luft spielen oder alle 20 Kinder der Gruppe, egal wie das Wetter ist.

Natürlich ist auch ein Amtsleiter kein Unmensch, nein, er ist sogar kompromissbereit. Unter einer einzigen klitzekleinen miniwinzigen Bedingung. Nur einen kleinen Paragraphen im Gesetz, in dem wörtlich steht: »Kinder, im Alter zwischen sechs und zehn Jahren dürfen während der Hortbetreuung ca. 15 bis 30 Minuten ohne Erzieherin auf dem Außengelände spielen.«, möchte er sehen. Mehr stellt er doch gar nicht zur Bedingung, das ist doch wirklich nicht viel.

Als ich davon erfuhr, als Mutter in dieser Hortgruppe (stellv. Elternsprecherin und nebenbei Erzieherin in einer anderen Kita), war ich erstmal sprachlos. So erging es auch anderen Müttern und Erzieherinnen...

---

76 Erstveröffentlichung in: klein&groß. Heft 3/1999

Muss also ein Paragraph her? Was auf den ersten Blick wie ein Stück aus dem Tollhaus aussieht, entpuppt sich bei genauerem Hinsehen als alltäglicher Konflikt um fachliche und Entscheidungskompetenzen, als Ausdruck von Hilflosigkeit und dem Wunsch nach Hilfe von außen sowie als Beispiel für eine Feindbildung, wo doch Kooperation so nötig wäre, begünstigt – vermutlich – durch überaus unglückliches Leitungshandeln.

Mit ausschließlicher Kenntnis der vorliegenden Fallschilderung können die nachfolgenden Gedanken völlig an der Realität vorbeigehen. Immerhin kommt dort nur eine der (zunächst) zwei Parteien zu Wort. Durch selektive Wahrnehmung und interessengeleitete Argumentation können wichtige Hintergründe übersehen und der eigene Standpunkt als objektiv angesehen werden. Trotzdem und deshalb soll eine kritische Auseinandersetzung erfolgen, ohne Gewähr.

Was wissen wir? Ein Amtsleiter verlangt einen Paragraphen als Nachweis und Erlaubnis, dass in einer Kindertagesstätte Hortkindern erlaubt werden kann, ohne Anwesenheit einer Erzieherin auf dem Schulgelände zu spielen. Der Paragraph soll belegen, dass das Erzieherinnenhandeln legal ist, deshalb wendet sich eine Elternvertreterin, zugleich Erzieherin in einer anderen Einrichtung (etwa desselben Trägers?) an eine Zeitschrift mit der Bitte um Unterstützung.

Weder Batman noch Paragraphenman retten die Welt

Was ist zu sehen? Ein Konflikt um die Ausführung pädagogischer Arbeit (ein Amtsleiter hat andere Vorstellungen als Erzieherinnen und manche Eltern) kann nicht beigelegt werden. Er wird auf die Leserinnen ausgeweitet. Der Kompromissvorschlag des Amtsleiters wird zwar als unbillig angesehen, doch wird ihm nachgegangen. Ein Paragraph muss her! Die Auseinandersetzung soll von außen entschieden werden. Aber so gibt es keine Lösung. Paragraphen sind keine Totschlagargumente. Auch weiß offensichtlich keine der beiden Parteien, dass ein solcher Paragraph nicht existiert. Beides Zeichen von Inkompetenz. Das mag für einen Amtsleiter ein schlechtes Zeugnis sein, die Erzieherinnen trifft es nicht weniger. Sie haben in ihrer alten Einrichtung jahrelang so gearbeitet, wie es jetzt verboten ist. Warum können sie nun nicht nachweisen, dass sie korrekt gehandelt haben? Warum gehen sie auf die Forderung nach einem Paragraphen ein, anstatt einen richtigen Beweis zu führen? Es gibt keinen solchen Paragraphen, das steht in X Fachbüchern schwarz auf weiß. Auf welcher Grundlage haben die Erzieherinnen vorher gearbeitet? Nach Gefühl? Nicht schlecht, aber leider nicht ausreichend tragfähig. Die fachlichen Kompetenzen von beiden Parteien sind daher zu erweitern.

Die Entscheidungskompetenzen sind klar verteilt. Der Amtsleiter ist der Bestimmer. Offensichtlich reicht Anordnen aber nicht aus. Es gibt Widerspruch für eine nicht nachvollziehbare Entscheidung, die noch dazu im Gegensatz steht zu einem jahrelang geduldeten Verhalten. Was lehrt uns das? Erstens: Entscheidungskompetenzen allein nutzen nichts, wenn keine Durchsetzungskompetenzen damit verbunden sind. Zweitens: Widersprüchliches Verhalten wirkt nicht kooperationsfördernd. Drittens: In solchen Fällen bieten sich Führungskräfte als Feindbild geradezu an. Wem es gefällt…

Schauen wir nochmals auf die Fallschilderung, so werden wir erinnert, dass der Hort zuerst in einer Kita untergebracht war, dann in einen Extraraum an der Schulturnhalle umziehen musste. Erst nach einem Jahr kam es zum Streit, weil die Kinder nun nicht mehr das Schulgelände allein betreten sollten. Mir fiel in der Fallbeschreibung auf, dass keine Aussage zu dem plötzlichen Meinungswandel des Amtsleiters zu finden ist. Warum verlangt er nun von seinen Erzieherinnen ein anderes Verhalten als vorher? Was in aller Welt mag ihn dazu bewogen haben? Die nächsten Überlegungen sind reine Spekulation, genährt durch die Kenntnis ähnlicher Fälle.

Meine Vermutung zielt darauf ab, dass es noch einen beteiligten Dritten im Konflikt gibt. Das könnten der Rektor und die Lehrer, kurz: die Schule, sein. Weil Kinder während der Schulzeit stets so beaufsichtigt werden (müssen), dass ein fast lückenloser Blickkontakt besteht, folgern sehr viele Schulpädagogen, diese Regelungen müssten auch für die Jugendhilfe gelten. Die Kinder werden als Schulkinder vormittags wahrscheinlich strenger beaufsichtigt als nachmittags, wenn sie im Hort sind. Das kann zu Auseinandersetzungen mit ihnen führen, weil sie vielleicht ab und zu über die schulischen Grenzen gehen und erklären: »Aber sonst machen wir das auch!« Doch auch ohne Konflikt zwischen Lehrern und Hortkindern ist vorstellbar, dass die Schule sich das Treiben der Hortkinder am Nachmittag ein Weilchen angeschaut hat und unterschiedliches Erziehungshandeln von zwei Institutionen auf einem Gelände nicht für angemessen hielt. Gab es Gespräche zwischen Schule und Hort? Wenn, dann gab es kein befriedigendes Ergebnis für die Schule. Also griff der Rektor zum Telefon und bat den Amtsleiter um Abhilfe.

Warum der nun darauf einstieg, soll nicht Teil der Spekulation werden. Das Resultat der schulischen Intervention ist nun jedoch nicht etwa eine Auseinander- und Zusammensetzung zwischen Jugendhilfe auf der einen und Schule auf der anderen Seite, sondern eine Auseinandersetzung innerhalb des Kita-Bereichs mit einem äußerst unglücklich agierenden Amtsleiter. Doch die Erzieherinnen machen es nicht viel besser. Warum ergründen sie nicht die Beweggründe des Amtsleiters? Was war ihre Rolle vorher? Warum stützen sie nicht ihren Amtsleiter, um ihre Interessen und die der Kinder zu wahren. Warum nehmen sie das ihnen dargebotene Feindbild so bereitwillig an? Reine Spekulation, wie gesagt, aber eine Möglichkeit an den Kern eines Konfliktes zu kommen und Handlungsmöglichkeiten der Betroffenen zu ergründen, wenn weder Batman, noch Paragraphenman die Hortwelt retten wollen!

Zu bedenken ist, dass sich für die Kinder, die Erzieherinnen und den Amtsleiter durch den Umzug vieles geändert hat. Wenn zwar davon auszugehen ist, dass viele der Hortkinder just an dieser Schule unterrichtet werden, sich also auf dem Schulgelände auskennen, kann diese Aussage für alle Kinder gelten? Haben die Erzieherinnen die veränderte Situation im Blick und geprüft oder wollen sie ihre Kinder nur wie immer allein rauslassen? Es reicht nicht, gut zu arbeiten, die Arbeitsweise muss auch gut dargestellt werden.

Mehr Selbstbewusstsein, liebe Kolleginnen!

Was aber, wenn es doch am Amtsleiter liegt, einzig und allein an ihm? Dann könnten die Erzieherinnen und Eltern, statt nach einem nicht existierenden Paragraphen zu suchen und bevor sie sich an andere Menschen wenden, das heißt den Konflikt ausweiten, doch erst einmal die Frage an den Amtsleiter zurückgeben: »Mit welchem

Paragraphen begründen Sie Ihre Position?« Warum funktioniert der Bluff des Amtsleiters, warum wird nicht mit gleicher Münze zurückgezahlt? Ist das zuviel Konfrontation? Mehr Selbstbewusstsein, liebe Kolleginnen!

Sollte der Amtsleiter dann immer noch auf seiner nicht begründbaren Position beharren, bieten sich drei Paragraphen an. Wohlgemerkt, wenn alles so stimmt, wie in der Fallschilderung angegeben. Da ist erstens der § 118 BGB: *Eine nicht ernstlich gemeinte Willenserklärung, die in der Erwartung abgegeben wird, der Mangel der Ernstlichkeit werde nicht verkannt werden, ist nichtig.*
Als Erzieher dieses Amtsleiters würde ich davon ausgehen, dass dieser Paragraph hier zutrifft, denn ohne eine ausführliche Begründung kann eine jahrelang geduldete Praxis nicht ernstlich unterbunden werden. Es ist eher wahrscheinlich, dass es sich um eine scherzhafte Provokation handelt, um die Erzieherinnen in ihrer Argumentationsfähigkeit zu fordern. Zu Hilfe kommt mir die Verpflichtung des § 133 BGB: *Bei der Auslegung einer Willenserklärung ist der wirkliche Wille zu erforschen und nicht an dem buchstäblichen Sinne des Ausdrucks zu haften.*

Das Bürgerliche Gesetzbuch verpflichtet zu Nachfrage und Empathie, fördert demnach Kooperation! Wenn jedoch das alles gar nichts hilft, bleibt für den Vorgesetzten immer noch der Trost eines weiteren Paragraphen. Er trifft zwar vom Rechtsgebiet nicht zu, doch inhaltlich als Medizin gegen die Krankheit namens Paragraphengeilheit ins Schwarze. § 20 StGB: *Ohne Schuld handelt, wer bei Begehung der Tat wegen einer krankhaften seelischen Störung, wegen einer tiefgreifenden Bewusstseinsstörung oder wegen Schwachsinns oder einer schweren anderen seelischen Abartigkeit unfähig ist, das Unrecht der Tat einzusehen oder nach dieser Einsicht zu handeln.*

Doch wer glaubt schon, dass in der Pädagogik irgendwelche Paragraphen helfen?

Für Kinder gefährlich...

... sind Erzieherinnen, die ängstlich auf Vorschriften starren[77]

Man stelle sich vor: In meiner Großstadt-Straße gibt es einige Kleinstkindertagesstätten, so genannte Kinderläden. Oft spielen Kinder bei schönem Wetter vor der Einrichtung, malen mit Kreide, hüpfen, hopsen; tun, was Kinder so tun. Ihre Erzieherinnen stehen dabei, schauen den Kindern zu, weisen sie zurecht, rauchen; tun, was Erzieherinnen so tun.

Fragen für die werte Leserin:

- Dürfen Erzieherinnen und Kinder sich vor dem Laden aufhalten?
- Einfach so und nirgends hingehen?
- Dürfen Kinder da spielen, wo Hunde Gassi gehen?
- Dürfen Erzieherinnen dort rauchen?
- Müssen die Kinder draußen sein, weil die Erzieherinnen rauchen wollen?
- Dürfen die Kinder auch mal alleine raus?

Mich freut der Anblick von Kindern auf der Straße. Kinder ohne Erwachsene? Nicht verboten, aber selten zu sehen. Verboten ist bei uns, in Gegenwart der Kinder zu rauchen. Ein Verstoß gegen das Rauchverbot scheint hier eher vertretbar als die Möglichkeit, Kinder ohne Erwachsene zu lassen. Das eine ist nicht zulässig, wird jedoch praktiziert; das andere ist zulässig, wird jedoch nicht praktiziert. Gehen also Erzieherinnen kreativ mit Regelungen um?

Was dürfen Ihre Kinder?

Fragen an die werte Leserin:

- Ist in Ihrer Einrichtung in der Regel die freie Wahl des Spielortes – drinnen oder draußen – zugelassen? Wird zumindest zum Ende des Kindergartenalters darauf hingearbeitet?
- Gehört es zu Ihrer Konzeption, dass der selbstständige Schulweg (allein!) geübt wird und dürfen die Kinder auch vor dem Haus spielen?
- Geht jedes Kind im Regelfall allein zur Toilette – oder muss es sich abmelden, vielleicht auch auf die Gruppe oder bis zu einer bestimmten Zeit warten?
- Gibt es – als Regelangebot – Gelegenheit zum Rückzug und zum unbeobachteten Spiel? (Nicht gemeint: Die Kinder sollen das Gefühl haben, unbeobachtet zu sein)?
- Stehen Scheren, Besteck und Werkzeuge zur Verfügung der Kinder?
- Haben die Kinder herausfordernde, vielfältige Möglichkeiten für selbst bestimmte Bewegungsabläufe und Geschicklichkeitsübungen?

Haben Sie für Ihre Einrichtung weniger als vier Mal eindeutig mit »Ja« geantwortet, gehören Sie zu einer großen Zahl von deutschen Kindergärten, in denen Kinder mehr als nötig eingeschränkt werden. Was ist der Maßstab?

77 Erstveröffentlichung in: Theorie und Praxis der Sozialpädagogik. Heft 2/2005

Kindergärten sollen Kindern Erfahrungen bieten, die ihnen im häuslichen Umfeld verwehrt sind. Chancen dafür sind reichlich vorhanden. Theoretisch. Kindergärten sind – der Name sagt es – eigens für Kinder konzipiert. Nutzungskonflikte sind hier nicht so dramatisch wie zu Hause, wenn etwa der Bewegungsdrang zum Problem für die Restfamilie und das dafür nicht genügend stabile Mobiliar wird. Es gibt mehr Platz als in einer Wohnung; es gibt ein Freigelände, und die Eingangstür kann sogar in der Gegenrichtung benutzt werden. Praktisch stehen diesen Möglichkeiten viele Verbote und Einschränkungen entgegen. Die meisten werden mit Aufsichtspflichten oder anderen Vorschriften begründet. Das ist bequem, aber falsch und gefährlich.

Juristisches Gütesiegel im Flugzeug?

Diese Praxis gefährdet die Kinder und ihre Entwicklung, denn durch ungenutzte Erfahrungsmöglichkeiten wird ihnen der Erwerb von Kompetenzen vorenthalten. Sie gefährdet das Ansehen der Institution Kindergarten, weil mangelnde Förderung der Kinder in einer Einrichtung ein schlechtes Licht auf alle wirft; kritisiert wird der Kindergarten, nicht nur die im Einzelnen verantwortliche Erzieherin. Und diese Praxis gefährdet die Reputation des Erzieherinnenberufs, weil sie erzieherisches Handeln abhängig macht von einem juristischen Gütesiegel: »Pädagogisch sinnvoll, aber rechtlich nicht zulässig!« Dieser Gegensatz ist Unfug.

Wer mit ihm argumentiert, will von seiner Verantwortung ablenken, will vielleicht Ängstlichkeit oder mangelndes Fachwissen kaschieren.

Man stelle sich einen Flugkapitän vor! Leitungskraft an Bord eines Mittelstreckenflugzeuges im Liniendienst, verantwortlich für die Beförderung von 100 oder mehr Menschen von einem Ausgangspunkt A zu einem Ziel B.

Alltäglich? Nun ja, eben darum! Das Selbstverständliche des Alltags lässt Raum für das Unerwartete. Notieren wir:

- Es handelt sich um einen Linienflug, nicht um ein Abenteuer mit Never-Comeback-Airways oder High-Risk-Express.
- Die Aufgabe des Flugkapitäns ist die Be-Förderung von Menschen. Sie umfasst den Transport zwischen zwei Orten unter den Bedingungen der Pünktlichkeit, des Komforts und der Sicherheit.
- Der Flugkapitän trägt für sein Handeln (genauer: sein Tun und Lassen) im Rahmen seiner Aufgabe die Verantwortung.
- Als oberste Instanz an Bord führt er das gesamte Personal, ohne in dessen jeweilige Kompetenzbereiche eingreifen zu dürfen.
- Der Flugkapitän kooperiert fortwährend mit Außenstehenden, ohne deren Arbeit er die seine gar nicht oder nicht gut genug verrichten könnte.
- Der Flugkapitän kennt die an ihn gerichteten Anforderungen. Er ist eine hochqualifizierte Fachkraft, die ihr Handwerkszeug beherrscht.
- Er fliegt, wie es seine Aufgabe verlangt. Er versucht während des Fluges kein Looping. Er schaltet nicht die Turbinen aus, um die Gleitflugeigenschaft des Flugzeuges zu testen. Er fliegt nicht unwirtschaftlich schnell, damit der Treibstoff reicht. In jedem Fall aber wird er fliegen und nicht – aus Sicherheitsgründen – über die Autobahn zu seinem Ziel rollen. Er schränkt die Beförderung der Fluggäste nur im Ausnahmefall ein.
- Der Flugkapitän weiß, dass immer etwas passieren kann. Um sich und die Passagiere zu schützen, muss

er sein Wissen und seine Erfahrung sorgfältig anwenden. Juristischer Rat und Kenntnisse von Paragrafen helfen ihm nicht, Flugrisiken zu vermeiden.

- Darum wird er keinen Juristen fragen, worauf ein Flugkapitän achten muss. Er ist stolz auf seinen Beruf und seine Qualifikation. Er fragt nicht, was beim Fliegen erlaubt oder verboten ist.

Man stelle sich weiterhin vor: Die Fahrerin eines Linienbusses, den Kapitän einer Fähre ... alle verantwortlich für den Transport von Menschen und damit in Gefahr, Leib und Leben dieser Leute zu schädigen. Für alle Beförderer gilt, was oben beschrieben ist. Kommen sie ihrer Aufgabe nicht nach, gelten sie als unzuverlässig, nicht arbeitsfähig, unqualifiziert.

Eigenverantwortung ist gefragt

Nun stelle man sich nochmals eine Erzieherin vor. Sie ist verantwortlich dafür, dass etwa 25 Kinder in ihrer Entwicklung vorankommen.

- Sie leitet eine Kindergruppe in einer Institution mit Betriebserlaubnis.[78]
- Die Aufgabe der Erzieherin ist die Förderung von Kindern. Sie umfasst Angebote zur Erziehung, Bildung und Betreuung unter den Bedingungen des Anregungsreichtums, der Methodenvielfalt und der Sicherheit.
- Die Erzieherin trägt für ihr Handeln (ihr Tun und Lassen) im Rahmen ihrer Aufgabe die Verantwortung.
- Sie kooperiert fortwährend mit Außenstehenden, ohne deren Arbeit sie die ihre gar nicht oder nicht gut genug verrichten könnte.
- Die Erzieherin kennt die an sie gerichteten Anforderungen. Sie ist eine hochqualifizierte Fachkraft, die ihr Handwerkszeug beherrscht.
- Sie erzieht, wie es ihre Aufgabe verlangt. Sie überlässt die Kinder nicht sich selbst. Sie über- und unterfordert sie nicht. In jedem Fall aber wird sie Freiräume gewähren und nicht – aus Sicherheitsgründen – eine Käseglocke über die Kinder stülpen. Sie schränkt die Kinder und die Förderung nur ausnahmsweise ein.
- Die Erzieherin weiß, dass immer etwas passieren kann. Um sich und die Kinder zu schützen, muss sie ihr Wissen und ihre Erfahrung sorgfältig anwenden. Juristischer Rat und Kenntnisse von Paragrafen helfen ihr nicht, Erziehungsrisiken zu vermeiden.
- Darum wird sie keinen Juristen fragen, worauf eine Erzieherin achten muss. Sie ist stolz auf ihren Beruf und ihre Qualifikation. Sie fragt nicht, was bei der pädagogischen Arbeit erlaubt oder verboten ist.

Die Angleichung der Aufgabenbeschreibung bringt es deutlich an den Tag. Obwohl beide Berufsgruppen durchaus ähnliche Aufgaben und die Verantwortung dafür haben, steht die praktische Umsetzung unter verschiedenen Vorzeichen. Mindestens der letzte Punkt der Aufzählung trifft für Erzieherinnen leider nur sehr eingeschränkt zu. Warum? Warum begeben sich so viele von ihnen freiwillig in eine Position, die für einen Flugkapitän völlig undenkbar wäre? Warum ziehen so viele Leiterinnen mit, gehen so viele Träger mit schlechtem Beispiel voran?

78 Speziell für Leiterinnen: Als oberste Instanz an Bord führt sie das gesamte Personal, ohne in dessen jeweilige Kompetenzbereiche eingreifen zu dürfen.

Die Vorschrift als Bequemlichkeitsfaktor?

Es ist die Verantwortung für die Kinder, wird gesagt. Doch was ist diese Verantwortung? Wofür steht sie? Hat nicht auch der Flugkapitän Verantwortung? Ist nicht Fliegen gefahrenträchtiger als Kindergartenerziehung?

Vielleicht ist es gerade der bewusste Umgang mit den Gefahren des Fliegens, der den Unterschied im Selbstbewusstsein ausmacht. Wo – wie im Kindergarten – größere Risiken praktisch ausgeschlossen sind, geht der Bezug zu den Gefahren des Lebens leicht verloren. Selbst kleinste Abweichungen wirken dann in einer Weise verunsichernd, die kaum in einem vernünftigen Bezug zu den möglichen Folgen für die Erzieherin stehen. Auch hierin unterscheidet sie sich von einem Piloten. Für ihn sind die Folgen eines Absturzes ebenso gravierend wie für die Passagiere. Er wird unmittelbar zur Verantwortung gezogen und haftet mit seinem Leben.

Erzieherinnen ignorieren Vorgaben, wenn es den eigenen Vorteilen dient, siehe obiges Beispiel Rauchen. Da liegt der Gedanke nahe, dass das strikte Befolgen von Vorgaben vielleicht auch den eigenen Vorteilen dienen soll, vergleichbar dem Dienst nach Vorschrift als ein Mittel des Arbeitskampfes. Manchmal scheint es, als würden Erzieherinnen Vorschriften herbeiflehen. Mein jüngstes Beispiel: die Genehmigung zur Nutzung öffentlichen Straßenlandes (Gehsteig) für einen Laternenumzug. Allen Ernstes haben mehrere Leiterinnen davon berichtet und dabei nicht versäumt, auf die Schwierigkeit ihrer Tätigkeit hinzuweisen. Ist das also der tiefere Sinn? Haben Leiterinnen (und Erzieherinnen) keine schwierigeren Probleme zu bewältigen? Werden Vorschriften als Hürden gesucht und gefunden, um sicherheitshalber eine Ausrede parat zu haben, falls man einfach mal keine Lust hat, anspruchsvoll zu arbeiten?

Freie Entfaltung ist ein Grundrecht

Nur selten höre ich von Erzieherinnen, dass sie Gesetze und Vorschriften benutzen, um pädagogische Freiräume zu begründen. Noch seltener ist, dass sie sich über rechtliche Regelungen hinwegsetzen, um den Kindern Freiräume zu schaffen. So schön das wäre, erforderlich wäre es nicht einmal. Es würde schon reichen, dem pädagogischen Auftrag der Kindertageseinrichtungen zu folgen. Noch immer gilt der Satz, dass eine Erzieherin nichts zu befürchten hat, die sich einigermaßen um fachlich begründetes Handeln bemüht.

Kreative Gesetzesauslegung ist dafür nicht notwendig. Die Kenntnis des KJHG und des Kindergartengesetzes im jeweiligen Bundesland schon. Viel mehr braucht eine Erzieherin nicht, denn ihre wichtigste Rechtspflicht besteht darin, den darin enthaltenen Bildungs- und Erziehungsauftrag umzusetzen. Der darf nur unter besonderen Umständen und keineswegs auf Dauer irgendwelchen Sicherheitsüberlegungen geopfert werden. Der Auftrag des Kindergartens, mithin der Arbeitsauftrag der Erzieherinnen, gebietet nicht die Einschränkung der kindlichen Erfahrungsmöglichkeiten, sondern deren Erweiterung.

Die besonderen Umstände einer institutionellen Erziehung sind hierfür keine Erschwernis, sondern eher eine Erleichterung. Alle Kindertageseinrichtungen sind praktisch frei von unvorhersehbaren Gefahren; sie sind auf Sicherheit geprüft und eigens für die Erfüllung des Erziehungs- und Bildungsauftrages konzipiert worden.

Wenn Erzieherinnen die ihnen zur Verfügung gestellten räumlichen Gegebenheiten vollständig nutzen, ist dies so zu werten, als würden sie Farbe, Stifte, Computer oder Bilderbücher angemessen einsetzen. Das inzwischen geflügelte Wort vom Raum als zusätzlichem Erzieher beweist die vorhandenen Gestaltungsmöglichkeiten, wie es auch auf die möglichen Freiräume hinweist. Und dann bliebe immer noch zu überlegen, wie weit das Vorfindbare nicht bloß genutzt, sondern auch noch erweitert werden kann.
Die freie Entfaltung der Kinder ist eben kein pädagogisches Schlagwort, sondern ein Recht, das unser Grundgesetz schützt. Eine Erzieherin soll dieses Recht für alle Kinder schützen und dazu alters- und entwicklungsgemäße Angebote darbieten, Freiräume eröffnen und gewähren, den jeweils nächsten Entwicklungsschritt vorbereiten, die Beschränkungen der Institution überwinden, mit anderen Menschen kooperieren, Risiken eingehen. Jedes Kind muss sich in Ernstsituationen erproben, Gefahren bestehen, Schwierigkeiten meistern, neue Erfahrungsräume erobern können. Stehen den Kindern solche Möglichkeiten im Kindergarten nicht zur Verfügung, ist dies nicht mit den höheren Sicherheitserfordernissen einer Gruppenerziehung zu rechtfertigen.

Erzieherinnen, Leiterinnen und Träger müssten einfach für mangelhafte Erziehungsarbeit zur Rechenschaft gezogen werden, das heißt dafür haften, wenn einem Kind die üblicherweise zu erwartende Leistung verwehrt wird und dadurch Zukunftschancen verbaut werden.

Unvorstellbar?

Achtung!
Kindergarten!

Kapitel 3: Aufsichtspflicht, Haftung und Versicherung

Vorab

Es beginnt gleich mit dem umfangreichsten Text, der mögliche Folgen von Aufsichtspflichtverletzungen und Schädigungen beschreibt. Er wurde fast unverändert aus dem Rechtshandbuch übernommen. Die wohl wichtigste Aktualisierung betrifft die Haftung von Kindern im Alter von sieben bis zehn Jahren. Sofern sie nicht mutwillig handeln, sind sie seit einigen Jahren nicht für Schäden verantwortlich, die sie im Straßenverkehr bewirken. Ansonsten gilt, die Inhalte und Aussagen sind gleich geblieben, manche Fundstelle hat sich verändert.

Überhaupt nicht in die Gefahr zu haften, kommt, wer nicht aufsichtspflichtig ist. Deshalb sollte man wissen, wann die eigene Pflicht beginnt und wann sie endet. Ebenso wie weit sie bestehen bleibt, wenn man sie delegiert. Beide Texte stammen aus dem Rechtshandbuch und sind nach wie vor aktuell.

Ein zweiter neuer Text, jedenfalls der Form nach sind die »Bedürfnisse des Alltags«. Alles, was dort beschrieben ist, war bisher auf andere Texte verteilt, nun werden die Aussagen konzentriert. Zusammen mit dem Thema Zumutbarkeit läuft es wieder darauf hinaus, festzuhalten, wann und wofür eine Erzieherin tatsächlich verantwortlich ist, weil sie nur dafür in Haftung genommen werden kann.

In den drei letzten Texten werden tatsächliche oder vermeintliche Absicherungen diskutiert. Alle drei Texte gab es bereits im Rechtshandbuch, doch insbesondere derjenige über die gesetzliche Unfallversicherung wurde vollkommen überarbeitet; hier wurden inzwischen die rechtlichen Grundlagen völlig verändert. Da sowohl die Kinder als auch die Erzieherinnen im Endeffekt inzwischen einen besseren Versicherungsschutz genießen, wird die Notwendigkeit einer Berufshaftpflichtversicherung nun weit zurückhaltender eingeschätzt. Doch noch immer ist das Beste: sich selbst informieren, einen Standpunkt entwickeln und dann eine Entscheidung treffen.

Mögliche Folgen von Aufsichtspflichtverletzungen

Vielleicht stellt sich manche Leserin angesichts der bisherigen Ausführungen die Frage: »Kann man überhaupt die Aufsichtspflicht verletzen?« Einerseits sind die Grenzen der Erziehung einschließlich der Aufsichtsverpflichtung weit gesteckt, andererseits finden (professionelle) Aufsichtspflichtige Unterstützung dadurch, dass gesunder Menschenverstand das erzieherische Handeln leiten und kein überzogener Anspruch erfüllt werden soll.

In der Tat sind die Fälle relativ selten, in denen der Vorwurf der Aufsichtspflichtverletzung gegen Erzieherinnen durch ein Gerichtsverfahren geklärt werden soll. Wenn Kinder als handelnde Akteure Anlass der Auseinandersetzung sind, werden die Vorwürfe in den meisten Fällen gegen ihre Eltern gerichtet, viel seltener sind Erzieherinnen oder andere Aufsichtspflichtige von Konsequenzen bedroht.

Alle Erklärungen auf den folgenden Seiten haben wir mit besonderer Vorsicht formuliert, denn die Beschreibung der theoretisch möglichen Folgen einer Aufsichtspflichtverletzung braucht viel mehr Raum, als die wenigen eingeleiteten Prozesse beanspruchen dürften. Wenn wir also auf den nächsten Seiten zu erklären suchen, welche Folgen denkbar sind, so bitten wir nachdrücklich, daran zu denken, dass diese Folgen für Erzieherinnen kaum jemals Realität werden.

Die wichtigste, weil häufigste Folge einer Verletzung der Aufsichtspflicht besteht tatsächlich darin, dass danach nichts geschieht! Täglich ereignen sich unzählige Fälle, in denen Erwachsene ihrer Aufsichtspflicht über Kinder nicht genügen, in denen jedoch kein Schaden verursacht wird. Für ein zu geringes Maß an Aufsicht oder eine nicht genügende Form von Aufsicht können Aufsichtspflichtige nicht belangt werden, wenn aus ihrem Handeln (Tun oder Lassen) keine Schädigung folgt.

Da die Aufsichtsführung dazu beitragen soll, die Erziehung zur Selbstständigkeit zu unterstützen, kann aber die Verpflichtung zu angemessener Aufsicht über Kinder auch durch ein Zuviel an Einschränkungen verletzt werden. Diese Art von Aufsichtspflichtverletzung ist kaum nachzuweisen, selbst wenn ein Kind dadurch geschädigt wird, weil seine Entwicklungsmöglichkeiten nicht optimal genutzt werden. Wie und wann sollte ein solcher Fall verhandelt werden? Ist vorstellbar, dass ein junger Erwachsener seine ehemalige Kindergartenerzieherin verklagt, weil sie ihm nicht oder zu spät erlaubt hat, Erfahrungen ohne direkte Aufsicht zu sammeln?

Die Art der Aufsichtsführung soll helfen, Erziehungsziele zu erreichen. Sie muss dabei den Mindestanforderungen an Sicherheit und Ordnung genügen. Aufsicht als Instrument der Erziehung verstanden, müsste jeder Gebrauch zu (rechtlichen) Konsequenzen führen, der nicht im Sinne des Gesetzes anzusehen ist. Abweichungen in beide Richtungen von einem Konsensbereich wären zu ahnden. Wann aber können Abweichungen vom Üblichen als so gravierend angesehen werden, dass zumindest formale rechtliche Folgen einzuleiten sind?

In absehbarer Zeit dürfte diese Vorstellung keine Realität werden, doch möchten wir den Gedanken einführen, dass eine angemessene Umsetzung der Erziehungsrechte und -pflichten mit einer entsprechenden Aufsichtsführung durchaus in beide Richtungen zu sichern ist: gegen ein Zuviel und gegen ein Zuwenig.

In der Regel ist eine Schädigung einer Person oder einer Sache der Auslöser für eine Auseinandersetzung um angemessene oder falsche Aufsichtsführung vor einem Gericht. Die geschädigte Person klagt gegen jemanden, den sie für schuldig an der Entstehung des Schadens hält. Eine weitere Möglichkeit für den Beginn eines Prozesses besteht darin, dass nach einer Anzeige die Staatsanwaltschaft Klage erhebt. Der jeweils zuständige Richter bzw. die zuständige Richterin kann die Klage ohne Verhandlung niederschlagen, wenn er oder sie zu der Auffassung gelangt, dass die Vorwürfe gegen die aufsichtspflichtige Person entweder haltlos sind oder nicht hinreichend belegt werden können. Sollten die Vorwürfe so gravierend sein, dass eine Klärung erst durch einen Prozess herbeigeführt werden kann, ist für die angeklagte aufsichtspflichtige Person noch nicht alles verloren. Am Ende eines durchgestandenen Gerichtsverfahrens kann die Entlastung durch einen Freispruch stehen. Eine Klage bedeutet nicht zwangsläufig eine Feststellung von Schuld.

Die Grundvoraussetzung für einen Prozess ist also eine Schädigung. Als weitere Voraussetzung muss jemand, eine aufsichtspflichtige Person, für den Schaden verantwortlich gemacht werden. »Wer ist das gewesen?« Der oder die Schuldige wird gesucht und soll festgestellt werden. Das ist bei einem Schaden, der durch einen Zusammenstoß mit Autos entsteht, nicht anders als bei einem Tintenfleck oder beim Verlust geborgten Eigentums. Mit Ärger ist zu rechnen und mit der Forderung, den Schaden »wieder gut zu machen«. Rechtlich wird von einer Verschuldenshaftung gesprochen. Sie wird auch deliktische Haftung genannt, weil die Ursache ein Delikt (Vergehen, unerlaubte Handlung) ist.

Im Normalfall wird der Schaden, zumindest wenn er nicht allzu groß ist, zwischen den beteiligten Menschen, der geschädigten und der schädigenden Person, direkt geklärt, behoben und ausgeglichen. Können die beiden sich nicht einigen, geht die geschädigte Person vor Gericht. Dort versucht sie eine zivilrechtliche (privatrechtliche) Klärung zu erwirken; es handelt sich ja um einen Streit zwischen zwei Bürgern bzw. Bürgerinnen. Die Klärung erfolgt nach dem Bürgerlichen Gesetzbuch (BGB), das mit einigen Auszügen schon vorgestellt wurde.

Sind nicht nur Gegenstände, sondern auch Personen geschädigt worden oder besteht der Schaden darin, dass ein durch andere Rechtsnormen besonders geschütztes Recht einer Mitbürgerin verletzt wird, kann zusätzlich zur privatrechtlichen Klage über die Staatsanwaltschaft eine strafrechtliche Ahndung des schädigenden Verhaltens erfolgen. In bestimmten Fällen, beispielsweise Körperverletzung oder fahrlässige Tötung, reicht es nicht aus, dass die verursachende und die geschädigte Person (bzw. ihre Hinterbliebenen) sich einigen. In diesen Fällen macht der Staat sein Recht geltend, die schädigende Person bestrafen zu dürfen. Zusätzlich zur zivil- bzw. privatrechtlichen Regelung erfolgt in solchen Fällen eine Ahndung nach dem Strafrecht.

Ist schließlich die schädigende Handlung während der Ausübung einer Berufstätigkeit geschehen, kann als dritte Folge der Arbeitgeber im Rahmen arbeitsrechtlicher Sanktionsmöglichkeiten tätig werden oder einen Prozess vor dem Arbeitsgericht anstrengen. Der Arbeitgeber hat ein Recht darauf, dass seine Mitarbeiterinnen ihre Arbeitsleistung mit voller Sorgfalt erbringen und weder ihn noch andere schädigen.

Ein Schaden kann Konsequenzen in drei Bereichen haben, wenn er während der Arbeitszeit verursacht wird:

Zivilrecht Strafrecht Arbeitsrecht

Mit einem Beispiel aus einem nicht-pädagogischen Arbeitsgebiet wollen wir diese Aussage erklären.

Eine Auslieferungsfahrerin eines Eiergroßhandels hat sich für einen Unfall, den sie während ihrer Arbeitszeit verursacht,

- im Arbeitsrecht zu verantworten, denn der Unfall steht im Gegensatz zu den Pflichten aus dem Arbeitsvertrag, die eine pünktliche, reibungslose Lieferung vorsehen. Je häufiger der Un-Fall eintritt oder je gravierender seine Ursache (zum Beispiel Trunkenheit), desto härter wird die Konsequenz, von einer Ermahnung bis hin zu einer Kündigung, sein;
- im Strafrecht zu verantworten, wenn bei dem Unfall jemand getötet oder verletzt wurde; dies gilt auch dann, wenn die Übertretung anderer Gesetze, beispielsweise die Straßenverkehrsordnung (bei »Rot« darf nicht gefahren werden), für die Schädigung ursächlich war, aber kein Personenschaden beklagt wurde;
- im Zivilrecht zu verantworten, wenn die geschädigte Person die Reparaturkosten ihres Autos ersetzt haben möchte und/oder bei einem Personenschaden eine Entschädigung in Form von Schmerzensgeld verlangt.

Jede Arbeitnehmerin geht dieses dreifache Risiko ein. Im »Eisenstangen-Urteil« wurde die Aufsichtsführung der zuständigen Erzieherinnen als korrekt beurteilt (siehe S. 58). Das Prinzip möglicher Rechtsfolgen soll nun auf ein Beispiel verantwortungsloser Aufgabenerfüllung von Erzieherinnen übertragen werden. Unser Beispiel ist ein reales aus der jüngeren Praxis der Tagesbetreuung. Es lässt sich in zwei Sätzen zusammenfassen:

In einer Kindertageseinrichtung dürfen alle Kinder an manchen Tagen zu bestimmten Zeiten ganz allein (zumindest sehr weitgehend) im Garten und allen Räumlichkeiten spielen. Diese Erlaubnis wird von den zuständigen Erzieherinnen mit der Erziehung zur Selbstständigkeit begründet.

Die Begründung klingt nicht schlecht. Was soll daran eine Folgen erzwingende Aufsichtspflichtverletzung sein? Zur Beantwortung dieser Frage müssen wir die Situation genauer anschauen. Was passiert dort wirklich? Was tun die Kinder? Was machen die Erzieherinnen? Wir können es nicht wissen, weil auch die Erzieherinnen keinen vollen Überblick haben. Sie können nur berichten, was sie selbst tun, während die Kinder allein spielen. Was die Kinder tun, weiß keine genau, denn die Erzieherinnen lassen sich reihum frisieren und nehmen zusätzlich die Dienste einer Maniküre in Anspruch.

Da wir keine weitreichenden fachpolitischen Erörterungen anstellen wollen, fragen wir nicht nach dem Personalschlüssel, der das alles ermöglicht, nicht nach der Erfüllung des Bildungsauftrages, auch nicht nach der Verantwortung von Leitung und Träger. Wohl aber wollen wir die möglichen Folgen solcher Art Erziehung und Aufsichtsführung erörtern.

Weil die Praxis in dieser Kindertageseinrichtung schon länger besteht, gehen wir davon aus, dass die wahrscheinlichste Konsequenz tatsächlich stimmt: Folgen von Erziehungs- und Aufsichtspflichtverletzungen sind selten, selbst wenn es rechtliche Grundlagen dafür gibt.

- Mögliche Konsequenzen im Arbeitsrecht

Die Erzieherinnen kommen ihren Pflichten aus dem Arbeitsvertrag nicht nach, wenn sie Teile ihrer Arbeitszeit für private Zwecke nutzen. Der Arbeitgeber hat Anspruch auf die volle Leistung, die Erzieherinnen Anspruch auf das volle Gehalt (so will es der Dienstvertrag nach § 611 BGB). Der Arbeitgeber kann die Arbeitsleistung durch eine Abmahnung einfordern oder sich in sehr gravierenden Fällen von seinen Mitarbeiterinnen lösen, ihnen kündigen. Egal also, ob etwas passiert bei solcher Art Aufsichtsführung oder nicht, die Erzieherinnen verletzen hier ihre Arbeitspflichten, indem sie weder erziehen, noch beaufsichtigen, noch sonst eine Tätigkeit verrichten, die mit dem Arbeitsvertrag im Einklang steht. Deshalb darf der Arbeitgeber gegen das Verhalten der Erzieherinnen vorgehen.

- Mögliche Konsequenzen im Zivilrecht

Tritt ein Schaden ein, der auf eine mangelhafte Aufsichtsführung zurückzuführen ist, haften die verantwortlichen Erzieherinnen. Sie werden zum Ersatz des entstandenen Schadens und/oder zur Zahlung eines Schmerzensgeldes verpflichtet. In Verfahren auf der Grundlage des Bürgerlichen Gesetzbuches wird stets – direkt oder indirekt – über Geld verhandelt. Ein Ausgleich für Schäden wird daher meist in Geldeswert festgelegt.

- Mögliche Konsequenzen im Strafrecht

Das Verhalten der Erzieherinnen könnte zu einem Schaden führen, der zusätzlich noch strafrechtlich belangt werden kann. Ein Kind könnte sich beispielsweise ernsthaft verletzen oder gar zu Tode kommen. Dann muss die Staatsanwaltschaft prüfen, ob Anklage zu erheben ist. Körperverletzung kann eine Freiheitsstrafe bis zu drei Jahren oder eine Geldstrafe nach sich ziehen; fahrlässige Tötung eines Menschen wird mit Freiheitsstrafe bis zu fünf Jahren oder mit Geldstrafe bestraft.

Eine Grafik soll die Ausführungen zusammenfassend darstellen:

Schaden

Zivilrecht	Arbeitsrecht	Strafrecht
mögliche Folgen:		
Schadensersatz Schmerzensgeld	Abmahnung Kündigung Regress[79]	Geldstrafe Haftstrafe

Alle drei Rechtsfolgen können nebeneinander eintreten, wenn ein entsprechender Schaden entstanden ist. Sie müssen nicht zusammen eintreten. Sie müssen gar nicht eintreten. Gesetzt den Fall, unsere Erzieherinnen pflegen

79 Regress heißt Rückgriff und bezeichnet hier den Fall, dass der Arbeitgeber/Träger der Erzieherinnen für einen Schaden eintreten muss, sich jedoch seine Leistung im Rückgriff auf seine Mitarbeiterinnen wiederholen möchte.

nach wie vor besonders sich und ihre Arbeitseinstellung, aber die zu betreuenden Kinder kommen damit zurecht und keines von ihnen wird verletzt, hat nur der Träger der Einrichtung bzw. der Arbeitgeber ausreichend Grund, gegen dieses Verhalten vorzugehen. Ohne Schadensfall haben die Erzieherinnen keine direkten Folgen zu befürchten. Indirekte Folge könnte allerdings sein, dass sich die pädagogische Qualität herum spricht und niemand mehr sein Kind dort betreuen lässt.

Gesetzt den Fall jedoch, ein Kind wird tödlich oder schwer verletzt, weil die Erzieherinnen nachweislich ihre Dienstpflicht verletzt haben und dies für den Tod ursächlich war, sieht die wahrscheinliche Reihenfolge der juristischen Auseinandersetzungen so aus: Zuerst müssen die Erzieherinnen sich in einem Strafverfahren verantworten, nachfolgend mit großer Wahrscheinlichkeit in einem Zivilverfahren (Eltern verlangen Schadensersatz für ihr getötetes oder verletztes Kind) und als Dritter wird der Arbeitgeber seine Konsequenzen ziehen.

Warum aber können wir dieses Beispiel vorstellen? Warum verhindert niemand die Haar- und Nagelpflege der Erzieherinnen in der Arbeitszeit? Eltern können kaum dagegen vorgehen, weil kein offensichtlicher Schaden eingetreten ist. Was wissen Eltern schon vom Alltag in einer Kindertageseinrichtung? Würden sie sich trauen, dagegen einzuschreiten? Wissen sie, dass sie gegen den Träger wegen Nichteinhaltung des Betreuungsvertrages vorgehen können? Was immer die Ursache für das Stillhalten der Eltern sein mag, es trägt dazu bei, dass das Fehlverhalten der Erzieherinnen nicht genügend bemängelt wird. Von entscheidender Bedeutung ist weiterhin, dass der Träger sich nicht zuständig fühlt. Niemand fordert pädagogische Qualität, kontinuierliche Erziehungsleistungen oder einen soliden Gegenwert für den Arbeitslohn. Weiß der Träger etwa nicht, was vor sich geht?

Offensichtlich führt sogar eklatantes Fehlverhalten mitunter zu keinen Konsequenzen. Wieso ist das Thema Aufsichtspflicht dann so häufig Gesprächsgegenstand? Wieso äußern Erzieherinnen so häufig Angst vor dem Risiko? Es scheint, als ähnelte die Aufsichtspflicht bestimmten Krankheiten. Je mehr man sich mit ihr beschäftigt, desto kränker fühlt man sich. Das Gefühl hat mit der objektiven Situation praktisch nichts zu tun. Die tatsächliche Gefahr, wegen der Verletzung der Aufsichtspflicht vor Gericht zu kommen, ist äußerst gering. Das Risiko hingegen, als Autofahrerin einen Unfall zu verursachen, liegt um ein Vielfaches höher. Über Ängste beim Autofahren wird selten gesprochen.

Das Risiko, sich im schlimmsten Fall vor drei verschiedenen Gerichten verantworten zu müssen, ängstigt Erzieherinnen. Diese mögliche Konsequenz ist aber beileibe nichts Ungewöhnliches und keine Schikane gegen diese Berufsgruppe. Jede Arbeitnehmerin geht in Ausübung ihrer Tätigkeit dieses dreifache Risiko ein. Jeder Privatmensch trägt das zweifache Risiko der zivilrechtlichen und der strafrechtlichen Verantwortung, wenn er in ein Auto steigt. Natürlich ist Risiko nicht gleich Risiko. Das Risiko, vom Blitz erschlagen zu werden, ist etwa doppelt so hoch wie das Risiko (bzw. die Wahrscheinlichkeit) den Haupttreffer im Lotto zu gewinnen. Wie hoch ein Risiko einzuschätzen ist, erfährt man beispielsweise durch Vergleich der Versicherungen. Hohe Risiken sind per Gesetz zwangsversichert, wie die Kraftfahrtzeug-Haftpflichtversicherung, niedrige Risiken können freiwillig versichert werden. Für hohe Risiken sind außerdem höhere Versicherungsprämien zu bezahlen als für niedrige. Eine Kraftfahrzeug-Haftpflichtversicherung kostet ein Vielfaches einer Berufshaftpflichtversicherung für Erzieherinnen, falls letztere überhaupt angeboten wird.

Wenn Rechtsfolgen im Zusammenhang mit tatsächlicher oder vermeintlicher Aufsichtspflichtverletzung eintreten, sind es fast ausschließlich Auseinandersetzungen im Zivilrecht. Fälle strafrechtlicher Verfolgung sind kaum bekannt; zu Verurteilungen kam es in den letzten 30 Jahren nur in einem Verfahren. Auch gravierende arbeitsrechtliche Folgen konnten wir nur für diesen einen Fall ermitteln. Und so bleibt als häufigste Folge die »private Auseinandersetzung« zwischen einer geschädigten Person und dem Schädiger im Rahmen des Zivilrechts. Entweder sie einigen sich direkt miteinander oder aber vor Gericht, jeweils mit dem Bürgerlichen Gesetzbuchs (BGB) als Rechtsnorm.

Das Ziel einer Klage kann darin bestehen, einen erlittenen Schaden ausgeglichen zu bekommen, falls der Schädiger sich weigert, den Schaden aus freien Stücken zu beheben. Beispielsweise sollen ein beschädigtes Auto angemessen repariert, ein zerrissenes Kleidungsstück ersetzt oder entstandene Aufwendungen für Arztkosten erstattet werden. Welches sind die genauen rechtlichen Grundlagen, und was sagen sie aus?

Ein Schaden ist vom Verursacher zu verantworten; das ergibt sich aus § 823 BGB:

(1) Wer vorsätzlich oder fahrlässig das Leben, den Körper, die Gesundheit, die Freiheit, das Eigentum oder ein sonstiges Recht eines anderen widerrechtlich verletzt, ist dem anderen zum Ersatz des daraus entstandenen Schadens verpflichtet.

(2) Die gleiche Verpflichtung trifft denjenigen, welcher gegen ein den Schutz eines anderen bezweckendes Gesetz verstößt. Ist nach dem Inhalt des Gesetzes ein Verstoß gegen dieses auch ohne Verschulden möglich, so tritt die Ersatzpflicht nur im Falle des Verschuldens ein.

In Alltagssprache übersetzt: Jeder, der einen Schaden anrichtet, muss dem Geschädigten diesen Schaden ersetzen. Die grundsätzliche Aussage wird relativiert durch die Einschränkung, dass der Schaden vorsätzlich oder fahrlässig herbeigeführt sein muss, mit anderen Worten, wenn dem Schädiger die schuldhafte Entstehung des Schadens nachgewiesen wurde.[80] Selbst wenn gegen ein Gesetz verstoßen wurde, welches keine Haftung nach dem Verschuldensgrundsatz vorsieht, tritt die Haftungsfolge Schadensersatz ausschließlich bei einer Schuldfeststellung ein.

In § 823 Abs. 1 BGB heißt es: *Wer ... verletzt...* Diese Formulierung schließt vielfältige Möglichkeiten des Verletzens ein. Man kann sowohl durch aktives Verhalten verletzen, das heißt einen Schaden direkt herbeiführen, als auch durch passives Verhalten eine Schädigung begünstigen oder nicht ausschließen, obwohl man vielleicht dazu verpflichtet wäre. Dazu einige Beispiele:

80 Ein Schaden könnte zum Beispiel dadurch entstanden sein, dass jemand sich gegen einen Überfall gewehrt hat und dabei die Jacke des Angreifers beschmutzte oder zerriss. Dieser Schaden dürfte mit Sicherheit nicht vorsätzlich oder fahrlässig herbeigeführt sein. Er wäre auch nicht widerrechtlich zugefügt, denn die Abwehr eines Überfalls ist rechtmäßig. Deshalb braucht der Schaden nicht ersetzt zu werden. Eine Klage des Angreifers wäre nicht nur unwahrscheinlich, sondern ohne jede Aussicht auf Erfolg.

- Wer einem anderen vorsätzlich oder fahrlässig ein Glas Rotwein über die Kleidung gießt, muss den Schaden ersetzen, also beispielsweise die Reinigung bezahlen oder ein neues Kleidungsstück kaufen.
- Wer einem anderen eine Beule ins Auto fährt, muss die Reparatur selbst sachgemäß ausführen oder in einer Werkstatt veranlassen. Eventuell entstehende weitere Kosten, wie Nutzungsausfall oder Mietwagenkosten, sind ebenfalls zu ersetzen.
- Eine Erzieherin, die durch ihr Tun oder Lassen eine Schädigung eines ihr anvertrauten Kindes herbeiführt, muss den Schaden dann ersetzen, wenn ihr Vorsatz oder Fahrlässigkeit nachgewiesen werden kann, wenn sie also den Schaden schuldhaft herbeigeführt hat. Die Erzieherin könnte zum Beispiel zu wenig oder zu schlecht auf ein Kind aufgepasst haben (eine angemessene Aufsicht unterlassen haben) und dadurch schuldhaft den Schaden dieses Kindes herbeigeführt haben. Denkbar ist auch, dass die Erzieherin einem Kind heißen Tee über den Arm gießt, das Kind demnach durch ihr Tun schädigt. Kann die Schädigung ihr angelastet werden, muss sie für Schadensersatz und Schmerzensgeld aufkommen.

Als allgemeine rechtliche Grundlage gilt § 249 BGB

1. *Wer zum Schadensersatz verpflichtet ist, hat den Zustand herzustellen, der bestehen würde, wenn der zum Ersatz verpflichtende Umstand nicht eingetreten wäre.*
2. *Ist wegen Verletzung einer Person oder wegen Beschädigung einer Sache Schadensersatz zu leisten, so kann der Gläubiger statt der Herstellung den dazu erforderlichen Geldbetrag verlangen. Bei der Beschädigung einer Sache schließt der nach Satz 1 erforderliche Geldbetrag die Umsatzsteuer nur mit ein, wenn und soweit sie tatsächlich angefallen ist.*

Die geschädigte Person braucht sich nicht in jedem Fall mit einer bezahlten Reparatur abzufinden, sondern kann den entsprechenden Geldbetrag erwarten und selbst entscheiden, wann und wo der Schaden behoben wird.

Als Schäden kommen alle Beeinträchtigungen eines vorigen intakten Zustandes einer Sache oder einer Person in Betracht. § 253 BGB:

1. *Wegen eines Schadens, der nicht Vermögensschaden ist, kann Entschädigung in Geld nur in den durch das Gesetz bestimmten Fällen gefordert werden.*
2. *Ist wegen einer Verletzung des Körpers, der Gesundheit, der Freiheit oder der sexuellen Selbstbestimmung Schadensersatz zu leisten, kann auch wegen des Schadens, der nicht Vermögensschaden ist, eine billige Entschädigung in Geld gefordert werden.*

Der gängige Begriff für diese Art Schäden lautet Schmerzensgeld. Es wird davon ausgegangen, dass Körperschäden nicht wiederherstellbar sind, beispielsweise wenn die Schädigung den Verlust eines Körperteils umfasst, oder (zusätzlich) weitere immaterielle Schädigungen umfassen, beispielsweise Schmerzen während des Genesungsprozesses oder darüber hinaus. Weil solche Schäden nicht behoben werden können, wird das Schmerzensgeld als Ausgleichszahlung angesehen.

Schadensersatz und Schmerzensgeld sollen die durch eine Schädigung entstandenen Verluste, den Schaden, möglichst genau ausgleichen. Im Zweifel wird durch Gutachten oder ähnliche Verfahren die Höhe der Ausgleichszahlungen festgelegt. Ein »Strafanteil« darf darin nicht enthalten sein. Wir bewegen uns im Zivilrecht. Privatrecht und Strafrecht sind getrennt. Klagen auf Schadensersatz und Schmerzensgeld sind von Strafgedanken freizuhalten.[81]

§ 823 Abs. 1 BGB stellt mit dem ersten Wort »Wer« die Pflicht zum Schadensersatz für jede Person fest. Was auf den ersten Blick ganz einfach klingt, hat manchmal seine Tücken. Ist wirklich jede Person gemeint, ungeachtet des Geschlechts, der Herkunft oder des Alters? Im Text wird nicht weiter differenziert, deshalb ist wirklich jede Person gemeint, die dagegen verstößt. Doch es gibt einen weiteren Paragraphen zu beachten, das ist § 828 BGB:

(1) *Wer nicht das siebente Lebensjahr vollendet hat, ist für einen Schaden, den er einem anderen zufügt, nicht verantwortlich.*
(2) *Wer das siebente, aber nicht das zehnte Lebensjahr vollendet hat, ist für einen Schaden, den er bei einem Unfall mit einem Kraftfahrzeug, einer Schienenbahn oder einer Schwebebahn einem anderen zufügt, nicht verantwortlich. Dies gilt nicht, wenn er die Verletzung vorsätzlich herbeigeführt hat.*
(3) *Wer das 18. Lebensjahr noch nicht vollendet hat, ist, sofern seine Verantwortlichkeit nicht nach Absatz 1 oder 2 ausgeschlossen ist, für den Schaden, den er einem anderen zufügt, nicht verantwortlich, wenn er bei der Begehung der schädigenden Handlung nicht die zur Erkenntnis der Verantwortlichkeit erforderliche Einsicht hat.*

Kinder unter sieben Jahren können für einen von ihnen angerichteten Schaden nicht zur Verantwortung gezogen werden. Kinder und Jugendliche zwischen dem siebten und dem achtzehnten Lebensjahr genießen den Schutz der Jüngeren nur eingeschränkt. Für Kinder zwischen dem siebten und dem zehnten Lebensjahr gilt der Schutz nur noch im Straßenverkehr und bei Bahnen mit der weiteren Einschränkung, dass sie nicht mutwillig, also vorsätzlich, gehandelt haben dürfen. Ansonsten gilt bis zur Vollendung des achtzehnten Lebensjahres, dass Kinder eingeschränkt verantwortlich sind, nämlich dann, wenn sie die Erkenntnis der Verantwortlichkeit für die schädigende Handlung besitzen. Noch anders ausgedrückt: Wenn die Kinder und Jugendlichen von ihrem Entwicklungsstand her in der Lage sind und wenn sie zum Zeitpunkt der Schadensverursachung nicht in ihrem Bewusstsein beeinträchtigt waren, müssen sie für einen von ihnen angerichteten Schaden gerade stehen. Wenn in einem konkreten Fall jedoch der alte Filmtitel »Denn sie wissen nicht, was sie tun« zutreffend die Handlungsfähigkeit und den Bewusstseinsstand eines Kindes (oder Jugendlichen) beschreibt, trägt es keine Verantwortung für den angerichteten Schaden.

An diese Aussagen knüpfen sich zwei Fragen:

- Gelten sie uneingeschränkt?
- Was geschieht mit dem Geschädigten und seinem Schaden, wenn die Nichtverantwortlichkeit des Schädigers festgestellt wird?

Der Grundsatz des § 823 BGB lautete sinngemäß, dass ein Geschädigter Anspruch auf Schadensersatz hat und dass der Schädiger diesen Anspruch befriedigen muss.

81 Klagen auf Schadensersatz werden gewissermaßen freiwillig geführt. Obwohl nachvollziehbar ist, dass die geschädigte Person ihren Schaden ersetzt bekommen möchte, kann nicht unbedingt davon ausgegangen werden, dass sie den Schaden ersetzt bekommen will. Anders im Strafrecht, wo der Staatsanwalt öffentliches Interesse durchsetzen muss, wenn gegen Regelungen des Strafgesetzbuches verstoßen wurde, unabhängig davon, ob die geschädigte Person als Kläger auftreten will oder nicht.

Die geschädigte Person wird dadurch in ihren Rechten geschützt. Wenn nun durch § 828 BGB dieser Grundsatz teilweise aufgehoben wird, weil der Gesetzgeber weitere Personengruppen schützen will, die hier zusammenfassend als »in ihrer Entwicklung nicht ausgereift bzw. beeinträchtigt« bezeichnet werden können, so kann die Schutzfunktion des § 823 BGB für manche geschädigte Person nicht mehr greifen. Die Gefahr ist wirklich gegeben, dass jemand auf seinem Schaden sitzen bleibt, doch gilt dies nicht generell für Fälle, in denen Kinder bzw. Jugendliche die Verursacher sind.

Im Gegenteil hat der Gesetzgeber insoweit Vorsorge für den Geschädigten und den nicht oder nur beschränkt Schadensverantwortlichen getragen, als er Kinder bis zur Vollendung ihres achtzehnten Lebensjahres in die Obhut der Personensorgeberechtigten gestellt hat. Sie sollen die Kinder erziehen und zielgemäß beaufsichtigen. Zuvörderst ihnen obliegt die Verantwortung für ihre Kinder, nachrangig anderen Personen, wie Lehrern oder Erzieherinnen, wenn Eltern oder Schulgesetz dies so bestimmen. Weil jetzt nicht nur Sorgeberechtigte oder ihre Vertreter und zu erziehende/zu beaufsichtigende Minderjährige betroffen sind, sondern andere, vielleicht ganz fremde Personen geschädigt sind, nennt man diesen Fall »Aufsichtspflicht bei Schädigung sogenannter Dritter«. Hierfür muss der § 832 BGB herangezogen werden:

(1) *Wer Kraft Gesetzes zur Führung der Aufsicht über eine Person verpflichtet ist, die wegen Minderjährigkeit oder wegen ihres geistigen oder körperlichen Zustandes der Beaufsichtigung bedarf, ist zum Ersatz des Schadens verpflichtet, den diese Person einem Dritten widerrechtlich zufügt. Die Ersatzpflicht tritt nicht ein, wenn er seiner Aufsichtspflicht genügt oder wenn der Schaden auch bei gehöriger Aufsichtsführung entstanden sein würde.*

(2) *Die gleiche Verantwortlichkeit trifft denjenigen, welcher die Führung der Aufsicht durch Vertrag übernimmt.*

Kraft Gesetzes sind vor allem Eltern zur Führung der Aufsicht über ihre minderjährigen Kinder verpflichtet. Sie müssen Schäden von dritten Personen ersetzen, wenn ihre Kinder diese Schäden widerrechtlich (also beispielsweise nicht um einen Angriff abzuwehren) herbeigeführt haben. Die Eltern gelten in diesem Sinne als schuldig an der Entstehung des Schadens, weil eine nicht ordnungsgemäße Aufsichtsführung ihren Kindern ermöglichte, einen Dritten zu schädigen. Zum Schutz des Geschädigten wird vorsorglich in jedem Fall eine Vernachlässigung der Aufsichtspflicht unterstellt. Jeder Schaden muss von Aufsichtspflichtigen ersetzt werden. Ausgenommen sind die Fälle nach § 832 Abs. 1 Satz 2 BGB. Wenn nämlich die aufsichtspflichtige Person

- den Anforderungen genügt hat oder
- wenn der Schaden »sowieso« entstanden sein würde oder
- die Schädigung nicht zu verhindern war,

braucht sie den Schaden nicht zu ersetzen. Dann bleibt der Geschädigte mit seinem Schaden allein. Durch § 832 Abs. 2 BGB wird festgelegt, dass die gleiche Verantwortung von Personen erwartet wird, die die Aufsicht über Kinder auf vertraglicher Grundlage ausüben. Erzieherinnen gehören in aller Regel zu diesem Kreis, denn sie sind per Betreuungs- und Arbeitsvertrag an Stelle der Eltern zur Erziehung und Beaufsichtigung der Kinder berechtigt und verpflichtet.

Jedes Mal, wenn Kinder einen Schaden verursacht haben, ist anzunehmen, dass eine aufsichtspflichtige Person dafür aufkommen muss. Während im Recht üblicherweise gilt, dass dem Beschuldigten eine Tat (im Strafrecht) oder eine Schädigung (nach § 823 BGB) nachgewiesen werden muss, liegt die Beweislast nach § 832 BGB bei der aufsichtspflichtigen Person. Kann sie sich nicht entlasten, muss sie den Schaden ersetzen. Weil die Last des Beweises nicht beim Kläger liegt, sondern der Entlastungsbeweis von der beklagten Person geführt werden muss, spricht man von der Umkehr der Beweislast.

Die umgekehrte Beweislast soll der geschädigten Person dienen, zu ihrem Recht zu kommen.[82] Zum Schutze der Geschädigten sieht der Grundsatz des § 832 Abs. 1 BGB die Ersatzpflicht vor: *Wer kraft Gesetzes..., ist verpflichtet.* Sicher ist es allerdings nicht, ob sie auf diesem Wege Schadensersatz erlangt, denn es gibt ja die Möglichkeit für die Beklagte, sich zu entlasten, in dem sie den Nachweis für korrekte Aufsichtsführung bringt. In den Worten des Richters aus dem »Eisenstangen-Urteil«: Die aufsichtspflichtige Person muss klar und frei von Widersprüchen aussagen, was sich ereignet hat. Diese Seite der Regelung dient mehr den Kindern und den Aufsichtspflichtigen.

Die Umkehr der Beweislast stellt die aufsichtspflichtige Person vor eine besondere Anforderung, doch nicht vor eine unlösbare Aufgabe. Keine Erzieherin braucht davor zurückzuschrecken, denn die Darstellung ihrer Arbeit gegenüber Eltern und anderen Personen im Rahmen der Öffentlichkeitsarbeit gehört zu ihrem Berufsbild. Wenn die aufsichtspflichtige Erzieherin den allgemeinen beruflichen Pflichten entsprechend ihre Arbeit geplant und durchgeführt hat und anderen Menschen erklären kann, besteht deshalb ein hohes Risiko für eine durch ein Kind oder durch einen Jugendlichen geschädigte Person, auf ihrem Schaden sitzen zu bleiben. Umgekehrt folgt, dass das Risiko, belangt zu werden, für Erzieherinnen denkbar gering ist. Und es sinkt in dem Maß, wie die pädagogische Qualität der Arbeit steigt. Thomas Mörsberger, der ehemalige Leiter des Landesjugendamtes Baden, hat diesen Zusammenhang schon 1980 auf die griffige Formel gebracht: »Angst vor der Aufsichtspflicht braucht keiner zu haben, der sich einigermaßen um fachlich begründetes Handeln bemüht.«[83]

Vollends aussichtslos wird die Situation für den Geschädigten, wenn der zweite Teil von Satz 2 aus dem § 832 Abs. 1 BGB zu berücksichtigen ist: *»... oder wenn der Schaden auch bei gehöriger Aufsichtsführung entstanden sein würde.*

Unsere Hauptaussage, dass bei den meisten Aufsichtspflichtverletzungen keine Folgen eintreten, weil kein offenkundiger Schaden festzustellen ist, kann ergänzt werden. Selbst wenn sich eine Aufsichtspflichtverletzung und ein Schaden zusammen ereignen, kann es vorkommen, dass die geschädigte Person leer ausgeht und ihren Schaden nicht ersetzt bekommt. Die aufsichtspflichtige Person ist nämlich nicht haftbar zu machen, wenn kein kausaler Zusammenhang zwischen Aufsichtspflichtverletzung und Schädigung herzustellen ist. Die Verletzung der Aufsichtspflicht muss die direkte

82 Das Prinzip der Beweislastumkehr ist eingeführt worden, um denjenigen nicht (weiter) zu benachteiligen, der zur Verfolgung seines Anspruchs nicht die nötigen Voraussetzungen hat. Einem Geschädigten ist praktisch unmöglich zu beweisen, was eine Aufsichtsperson alles Erforderliche getan oder gelassen hat. Das gleiche Prinzip wird bei der Produkthaftung angewandt. Es genügt, dass ein Schaden durch ein gekauftes Produkt entstanden ist. Der Hersteller haftet, wenn er nicht beweisen kann, dass er alles ihm mögliche im Produktionsverfahren berücksichtigt und dass er außerdem sorgfältig gearbeitet hat.

83 Mörsberger, T.: Die Angst vor der Aufsichtspflicht. In: Theorie und Praxis der Sozialpädagogik. Heft 6/1980, S. 392

Ursache für den Schaden sein, sonst geht der Geschädigte leer aus. Als erläuterndes Beispiel (Urteil vom 12.10.1995, 18 U 225/94 OLG Düsseldorf) soll der Fall dienen, in dem vierjährige Kindergartenkinder aus einem Gebüsch heraus über den Kindergartenzaun hinweg ein Auto mit Kies bewarfen und es beschädigten. Selbst wenn die Erzieherin daneben gestanden hätte, wäre es einem Kind (erst recht aus einer Gruppe heraus) möglich gewesen, sich zu bücken, Kies zu ergreifen und blitzschnell zu werfen. Egal, ob die Erzieherin ihrer Aufsichtspflicht genügt hat oder nicht, dieser Schaden wäre auch bei gehöriger Aufsichtsführung entstanden; genau wie es im Gesetz heißt. Die Folgen sind – wieder einmal – keine Haftungsfolgen. Zu beachten ist aber, dass der kausale Zusammenhang immer unterstellt wird, sodass die Beweislast für den Nicht-Zusammenhang wieder bei der aufsichtspflichtigen Person liegt.

Eine weitere Konstellation war einmal Realität in einem Hort einer süddeutschen Großstadt. Zwei zehnjährige Jungen tricksten die Erzieherin aus, entzogen sich ganz bewusst und vorsätzlich der Beaufsichtigung, um ungestört mit Feuer spielen zu können. Dabei brannten sie eine Scheune im Wert von 200.000,- DM nieder. Auch dieser Fall ereignete sich bei »gehöriger Aufsichtsführung«. Wenn sich Kinder im Hortalter absichtsvoll, mit Bedacht und, wie sie später zugaben, um der Erzieherin einen Streich zu spielen, so verhalten, ist eine aufsichtspflichtige Person praktisch machtlos. Die Erzieherin war nicht zu belangen.

Wie aber kamen die Kinder davon? Sie hatten Glück, dass der Träger der Einrichtung den Vorfall als Betriebsrisiko einstufte und den Schaden voll ersetzte, das heißt ohne die Kinder zu beteiligen. Diese Großzügigkeit ist umso bemerkenswerter, als davon ausgegangen werden kann, dass Hortkinder, die mit so viel Umsicht aus dem Blickfeld der Erzieherin verschwinden, um zu zündeln, die nach dem Bürgerlichen Gesetzbuch erforderliche Einsicht hatten.[84]

In bestimmten Fallkonstellationen geht der Geschädigte mit Sicherheit leer aus. Bei Schäden durch Kinder vor Vollendung des siebten Lebensjahres regelmäßig dann, wenn die Aufsichtspflicht nicht vernachlässigt wurde.[85] Bei älteren Kindern und Jugendlichen muss festgestellt werden, ob sie die erforderliche Einsicht im Zusammenhang mit der schädigenden Handlung besaßen und ob jemand zur Führung der Aufsicht verpflichtet war. Kann sich die aufsichtspflichtige Person entlasten, sinken die Chancen auf Schadensersatz für die geschädigte Person, doch kann sie versuchen, sich über das Kind oder den Jugendlichen schadlos zu halten.

- Es ist möglich, dass das ältere Kind oder der Jugendliche den Schaden ganz oder teilweise selbst ersetzen muss. Beachtenswert ist dabei, dass Kinder und Jugendliche durch ihre beschränkte Schadensverantwortlichkeit einerseits geschützt sind, andererseits vor der problematischen Situation stehen, dass die Haftungsverpflichtung des Minderjährigen einer dreißigjährigen Verjährungszeit unterliegt. Wer im Alter von sechzehn Jahren ein Auto knackt und zu Schrott

84 Der Vorfall hat eine weitere Wendung. Die Stadt hatte Jahre vorher beschlossen, die entsprechenden Versicherungen zu kündigen, weil die Prämien zu hoch waren, also kam sie für den Schaden allein auf. Da inzwischen andere Städte diesem Beispiel folgten, ist anzunehmen, dass die Kündigung der Versicherung sich trotzdem rentiert hat.

85 So auch in dem bizarren Fall, bei dem die Großmutter des schädigenden Kindes gegen ihre Tochter klagte, um ihr zerkratztes Auto wieder hergestellt zu bekommen.

fährt, wer mit zwölf Jahren eine Scheune abfackelt, wer mit elf Jahren vor ein Auto rennt[86]: innerhalb von dreißig Jahren kann der Geschädigte versuchen, Schadensersatz zu erlangen und dann kann gegen das (ehemalige) Kind entschieden werden. Wenn man bedenkt, dass die meisten Verjährungszeiten nach zwei Jahren ablaufen und viele nicht länger als ein halbes Jahr bestehen, lässt sich erahnen, wie wichtig dem Gesetzgeber der Schutz des Eigentums vor Beschädigung oder Verlust war und ist.

Doch auch in dieser Angelegenheit gibt es eine zweite Seite der Medaille. Wer heute als Geschädigter aus Menschenfreundlichkeit und weil er es sich leisten kann auf Schadensersatz verzichtet, kann nicht wissen, ob er nicht zehn Jahre später auf das Geld angewiesen sein wird. Wenn inzwischen, was durchaus nicht so selten ist, der kindliche bzw. jugendliche Schadensverursacher durch entsprechende Tätigkeit oder einen Erbfall zu solidem wirtschaftlichen Rückhalt gekommen ist, erscheint ein nachträglicher Ausgleich angemessen.

- Ab dem siebten Lebensjahr haftet ein Kind grundsätzlich in unbeschränkter Schadenshöhe, wenn es die erforderliche Einsicht in die Verantwortlichkeit für die schädigende Handlung besaß. So bestätigte das Bundesverfassungsgericht im August 1998 seine bisherige Rechtsprechung und verurteilte damit einen Sechzehnjährigen zur Zahlung von 135.000 DM Krankenkosten sowie aller künftigen Pflege-, Therapie- und Rentenkosten für ein dreizehnjähriges Mädchen. Der Jugendliche hatte seine Freundin auf einem Moped mitgenommen, einen Unfall schuldhaft verursacht und sie dabei schwer verletzt.

  Wie soll der Junge das jemals bezahlen? Wer würde in dieser Situation noch eine Ausbildung absolvieren oder zu arbeiten anfangen, wenn alles Geld, das über das Existenzminimum hinaus verdient wird, zur Abzahlung der Schulden dient? Den zuständigen Gerichten steht zur Vermeidung unbilliger Härten die Möglichkeit offen, die Haftungssummen an die (wirtschaftliche) Leistungsfähigkeit des Schädigers anzupassen und entsprechend herabzusetzen.

  Häufig sind die Geschädigten versichert. Dann gehen ihre Versicherungen in Vorleistung, versuchen jedoch, sich das Geld vom Schädiger zurückzuholen. Kann er als Kind oder Jugendlicher nicht bezahlen, wird gewartet, bis die Volljährigkeit erreicht ist. Notfalls werden die zu begleichenden Schadenssummen herabgesetzt, werden Ratenzahlungen vereinbart oder wird auf die zustehenden Zinsen verzichtet. Versicherungen verfahren dabei nach dem Grundsatz: Wenn der ganze Schadensersatz zu erhalten ist, umso besser; aber jede Summe ist besser als nichts.
- Es ist möglich, dass der Geschädigte und die aufsichtspflichtige Person oder das den Schaden verursachende Kind (ab sieben Jahren) zu jeweils im Einzelfall festzusetzenden Anteilen den Schaden gemeinsam tragen müssen. Trifft jeden eine Teilschuld, müssen sie entsprechend haften.

  § 254 BGB:

  (1) Hat bei der Entstehung des Schadens ein Verschulden des Beschädigten mitgewirkt, so hängt die Verpflichtung zum Ersatz sowie der Umfang des zu leistenden Ersatzes von den Umständen, insbesondere davon ab, inwieweit der Schaden vorwiegend von dem einen oder dem anderen Teile verursacht worden ist.

86 Haftungs- und Aufsichtsfragen im Straßenverkehr sind Grund für viele Haftungsprozesse, in die Kinder involviert sind. Inzwischen sind, siehe § 828 Abs. 2 BGB, Kinder besser geschützt und bis zum zehnten Lebensjahr nicht schadensverantwortlich zu machen.

Schaden eines Kindes,
das in einer Einrichtung betreut wird

Haftung der Aufsichtspflichtigen
z. B. Erzieherin

Schadenersatz
- nach § 249 BGB (allgemeine Grundlage)
- nach § 823 BGB (materieller Schaden)
- nach § 253 BGB (immaterieller Schaden)

bei Verschulden
aus Vorsatz oder Fahrlässigkeit

Haftung des Trägers

für die Erzieherin
gegenüber dem Kind
- nach § 831 BGB

aus Betreuungsvertrag
gegenüber den Eltern
- nach § 278 BGB

bei Verschulden

(2) Dies gilt auch dann, wenn sich das Verschulden des Beschädigten darauf beschränkt, dass er unterlassen hat, den Schuldner auf die Gefahr eines ungewöhnlich hohen Schadens aufmerksam zu machen, die der Schuldner weder kannte noch kennen musste, oder dass er unterlassen hat, den Schaden abzuwenden oder zu mindern. Die Vorschrift des § 278[87] findet entsprechende Anwendung.«

- Gibt es mehrere Schädiger, doch nur eine geschädigte Person, so steht es ihr im Übrigen frei zu entscheiden, von wem sie sich den Schadenersatz oder das Schmerzensgeld holen will, das heißt gegen wen sie klagen will. Juristisch heißt das: Der Schuldner haftet nach §§ 421, 840 BGB (hier nicht abgedruckt) als Gesamtschuldner. Will er oder sie nicht allein für den Schaden aufkommen, muss diese Person selbst gegen weitere Beteiligte klagen. Mit dieser Konstruktion soll vermieden werden, dass jemand, der einen durch einen anderen zu verantwortenden Schaden erlitten hat, mehrere Prozesse führen muss, um an sein Geld zu kommen. Eine Klage reicht. Wie sich die verantwortlichen untereinander Personen einigen, ist nicht Sache des Geschädigten.

Sehen wir uns die zwei grundsätzlich zu unterscheidenden Fälle noch einmal im graphischen Überblick an:
a) das zu beaufsichtigende Kind kommt selbst zu Schaden,
b) das zu beaufsichtigende Kind richtet einen Schaden an.

Dies sind die möglichen Haftungsfolgen für eine Erzieherin aus einer Aufsichtspflichtverletzung. In Ausübung

87 Siehe. S. 170

Schaden eines Dritten
durch ein Kind, das in einer Einrichtung betreut wird

Haftung des Aufsichtspflichtigen
zum Beispiel Erzieherin aus Vertrag

Schadenersatz nach § 832 Abs. 2 BGB
- bei Widerrechtlichkeit
- bei Verschulden = »nicht gehöriger Aufsichtsführung«
- bei Ursachenzusammenhang/Kausalität

wenn
a) keine Entlastung durch genügend Aufsicht
b) keine Entlastung, weil Schaden auch bei genügender Aufsicht entstanden wäre

Haftung des Trägers
Schadenersatz
- nach § 831 Abs. 1 Satz 1 BGB

wenn
keine Entlastung
- nach § 831 Abs. 1 Satz 2 BGB

Haftung des Kindes
- nach § 823 BGB
- nach § 828 Abs. 2 BGB bei Verschulden

ihres Berufes kommt entweder das von ihr zu erziehende und zu beaufsichtigende Kind zu Schaden, oder es ist selbst Schadensverursacher. Die Haftungsfolgen für Eltern im Rahmen des § 832 BGB sind in der gleichen Weise geregelt, wenn sich das Kind zum Zeitpunkt der schädigenden Handlung in ihrem Verantwortungsbereich befand.

Das Schaubild Schema 4 auf S. 53 lässt weitere Kombinationen von Haftungsfolgen zu, wenn alle bestehenden Vertragsbeziehungen berücksichtigt werden. Wieder ist zu unterscheiden zwischen Fällen, in denen ein betreutes Kind zu Schaden kommt, und Fällen, in denen es selbst einen Schaden herbeiführt.

Wir setzen zuerst den Fall, dass ein Kind geschädigt wird (siehe Schema S. 169), während es sich in der Verantwortung einer Erzieherin befindet. Die Eltern klagen wahrscheinlich in Vertretung des Kindes gegen die Erzieherin oder gegen den Träger wegen eines Organisationsverschuldens. Die Eltern selbst haben einen Betreuungsvertrag mit dem Träger abgeschlossen. Sie sind als Vertragspartner ebenfalls geschädigt worden. Der Betreuungsvertrag sieht vor, dass das Kind in der vereinbarten Zeit erzogen und gebildet wird; die erforderliche Pflege schließt die unversehrte Heimkehr des Kindes ein. Wenn das Kind geschädigt wird, ist der Betreuungsvertrag zwischen Eltern und Träger nicht eingehalten worden. Die Eltern können auf Schadensersatz aus Vertragsverletzung klagen.

Für beide Möglichkeiten (in Vertretung des Kindes und aus eigenem Vertrag) bildet der § 278 BGB die rechtliche Grundlage gegen den Träger vorzugehen: *Der Schuldner hat ein Verschulden seines gesetzlichen Vertreters und der Personen, deren er sich zur Erfüllung seiner Ver-*

bindlichkeit bedient, in gleichem Umfange zu vertreten wie eigenes Verschulden …

Aus dem abgeschlossenen Betreuungs- (= Dienst-)Vertrag schulden die Eltern die vereinbarte Vergütung. Der Träger ist zu einer im vereinbarten Umfang optimalen Betreuungsleistung für das Kind verpflichtet. Wenn das Ergebnis nicht dem Vertragsabschluss entspricht, ist es egal, ob der Träger selbst die zu beanstandende Leistung erbrachte oder sein Erfüllungsgehilfe, die Erzieherin. Wesentliche Voraussetzung für eine Haftung des Trägers ist allerdings die schuldhafte Verletzung der Pflichten seines Gehilfen. Für die Erzieherin bedeutet diese Konstruktion, dass gerichtlich geprüft wird, ob der Schaden durch ihr Tun oder Lassen fahrlässig oder vorsätzlich herbeigeführt wurde.

Wird gegen den Träger geklagt (dem Geschädigten steht es frei, gegen wen er sich wendet!) und wird gegen ihn entschieden, hat er das Recht des Rückgriffs auf die Erzieherin. Sie steht mit ihm in einem Vertragsverhältnis. Daraus folgt eine mögliche teilweise oder vollständige Ersatzpflicht für Leistungen, die der Träger durch Verschulden der Erzieherin als Schadensersatz zusätzlich aufbringen musste. Für den Schaden wird die Erzieherin in Regress genommen, wenn sie ihn vorsätzlich oder fahrlässig herbeigeführt hat.

Eine ähnliche Rechtsfolge ist auch für den zweiten Fall vorgesehen, wenn das von der Erzieherin zu betreuende Kind einen Dritten schädigt. Zur Erinnerung sei wiederholt, wie die Rollen im »Eisenstangen-Urteil« verteilt waren:

- das geschädigte Kind klagte vertreten durch seine Eltern; es war der Kläger;
- der zuständige Horterzieher trat als Zeuge auf;
- das die Verletzung mit der Eisenstange verursachende Kind war selbst nicht beklagt,
- denn der Träger der Einrichtung war der Beklagte.

Die Klage fußte auf § 831 BGB und der Tatsache, dass ein Schaden entstanden war, der eventuell durch den Tatbestand einer unerlaubten Handlung im Sinne von § 823 Abs. 1 BGB zu ersetzen war. § 831 BGB:

(1) Wer einen anderen zu einer Verrichtung bestellt, ist zum Ersatz des Schadens verpflichtet, den der andere in Ausführung der Verrichtung einem Dritten widerrechtlich zufügt. Die Ersatzpflicht tritt nicht ein, wenn der Geschäftsherr bei der Auswahl der bestellten Person und, sofern er Verrichtungen oder Gerätschaften zu beschaffen oder die Ausführung der Verrichtung zu leisten hat, bei der Beschaffung oder der Leitung die im Verkehr erforderliche Sorgfalt beobachtet oder wenn der Schaden auch bei Anwendung dieser Sorgfalt entstanden sein würde.

(2) Die gleiche Verantwortlichkeit trifft denjenigen, welcher für den Geschäftsherrn die Besorgung eines der im Absatz 1 Satz 2 bezeichneten Geschäfte durch Vertrag übernimmt.

Der Erzieher bzw. die Erzieherin treten im Falle geschädigter Dritter nicht als Erfüllungsgehilfe, sondern als Verrichtungsgehilfe des Auftraggebers auf. Die Erzieherin arbeitet im Auftrag des Trägers der Kindertageseinrichtung. Der Träger hat bei ihr die Verrichtung einer Aufgabe (Erziehung und Beaufsichtigung von Kindern) bestellt. Der Träger ist nach § 831 Abs. 1 Satz 1 BGB zu Schadensersatz verpflichtet, wenn der Verrichtungsgehilfe den Schaden widerrechtlich bewirkt hat.

Wie im § 832 BGB kommt es hier auf die Reihenfolge der Einzelregelungen an. Die Schadensersatzpflicht des

Trägers als Auftraggeber steht als Grundsatz vorweg. Ausnahmsweise tritt die Ersatzpflicht nicht ein, wenn der Geschäftsherr/Auftraggeber entweder die bestellte Person sorgfältig ausgewählt hat oder wenn der Schaden nicht in kausalem Zusammenhang mit einer Vernachlässigung von (Aufsichts-)Pflichten steht. Ist ein Schaden nicht zu verhindern gewesen, braucht auch der Geschäftsherr nicht zu haften. Dies muss er ebenso nachweisen wie die Tatsache, dass er seinen Verrichtungsgehilfen, die Erzieherin, sorgfältig ausgewählt hat. Der Träger einer Kindertageseinrichtung bzw. einer Einrichtung der öffentlichen Erziehung hat relativ leichtes Spiel, wenn gegen ihn geklagt wird. Obwohl einerseits der erste Anschein gegen ihn spricht, kann er sich ziemlich einfach entlasten, wenn er ein einigermaßen ordentliches Auswahlverfahren praktiziert und (ausschließlich) staatlich anerkannte, das heißt qualifizierte Erzieherinnen oder vergleichbare Fachkräfte einsetzt. Sollte beispielsweise im Einstellungsverfahren nach der Ausbildung gefragt und die Antwort durch Vorlage der Urkunde über die staatliche Anerkennung als Erzieherin bestätigt worden sein, sollten zudem bisherige Arbeitszeugnisse positiv ausgefallen sein, wurde der erforderlichen Sorgfaltspflicht in aller Regel schon entsprochen. Aus der Rechtskonstruktion des »vermuteten Verschuldens« kann sich der Träger leichter als die tatsächlich aufsichtspflichtige Erzieherin befreien.

Sollte der Träger aber doch zur Haftung herangezogen werden, hat er wie schon im vorangestellten Beispiel bei Vorsatz oder grober Fahrlässigkeit die Möglichkeit des Regresses gegen die Erzieherin. Wenn eine Verletzung der Aufsichtspflicht die tatsächlich entscheidende Begründung für die Haftung des Trägers (als einer der Gesamtschuldner) gewesen ist, so hat die eigentlich aufsichtspflichtige Person allein für den verursachten Schaden aufzukommen (§ 840 Abs. 2 BGB), wenn der Geschäftsherr dies geltend macht, was er nicht muss.

Wichtig ist die Unterscheidung zwischen grober und einfacher Fahrlässigkeit vor allem für die Klärung von Regressansprüchen und für das Eintreten einer (Berufs-) Haftpflichtversicherung. *Nur wenn der Arbeitnehmer grob fahrlässig gehandelt, das heißt seine Sorgfaltspflicht in besonders schwerem Maße verletzt und selbst einfache ganz naheliegende Überlegungen nicht angestellt hat, kann der Arbeitgeber in vollem Umfang Regress nehmen.*[88] Zu dieser Schlussfolgerung kommen die Autoren einer Broschüre zur Aufsichtspflicht in Einrichtungen (Heimen) der Jugendhilfe unter Hinweis auf die Rechtssprechung des Bundesarbeitsgerichts und des Bundesgerichtshofs. Für den öffentlichen Dienst sowie alle Arbeitsverhältnisse, die damals auf dem Bundesangestelltentarifvertrag (BAT) gründeten, war § 14 BAT die entsprechende Rechtsgrundlage. Im Jahr 2005 wurde der BAT vom Tarifvertrag für den öffentlichen Dienst (TVöD) abgelöst, doch die Substanz der Regelung blieb erhalten. Sie ist nun in § 3 Abs. 6 TVöD zu finden: *Die Schadenshaftung der Beschäftigten, die in einem Arbeitsverhältnis zu einem Arbeitgeber stehen, der Mitglied eines Mitgliedsverbandes der VKA ist, ist bei dienstlich oder betrieblich veranlassten Tätigkeiten auf Vorsatz und grobe Fahrlässigkeit beschränkt.*

Wichtiger noch in diesem Zusammenhang sind die Vorschriften der gesetzlichen Unfallversicherung (§§ 104 ff. SGB VII), weil sie als allgemeines Bundesgesetz für alle Erzieherinnen in Kindertageseinrichtungen gelten, nicht

88 Claussen, H. u.a.: A.a.O., S. 20

Exkurs: Vorsatz und Fahrlässigkeit

Bei der Schadenersatzpflicht nach § 823 BGB werden im Zusammenhang mit der Klärung der Schuld die Begriffe Vorsatz und Fahrlässigkeit gebraucht. Die Haftungsvorschrift des § 276 BGB steht damit in Zusammenhang:

(1) Der Schuldner hat Vorsatz und Fahrlässigkeit zu vertreten, wenn eine strengere oder mildere Haftung weder bestimmt noch aus dem sonstigen Inhalt des Schuldverhältnisses, insbesondere aus der Übernahme einer Garantie oder eines Beschaffungsrisikos zu entnehmen ist. Die Vorschriften der §§ 827 und 828 finden entsprechende Anwendung.

(2) Fahrlässig handelt, wer die im Verkehr erforderliche Sorgfalt außer Acht lässt.

(3) Die Haftung wegen Vorsatzes kann dem Schuldner nicht im Voraus erlassen werden«.

Wer wegen Fahrlässigkeit oder Vorsatz zum Schuldner wird, hat dies zu vertreten. Wer vorsätzlich oder fahrlässig einen Schaden anrichtet, kommt für den Ersatz des Schadens in Betracht. Wann kann von vorsätzlichem Handeln, wann von fahrlässigem Handeln ausgegangen werden?

Von Vorsatz kann, umgangssprachlich ausgedrückt, immer dann gesprochen werden, wenn etwas absichtlich getan wird und wenn die Tat im Wissen um die Rechtswidrigkeit des Handelns erfolgte. Vorsätzlich handelt, wer rechtswidrig einen Erfolg sucht; bedingt vorsätzlich handelt, wer den Erfolg billigend in Kauf nimmt, das heißt damit rechnet, dass ein bestimmter Umstand eintritt. Er nimmt den Erfolg bzw. das Ergebnis hin, weil er/es günstig ausfällt.

Fahrlässigkeit ist im Gesetzestext selbst beschrieben. Sie ist dann gegeben, wenn die erforderliche Sorgfalt außer Acht gelassen wird, also im Grunde immer dann, wenn ein Schaden eingetreten ist, der voraussehbar war und zu verhindern gewesen wäre. (Bewusste) Fahrlässigkeit liegt vor, wenn die betreffende Person darauf vertraut, alles werde schon gutgehen. Für die diskutierten Schadensfolgen einer Aufsichtspflichtverletzung von Belang ist die Unterteilung in grobe und einfache Fahrlässigkeit. Grob fahrlässig handelt, wer die einfachsten Überlegungen bei seinem Tun vernachlässigt; Überlegungen, die von jedem Durchschnittsmenschen in vergleichbarer Situation zu erwarten sind. Einfache Fahrlässigkeit erschließt sich aus der Unmöglichkeit, grobe Fahrlässigkeit festzustellen, das heißt hier sind alle anderen Fälle zusammenzufassen.

Gelegentlich wird in Literatur und Rechtsprechung die einfache Fahrlässigkeit weiter in gewöhnliche (mittlere) und leichte Fahrlässigkeit unterteilt. Angewandt auf die Situation von Erzieherinnen bezeichnet die gewöhnliche Fahrlässigkeit den Fall, dass eine ausgebildete und erfahrene Kraft einen Schaden verursacht hat, der mit gebotener und möglicher Aufmerksamkeit und Willensstärke hätte vermieden werden können. Mit leicht fahrlässig wird das Verhalten bezeichnet, das grundsätzlich umsichtig und sorgfältig war, doch leider nicht ausreichte um einen Schaden zu verhindern; es bleibt ein kleiner Rest an Vorwurf.

nur für Erzieherinnen, die auf der Grundlage des TVöD arbeiten. Die Kurzfassung dieser Regelungen: In Kindertageseinrichtungen – »Einrichtungen nach § 2 Abs. 1 Nr. 8 SGB VII« – haften die Versicherten untereinander und gegenüber den Betriebsangehörigen desselben Unternehmens, das heißt praktisch alle Kinder und Erzieherinnen gegenseitig, jedoch nur dann, wenn sie den Versicherungsfall vorsätzlich oder grob fahrlässig herbeigeführt haben.

Fazit

Rein quantitativ nimmt die Darstellung der Schadens- und Haftungsfolgen einen großen Platz in diesem Buch ein. Dies liegt vor allem daran, dass die Zusammenhänge schwierig zu beschreiben sind. Die Erläuterung möglichst vieler Aspekte braucht Raum. Dieser Umstand sollte jedoch nicht dazu verleiten, das Gewicht vom Vorrang der Pädagogik bei der Aufsichtsführung auf die Schadensvermeidung zu schieben. Die Ausführlichkeit der Darstellung rührt mit daher, dass jegliche Folgen einer möglichen Schädigung eines Anderen oder seines Gutes beschrieben wurden. Aufsichtspflichtverletzungen im Umgang mit Kindern (noch dazu im beruflichen Rahmen der Erzieherinnen) sind nur in einer geringen Zahl dafür verantwortlich.

Die Beschreibung bewegt sich hauptsächlich im Zivilrecht. Dies liegt nicht daran, dass in anderen Rechtsgebieten grundsätzlich keine Schwierigkeiten auftreten können, sondern vor allem daran, dass sie so gut wie nie auftreten und die Prüfung einer Aufsichtspflichtverletzung sich letztlich nach den gleichen Maßstäben wie im Zivilrecht richtet. Der in früheren Jahren von Mund zu Mund gereichte Spruch »Eine Erzieherin steht immer mit einem Bein im Gefängnis« hat sich in der Realität als Tatarenmeldung erwiesen. Bei einer Dreiteilung der möglichen Schadensfolgen wäre die Antwort auf die Frage interessant, von wie vielen Beinen ein neutraler Beobachter ausgehen muss?

Dass Erzieherinnen in einem gefahrengeneigten Beruf arbeiten ist allgemein anerkannt. Diese Tatsache wirkt sich vor Gericht günstig aus, denn sie führt zu einer Entlastung von der Schadensverantwortung, zum einen bei der Einschätzung des jeweils Zumutbaren, zum anderen beim Regress – nur bei grober Fahrlässigkeit oder Vorsatz, also bei verantwortungsvoller Tätigkeitsausübung praktisch nicht denkbar.

Was bleibt? Für den Autor noch immer nicht genügend Anhaltspunkte für eine Einschätzung der Schwierigkeiten von Erzieherinnen, Eltern und Trägern im Umgang mit der Aufsichtspflicht. Hinweise und Diskussionsbeiträge sind über den Verlag herzlich willkommen.

Es bleibt ebenfalls die schwierige Gewissheit, dass die eigentlich Leidtragenden immer die Kinder sind. Schon im Normalfall kann das Kind in seiner Entwicklung beeinträchtigt werden. Seine Rechte können durch zuviel und zu wenig Aufsicht missachtet werden. Bekommen aber die Erziehungspersonen ihre Ängste nur durch Einschränkung der kindlichen Freiräume in den Griff, verletzen sie ihre Erziehungs- und ihre Aufsichtspflichten. Erzieherinnen, die vorwiegend sich selbst abzusichern versuchen, lassen Kindern keine Chance sicherer zu werden. Die zynische Wendung bei dieser Geschichte ist, dass dieser Umstand die Sicherheit der Erziehungspersonen erst recht gefährdet.

Beginn und Ende der Aufsichtspflicht

Eltern geben die zuvörderst ihnen zugebilligte und obliegende Pflicht zur Erziehung und Beaufsichtigung ihres Kindes an den Träger einer Kindertageseinrichtung und seine Erzieherinnen weiter. Den Prozess der Weitergabe nennt man Delegation. Das Grundprinzip der Erziehung bleibt bei der Delegation erhalten. Kinder (und Jugendliche), die nicht oder nur eingeschränkt geschäftsfähig und schadensverantwortlich sind, stehen jederzeit unter Schutz und Aufsicht von Erwachsenen, welche zuständig und letztlich verantwortlich für das Kind sind.

Das Prinzip ist klar, doch wann ist welcher Erwachsene zuständig und daher verantwortlich? Beim Übergang der Erziehungs- und Aufsichtsverpflichtungen von einer Person auf andere können unklare Zuständigkeiten, Mehrfachzuständigkeiten oder Zuständigkeitslücken entstehen. Solche Unklarheiten können diejenigen in Schwierigkeiten bringen, die sich zunächst verantworten müssen, obwohl sie letztlich vielleicht gar nicht zuständig sind und daher von vornherein freizustellen wären. Für diejenigen aber, die tatsächlich die Verantwortung tragen, dies aber nicht wissen, kann das dicke Ende noch kommen. Dabei sind solche unklaren Situationen recht einfach durch Absprachen zu vermeiden.

Immer wenn mehrere Erziehungs- und Aufsichtspflichtige zusammentreffen, sollten sie miteinander klären, wer in welchem Umfang für ein Kind zuständig ist. Wer nicht zuständig ist, ist auch nicht verantwortlich und braucht keine Folgen von Aufsichtspflichtverletzungen zu befürchten.

Eltern können ihre Rechte und Pflichten in Sachen Erziehung und Aufsicht an Erzieherinnen in Kindertageseinrichtungen delegieren. Gibt eine Mutter ihr Kind – wortwörtlich genommen – in die Hand der Erzieherin, übergibt sie im übertragenen Sinne ihre Pflichten und Rechte für die vereinbarte Betreuungszeit mit. Verläuft die Abholsituation nach gleichem Muster, werden Pflichten und Rechte wieder zurück übertragen. Dieser Fall ist klar und einfach, wenn die Mutter unmittelbar nach der Übergabe ihrem Vergnügen oder einer Berufstätigkeit nachgeht, wenn sie jedenfalls die Kindertageseinrichtung verlässt. Im Folgenden sollen einige Komplikationen vorgestellt und mögliche Umgangsweisen beschrieben werden.

- Gesetzt den Fall die Mutter geht nicht sofort. Das ist ein Fall, der nicht selten eintritt. Wer ist für das Kind verantwortlich, wenn es sich aus der Hand der Erzieherin gelöst hat und frei spielt? Die Erzieherin denkt, die Mutter hat Vorrang; die Mutter fühlt sich als Gast in der Tageseinrichtung und nicht als Besitzerin von Pflichten. Außerdem, davon geht sie aus, hat die vereinbarte Betreuungszeit schon begonnen.
  Allgemeine Aussagen lassen sich, wie so oft, nicht machen. Der Einzelfall entscheidet. Im Grunde müsste die Frage nach der Verantwortlichkeit den beteiligten Erwachsenen gestellt werden: »Was haben Sie vereinbart?«

Unklare Situationen schaffen Unsicherheit darüber, wie jemand sich verhalten soll und wie ein eventueller Rechtsstreit ausgehen würde. Wenn keine klaren Vorgaben existieren oder bekannt sind, können die unmittelbar beteiligten Personen sich selbst Gewissheit und Verhaltenssicherheit schaffen. Sie sollten ihren Entscheidungsspielraum für Absprachen vollständig nutzen.

- Auf Festen oder Ausflügen kann es zu ähnlichen Unklarheiten kommen, darum gelten die obigen Aussagen gleichfalls. Zu klären ist weiterhin, ob es sich um eine Veranstaltung der Kindertageseinrichtung handelt oder um ein offenes Angebot, das mehr oder weniger zufällig von Eltern, Kindern und Gruppenerzieherin wahrgenommen wird.
  Zum Beispiel könnten sich alle am Nachmittag oder abends zum Kino verabreden. Dieses Treffen ist höchstwahrscheinlich als Privatangelegenheit anzusehen. Die Kinder müssten von ihren Eltern betreut werden. Findet der Kinobesuch zum Ende des Kindergartenjahres als Abschiedsfeier statt, kann von einer offiziellen Veranstaltung des Kindergartens am anderen Ort ausgegangen werden. Die Erzieherin ist nicht nur Teilnehmerin, sie ist Initiatorin, also sollte sie klären, ob sie die Kinder allein betreut (und die Eltern schauen zu) oder ob die Betreuung aufgeteilt wird (und gegebenenfalls wie).[89]

- Manchmal haben es Eltern morgens eilig (manche Eltern haben es immer eilig), dann öffnen sie die Eingangstür der Tageseinrichtung einen Spalt, zwängen ihr Kind hindurch und verschwinden. Diese Eltern übergeben das Kind nicht direkt. Das Kind steht im Eingangsbereich, die Erzieherin sitzt im Gruppenraum. Während anzunehmen ist, dass das Kind weiß, wo die Erzieherin und die anderen Kinder der Gruppe zu finden sind, weiß die Erzieherin nicht unbedingt um die Anwesenheit des Kindes. Sie kann nicht wissen, dass es gekommen ist, und ist daher nicht zur Verantwortung zu ziehen. Erst ab dem Zeitpunkt, ab dem sie das Kind zu Gesicht bekommt, beginnen ihre Betreuungspflichten.
  Kann sie nicht wissen, dass das Kind gekommen ist? Doch, doch, sie kann – unter Umständen. Beispielsweise, wenn sie die Tür hat klappen hören und ein »Mach's gut!« der Eltern vernommen hat; beispielsweise, wenn das Kind laut zu weinen oder zu singen beginnt; beispielsweise, wenn das elterliche Verhalten verabredungsgemäß stattgefunden hat, die Erzieherin also darauf eingestellt ist; und schließlich, wenn das Verhalten der Eltern zwar nicht verabredet, doch durch tägliche Übung üblich war. In diesen und ähnlichen Fällen kann von einer Mitverantwortung der Erzieherin ausgegangen werden. Wie groß ihr Anteil tatsächlich ist, sollte nicht erst in einem Gerichtsverfahren ausgelotet werden, sondern kann schon vorher im Rahmen des Betreuungsvertrages zwischen Eltern und Erzieherin eigenverantwortlich ausgehandelt werden.
  Das Bestimmung des Zeitpunktes, ab dem eine Erzieherin zuständig wird für ein Kind, kann nur im Zusammenhang mit den Trägervorgaben und den konkreten räumlichen und personellen Gegebenheiten vorgenommen werden. Trägervorgaben ergänzen möglicherweise den Betreuungsvertrag um genauere Absprachen. Räume können durch großzügige Verglasung so günstig

89 Die Aussagen gelten zunächst einmal für den Fall, dass Eltern und Erzieherin sich über die Betreuung für das Kind dieser Eltern einigen. Für den denkbaren Fall, dass Eltern auch für andere Kinder zuständig werden, siehe S. 180ff.: »Delegation der Aufsichtspflicht«.

gestaltet sein, dass die Ankunft eines Kindes auf jeden Fall bemerkt wird, sie können ein Kind auch erst einen langen dunklen Flur entlang führen. Die Personalausstattung kann eine zusätzliche Empfangsperson vorsehen oder eine Erzieherin morgens allein lassen.
Entscheidend für die Einschätzung der Übergabesituation ist – nicht zu vergessen ... die pädagogische Konzeption. Zu fragen ist doch aus pädagogischer Sicht: Wie ist der Eingangsbereich gestaltet? Findet das Kind dort seine spielenden Freunde? Kennt es sich überall im Haus aus? Kann es sich dort sicher bewegen, oder muss es sich sogar abmelden, wenn es zur Toilette gehen will?

- Nehmen wir an, die sich gehetzt fühlenden Eltern aus unserem Beispiel haben ihr Kind nicht aus Eile, sondern mit Absicht nur bis in den Eingangsbereich gebracht, damit es die restlichen Meter allein, also selbstständig, zurücklegen kann. Nehmen wir sogar an, dass Eltern ihr Kind allein zum Kindergarten schicken, weil sie die Erziehung zur Selbstständigkeit ernstnehmen. Ab wann ist die Erzieherin für das betreffende Kind zuständig? Die Antwort ist im Grunde die gleiche. Die Erzieherin ist dann verantwortlich, wenn ein Kind für sie erkennbar in ihren Einflussbereich gekommen ist, wenn es von ihr als zu betreuendes Kind wahrgenommen werden kann.
  Ist darüber hinaus weiteres mit den Eltern vereinbart oder durch übliche Praxis bestätigt, erweitert sich der Verantwortungsbereich entsprechend. Rufen zum Beispiel Eltern an, dass sie ihr Kind auf den Weg schicken, und müsste es spätestens zehn Minuten danach in der Einrichtung ankommen, hat die Erzieherin mit dem Telefonat stillschweigend die Verpflichtung angenommen, den Eltern mitzuteilen, wenn das Kind nicht ankommt. Durch die mit den Eltern getroffene Absprache muss sie sich schon um das Kind kümmern, bevor es eingetroffen ist. Die Aussage trifft ebenfalls zu, wenn ein Kind schon wochenlang Punkt 8.30 Uhr oder nach dem Schulbesuch um 14.00 Uhr durch die Eingangstür kommt. Wird dieser Rhythmus ausnahmsweise durchbrochen, ist von der Erzieherin zu erwarten, dass sie sich im Rahmen ihrer Möglichkeiten (die anderen Kinder müssen weiter betreut werden!) um den Verbleib des Kindes kümmert. Sie dehnt, ganz praktisch gesprochen, ihre Verantwortung für das Kind innerhalb der vereinbarten Betreuungszeit auf andere Räume aus.

- Kommt ein Kind regelmäßig allein, kann und darf es meist auch allein von der Kindertagesstätte nach Hause gehen. Das Kind verlässt den Verantwortungsbereich der Erzieherin zu der Zeit, die mit den Eltern verabredet ist.[90] Mit der verabredeten Verabschiedung gibt die Erzieherin das Kind sozusagen frei; sie übergibt es in den Verantwortungsbereich der Eltern, denn für die Wege von und zur Kindertageseinrichtung sind die Eltern zuständig.
  Eine Ausnahme hiervon ist dann gegeben, wenn Umstände eingetreten sind, die vermuten lassen, dass Eltern in Kenntnis der besonderen Situation ihre Zustimmung zum selbstständigen Nachhauseweg des Kindes widerrufen würden. Ein Kind könnte beispielsweise am Nachmittag erkranken oder eine heftige Auseinandersetzung mit einem anderen Kind oder der Erzieherin gehabt haben und deshalb noch ganz außer sich sein; kurz: es ist zu befürchten, dass das sonst so kompe-

90 Falls ein Kind sich nicht an die zwischen der Erzieherin und den Eltern getroffene Verabredung hält und die Einrichtung schon vorher verlässt, siehe S. 128ff.: »Weglaufen von Kindern«.

tente und besonnene Kind die übliche Aufgabe nicht bewältigen wird. In einem solchen Fall verlängert die Erzieherin ihren Verantwortungsbereich über die vereinbarte Zeit hinaus. Sie betreut das Kind weiter, bis die Eltern es abholen, und sie benachrichtigt die Eltern von ihrer Entscheidung.

- Wie kann der folgende Fall eingeschätzt werden: Ein Kind wird nicht abgeholt? Wenn Eltern die vereinbarte Zeit für das Abholen ihres Kindes nicht einhalten, ist meistens etwas dazwischen gekommen. Selten nur geschieht es, dass Eltern einer Erzieherin aus Gleichgültigkeit oder anderen Interessen zumuten, ihr Kind sogar über Nacht bei sich zu behalten. Ausgesprochen selten geschehen zum Glück Unfälle oder ähnliche schwierige Ereignisse, die zum selben Resultat führen. Häufen sich Verspätungen, kann mit den Eltern gesprochen und auf Einhaltung des Betreuungsvertrages gepocht werden, der eine bestimmte Zeit und Dauer vorsieht.

Anstatt das Problem direkt anzusprechen, versuchen manche Erzieherinnen, es über das Kind zu lösen. Sie versuchen, den Eltern ein schlechtes Gewissen zu machen: »Ihr Kind hat sie so vermisst. Es war ganz, ganz traurig. Ihr Kind versteht gar nicht, warum immer nur Sie zu spät kommen.« Die nonverbale Version instrumentalisiert das Kind vollständig: Es wird schon ausgehfertig (im Winter mit Stiefeln, Schal und Mütze) angezogen und möglichst auffällig dort platziert, wo es garantiert nichts anderes tun kann, als den Eindruck eines Häuflein Unglücks zu machen.

Das Problem nicht abgeholter Kinder stellte sich bis vor wenigen Jahren vorwiegend am Ende eines Betreuungstages in einer Kindertageseinrichtung. Heute, in Zeiten punktgenauer Betreuungsverträge über fünf, sieben oder neun Stunden, häuft sich das Problem der zu spät kommenden Eltern, weil die Elternbeiträge passend zu den Zeiten gestaffelt sind. Eltern mit wenig Einkommen kalkulieren eher (zu) knapp und schon ist das Risiko für einen Konflikt vorhanden. Eltern, Kind und Erzieherin tragen dann aus, was durch politisch gewollte Rahmenbedingungen verursacht wird. Hier sollten Erzieherinnen und ihre Leiterinnen wachsam sein und mit den Eltern Betreuungsmöglichkeiten anzustreben versuchen, die dem Bedarf tatsächlich entsprechen. Es bleibt im Einzelfall der konkrete Umgang mit dem Problem – dem nicht abgeholten Kind bei der Erzieherin. Was ist zu beachten? Wird ein Kind innerhalb der Öffnungszeit der Einrichtung, aber entgegen dem Betreuungsvertrag zu spät abgeholt, sollte ein Gespräch mit den Eltern genügen. In Bezug auf das Kind verlängert sich die faktische Betreuung durch seine Anwesenheit und die Tatsache, dass es von der Erzieherin nicht einfach nach Hause geschickt werden darf, falls nicht entsprechendes abgesprochen wurde. Mit der zeitlichen Verlängerung der Betreuung verlängern sich alle Rechte und Pflichten der Erzieherin gegenüber dem Kind.

Der gleiche Sachverhalt trifft zu, wenn durch das zu späte Abholen die Öffnungszeit der Einrichtung überschritten wird. Die Arbeitszeit der Erzieherin wird verlängert. In dieser Zeit betreut sie das betreffende Kind. Sie wird nach gewisser Zeit versuchen, die Eltern zu erreichen, die Großeltern, Nachbarn oder andere ihr bekannte und dem Kind vertraute Personen. Günstigenfalls wurde lang vorher abgesprochen, wie die Erzieherin vorgehen soll. Schlimmstenfalls gibt es keine Regelung. Dann muss sie eine zumutbare Zeit das Kind weiterhin betreuen. Als Faustregel gilt eine zusätzliche Betreuung von zwei Stunden in der Einrichtung als zumutbar. Träger können Genaueres regeln. Nach dieser Zeit sind weitere Schritte zu unternehmen. Die Betreuungs- und Aufsichtspflicht besteht weiter, solange das Kind sich in der Obhut der Erzieherin befindet, sie wird im Rahmen der Zumutbarkeit höchstens eingeschränkt.

- Weitaus häufiger, nämlich täglich, kann es zu Komplikationen bei der Abholsituation kommen. Welches Kind wurde bereits abgeholt, welches ist ohne sich zu verabschieden schon mal vorausgegangen? Die Betreuungspflicht der Erzieherin endet normalerweise, wenn sie das Kind den Eltern zurückgibt.
  Holen Eltern ihr Kind ab, ohne sich von der Erzieherin zu verabschieden, haben die Eltern die gesamte Verantwortung zurückgenommen. Die Erzieherin kann jedoch nicht wissen, was geschehen ist. Sie wird daher versuchen, Handlungssicherheit zu erlangen, indem sie bei den Eltern anruft, sie aufsucht, Kolleginnen oder andere Eltern fragt, ob sie etwas gesehen haben.
  Wie bei der Bringesituation kann es auch in der Abholsituation zu unklaren Zuständigkeiten kommen, weil die Erzieherin denkt, dass nun die Eltern sich wieder um ihr Kind kümmern, während die Eltern sich als Gäste fühlen und nicht in die Kompetenzen der Erzieherin eingreifen wollen. Was beim Bringen hilft, ist sinnvoll auch beim Auseinandergehen: Absprachen, Absprachen, Absprachen. Ersatz- und ausnahmsweise reicht für beide Situationen die Darstellung des gewünschten Verfahrens in der Hauskonzeption, sofern sie wirklich allen Eltern genügend zur Kenntnis gebracht wurde.

- Als letztes Beispiel soll nun die geteilte Aufsicht im Team vorgestellt werden. Wechselt ein Kind die Gruppe oder übergibt eine Erzieherin ihre nicht abgeholten Kinder an einen Spätdienst oder gibt es Regelungen im Team darüber, wer für den Garten, den Turnraum, den Keller zuständig ist, werden jedes Mal die Grenzen von Verantwortungsbereichen festgelegt und Beginn und Ende der Aufsichtspflicht aktuell neu bestimmt. Die Aussagen für die verschiedenen Fälle von Delegation zwischen Eltern und Erzieherin gelten im Erzieherinnenteam analog. Abzusprechen sind die jeweiligen Zuständigkeiten für Aktionen und Personen; die allgemeinen Verabredungen hierzu können in der pädagogischen Konzeption festgehalten werden. Sie müssen aktuell überdacht und konkretisiert angewandt werden. Im Konfliktfall wird vor Gericht danach gefragt: »Zur Organisation haben die Zeugen eine ausführliche Darstellung gegeben«, heißt es in einem Urteil. War diese Darstellung glaubhaft und die Organisation gewissenhaft?

Delegation der Aufsichtspflicht

»Dürfen Praktikantinnen, Eltern, sonst wer die Kinder beaufsichtigen?« Die allgemeine Antwort darauf lautet klar und einfach: »Ja!«

Eine Antwort aber, die auch für spezielle Fälle anwendbar ist, hat den Zusatz: »Es sei denn...« Und schon muss wieder differenziert werden und die klare Antwort ist zum Teufel. Ursachen für nicht eindeutige Antworten sind komplexe Fragen und, so komisch es klingt, manchmal auch falsch gestellte Fragen. Mit diesem Begriff sollen Fragen zusammengefasst werden, die ein beobachtetes Phänomen und eine damit verbundene Unsicherheit falsch anpacken und dadurch nicht zu brauchbaren Lösungen führen.

Die eingangs gestellte Frage zur Aufsicht von Praktikantinnen wird dann gestellt, wenn Unsicherheit darüber herrscht, ob sie in der Lage sind, die Beaufsichtigung durchzuführen. Die Frage: »Wann bzw. unter welchen Umständen kann ich einer Praktikantin zutrauen, die Kinder zu beaufsichtigen?«, wäre dann zutreffender. Mit der Eingangsfrage könnte genauso gut gemeint sein: »Gibt es Vorschriften (des Trägers, der Ausbildungsstellen), die verbieten, dass Praktikantinnen Kinder beaufsichtigen?« Schließlich kann damit nach den allgemeinen Möglichkeiten und Grenzen im Rahmen der Aufsichtspflicht gefragt werden.

Diese Beispiele sind mögliche Varianten einer einzigen Frage. Sie zeigen, dass viele verschiedene Hintergründe in einer einzigen Formulierung versteckt sein können. Wenn aber viele Einzelfragen zu klären sind, kann es nicht nur eine einfache Antwort geben. Die gibt es, wenn überhaupt, nur auf eine einfache Frage.

Die Verpflichtung, Kinder zu betreuen, zu bilden, zu erziehen und zu beaufsichtigen, übernimmt eine Erzieherin per Vertrag von ihrem Arbeitgeber, dem Träger, der diese Verpflichtung bereits per Vertrag von den Eltern übernommen hat. Aus Sicht der Eltern formuliert: Sie haben ihre Verpflichtung gegenüber dem Kind im begrenztem Umfang dem Träger übertragen. Der Prozess der Übertragung wird Delegation genannt. Damit ist klar, dass die Aufsichtspflicht prinzipiell delegiert werden kann. Was ein- oder zweimal funktioniert, lässt sich grundsätzlich mehrfach praktizieren. Möglich ist daher, die Pflicht zur Betreuung und Beaufsichtigung der Kinder auch an weitere Personen zu delegieren.

Gibt es Grenzen? Wer kann die Delegation einschränken?

Zunächst kommen die Eltern des Kindes in Betracht, von denen alle Delegation ausgeht. Sie könnten beispielsweise im Betreuungsvertrag regeln (wollen), dass nur ausgebildete Erzieherinnen für ihr Kind zuständig sein dürfen. Wenn der Träger dem zustimmt, sind sehr enge Handlungsgrenzen gezogen. Eltern können zum Beispiel ihr

Kind von der Teilnahme an einem Ausflug ausschließen, wenn sie nicht damit einverstanden sind, dass andere Eltern mit zur Aufsicht herangezogen werden. Gleiches gilt für Praktikantinnen. In der Regel kann jedoch davon ausgegangen werden, dass keine speziellen Vertragsvereinbarungen getroffen wurden und dass Eltern keine Einwände gegen einzelne Personen geltend machen. Ausgeschlossen ist ohnehin die Situation, in der die pädagogische Betreuung einen grundsätzlich anderen Charakter erhält als vertraglich vereinbart wurde und zu einer reinen Aufbewahrung verkommt, indem statt ausgebildeter Erzieherinnen über lange Zeiträume bloße Aushilfen eingesetzt werden, um kranke oder zu wenige Erzieherinnen zu ersetzen. Der Träger würde dann seiner Verpflichtung gegenüber den Eltern nicht mehr nachkommen.

Sind die allgemeinen Bedingungen akzeptiert, können alle in der Kindertageseinrichtung offiziell für die Erziehung der Kinder vorgesehenen Personen tätig werden ... vorausgesetzt, der Träger hat von sich aus keine einschränkenden Dienstanweisungen erlassen. Er könnte, was er aber besser lässt, bestimmen, dass Praktikantinnen gar nicht oder erst nach dem fünften Monat des Berufspraktikums oder nur für drei Kinder eingesetzt werden dürfen. Eine solche Vorgabe wäre als Dienstanweisung einzuhalten. Sie hat jedoch mit der grundsätzlichen Delegationsfähigkeit der Aufsichtspflicht nichts zu tun.

Die sachliche Entscheidung, ob die Delegation der Aufsicht eingeschränkt wird oder ob einer oder mehreren Personen eine Teilverantwortung übertragen wird, hängt von der konkreten Person und den Umständen des Einzelfalles ab. Wer eine Person zur Verrichtung einer Tätigkeit bestellt, muss diese Person gewissenhaft aussuchen, weil er für sie (zumindest teilweise) haftet. Die Verpflichtung trifft den Träger, der ausgebildetes Personal in genügender Anzahl für die Erziehung der Kinder bereitstellen muss. Die Verpflichtung gilt ebenso für die Erzieherin bei der Auswahl der unterstützenden Personen. In den Grundsätzen des Bundesgerichtshofes liest sich das so:

a) *Ob der Aufsichtspflichtige durch Übertragung der Aufsicht an eine andere Person seiner Pflicht zur Aufsicht genügt, hängt von den Umständen des Einzelfalls ab.*
b) *Durch die Übertragung der Aufsicht wird der Aufsichtspflichtige seiner Pflicht zur Aufsicht nicht gänzlich ledig. (BGH-Urteil vom 11.06.1968)*

Was ist bei der Auswahl der unterstützenden Person zu beachten? Sie muss im Umgang mit Kindern kompetent sein, denn sie soll Teile der Betreuungsarbeit vollbringen. Weiterhin braucht sie gewisse persönliche Fähigkeiten – Erfahrungen mit Kindern sind nicht verkehrt. Sie sollte Kinder ansprechen können, sich auf sie einstellen können, Orientierungsvermögen, Ortskenntnisse oder Kenntnisse in Erster Hilfe sind nützlich. Wenn die Person der engeren Wahl beispielsweise als Lehrerin arbeitet, schon öfter in der Kindertageseinrichtung geholfen hat oder als Übungsleiterin im Sportverein tätig ist, sind Erfahrungen mit Kindern vorhanden. Persönliche Eigenschaften, wie Zuverlässigkeit und Gewissenhaftigkeit, aber auch Ruhe und Besonnenheit qualifizieren für die Übertragung der Aufsichtspflicht natürlich auch.

Wichtig für die Auswahl der Person und den Umfang der Delegation (wie viele Kinder, welche Aufgaben, welcher Zeitraum) ist die bestmögliche Einschätzung der Gesamtsituation, denn die Delegation darf nicht zu einer Überforderung der Hilfsperson führen. Gerade (junge, lebensunerfahrene) Praktikantinnen werden leicht in ihren Kompetenzen überschätzt. Eine überforderte Hilfsperson wird dann selbst zur Gefahr. Es kann deshalb sogar günstiger sein, allein mit einer Gruppe einen Ausflug zu machen, als um jeden Preis irgendjemand mitzunehmen.

Natürlich lässt sich stets ein Gegenbeispiel finden. Gesetzt den Fall, auf einem Ausflug, den die Erzieherin allein mit einer Gruppe von Kindern unternimmt, stellt sich heraus, dass dringend Hilfe zu holen ist. Was tun? Ein Kind schicken? Das ist eine Möglichkeit. Eine andere ist, ein verständiges Kind zu bitten, auf die anderen aufzupassen, bis die Erzieherin zurückkehrt. Das hängt vom Alter, der Gruppengröße und den sonstigen Umständen ab. Eine fremde Person bitten, Hilfe zu holen? Auch gut, wenn denn jemand vorbeikommt. Falls die Erzieherin nicht Hilfe holen, sondern ein Kind sofortiger Hilfe zuführen muss, kann es sinnvoll sein, die fremde Person (und die anderen Kinder) zu bitten, sich nicht von der Stelle zu rühren, bis sie selbst wiederkehrt. Notsituationen können auch bei bester Planung und Vorbereitung eintreten. Wie geht die Erzieherin damit um? Hier wie in Normalsituationen gilt die Verhältnismäßigkeit der Mittel, das heißt die Erzieherin muss abwägen, was eine geeignete Maßnahme in der jeweiligen Situation ist. Eine fremde Person mit der Betreuung der Kinder zu beauftragen, mag im Normalfall höchst bedenklich erscheinen, in einer besonderen Situation ist diese Wahl vielleicht die beste Lösung.

In der Regel wird die Aufsicht im Rahmen der Kindertagesbetreuung als vorausschauende Maßnahme zur Unterstützung delegiert. Mütter oder Väter werden als zusätzliche Hilfskräfte eingesetzt, Praktikantinnen werden durch die Übertragung von Teilaufgaben des Gruppengeschehens schrittweise an die Befähigung zur Übernahme voller Verantwortung herangeführt. Für die Übernahme von Teilfunktionen benötigen die ausgewählten Personen eine Anleitung und eine Orientierung durch genaue Absprachen. Wenn eine Erzieherin das erste Mal mit der ausgewählten Person kooperiert, hat sie kaum Anhaltspunkte und schon gar keine Erfahrung. Die Erzieherin muss die Kompetenzen der unterstützenden Person einschätzen. Bei Praktikantinnen oder einer neuen Zweitkraft wird besonders deutlich, dass Vertrauen und Zutrauen erst wachsen müssen. Vertrauen entwickelt sich mit Erfahrung, also muss der erste Schritt getan werden. Er geht ins Ungewisse. Nach jeder gemeinsamen Aktion muss eine Auswertung folgen: Was ist gut gelaufen, was weniger gut? Wo fühlte die Hilfsperson sich unsicher, wie kann dem das nächste Mal begegnet werden? Was hat die Erzieherin beobachtet, welche Veränderungsvorschläge hat sie? Was kann der nächste Schritt sein? Die Auswertung ist eine notwendige Kontrolle.

Wenngleich die Alltagspraxis in Kindertageseinrichtungen dargestellt wurde, gilt das Prinzip der Delegation doch überall: in Heimen, bei Ferienaufenthalten und nicht zu vergessen der Ort, an dem alles seinen Anfang nimmt, in der Familie. Eltern delegieren ihre Aufsichtspflichten nicht nur an Personen mit professionellem Hintergrund, sondern vor allem auch im privaten Rahmen. Großeltern, Freunde und Nachbarn, alle werden irgendwann einmal gebeten, auf ein Kind aufzupassen. Für alle gilt, dass sie vertrauenswürdig und kompetent sein müssen – was eine banale Feststellung ist. Eltern geben ihre Kinder, von Ausnahmen abgesehen, nur Personen, denen sie vertrauen und die eine Gewähr dafür bieten, mit dem Kind umgehen zu können. Wichtig ist die Erwähnung in diesem Zusammenhang dennoch, weil an Eltern im Konfliktfall die gleichen Fragen gestellt werden wie an eine Erzieherin. Auch Eltern müssen belegen, ob sie als Aufsichtspflichtige durch Übertragung der Aufsicht an eine andere Person ihrer Pflicht zur Aufsicht genügt haben.

Die Aufsicht kann sogar Kindern übertragen werden. In der Erinnerung an die eigene Schulzeit tauchen Kinder aus älteren Klassen auf, die manchmal beauftragt wurden, auf uns jüngere aufzupassen. Ältere Geschwister holen oder bringen jüngere Kinder zur Tagesstätte. Beides sind Fälle von Delegation der Aufsicht. Das Oberlandesgericht in Köln entschied am 10.11.1970, dass eine Erzieherin nicht zu belangen war, die einem dreizehnjährigen Jungen die Aufsicht über mehrere Kinder im Alter zwischen fünf und dreizehn Jahren übertrug, um eine Kleingruppe zum Besuch eines 1.500 Meter entfernten Sportplatzes zu bringen, weil sie bei der Auswahl des Jungen die nötige Sorgfalt hatte walten lassen. Der Fall wurde gerichtsanhängig, nachdem ein Kind der Kleingruppe auf dem Weg verunglückte.

Vermutlich verbergen sich hinter den Problemen, die die Delegation für viele Erzieherinnen aufwirft, vorrangig Unsicherheiten bezüglich der Haftung und der Absicherung (siehe dazu S. 157ff.). Eine Unterscheidung zwischen vertraglicher und tatsächlicher Übernahme der Aufsicht kann hilfreich sein.

Eine vertragliche Übernahme findet in Abgrenzung zur tatsächlich übernommenen Aufsicht in einem recht festen Vertragsrahmen (zum Beispiel Ausbildungsverhältnis als Praktikantin) statt. Dabei muss nicht jede einzelne Absprache zwischen den Beteiligten als schriftlicher Vertrag fixiert werden, sondern gilt auch in mündlicher Form.

Zu unterscheiden davon sind zum Beispiel Absprachen zwischen den Eltern und den Großeltern eines Kindes oder zwischen Eltern und der das Kind mal eben betreuenden Nachbarin. Sie gelten nicht als Verträge in diesem Sinne. Die Betreuung des Kindes zählt zu den Gefälligkeitsleistungen, wenn sie nicht regelmäßig und/oder nicht gegen Vergütung erfolgt. Eine tatsächlich übernommene Aufsichtsverpflichtung zieht nach herrschender Meinung in der Rechtsprechung nur eine Haftung nach § 823 BGB nach sich. Für einen Schaden, den das betreute Kind einem Dritten widerrechtlich zufügt, muss die Person der tatsächlichen Aufsichtsverantwortung demnach nicht geradestehen, sondern die Eltern dieses Kindes. Die Verantwortung der tatsächlich Aufsicht führenden Person beschränkt sich auf eventuelle Folgen für Schäden, die das Kind erleidet, und für die sie schuldhaft zu machen ist.

Bedürfnisse des Alltags

Die Frage, ob eine Erzieherin die Kinder kurz allein lassen darf, um zur Toilette zu gehen, schien unausrottbar. Doch sie scheint zu verschwinden. An ihre Stelle tritt mehr und mehr die Behauptung, sie dürfe es nicht. Verrückt. Als wäre das praktikabel, als wäre das zumutbar. Soll die Erzieherin alle Kinder mitnehmen, soll sie im Gruppenraum auf den Topf gehen? Gehören Windeln für Erwachsene oder Inkontinenzhosen neuerdings zur Grundausstattung von Tageseinrichtungen für Kinder, besonders wenn diese jünger als drei Jahre alt sind?

Die Behauptung ist falsch. Wie kommt es also dazu, dass Erzieherinnen sie glauben, an- und hinnehmen, weiter erzählen? Wieder die berüchtigte Angst vor der Aufsichtspflicht? Wieder die Unkenntnis, dass es bei der Aufsichtsführung auch um Zumutbarkeit geht? Eine Ausrede?

Jede Erzieherin darf zur Toilette gehen. Allerdings nicht immer. Wenn sie nur gehen will, um heimlich eine Zigarette zu rauchen, ist dies ein Fehlverhalten. Wenn sie unter Verstopfung leidet und sich eine halbe Stunde zurückzieht, macht sie einen Fehler. Wenn sie die aktuelle Situation in der Gruppe, das heißt sowohl Atmosphäre als auch Art der Beschäftigung und des Spiels einschließlich der benutzten Gegenstände, außer Acht lässt, handelt sie fachlich nicht kompetent.

Die Verbindung zum Stichwort Zumutbarkeit klang schon an. Langes Aufschieben der körperlichen Bedürfnisse führt zu gesundheitlichen Schäden und ist deshalb unzumutbar. Einen zweiten Begründungszusammenhang bieten die unterschiedlichen Arbeitsbedingungen von Erzieherinnen in der Bundesrepublik Deutschland. Wo, wie in Berlin, das System der Betreuung darauf ausgelegt ist, dass im Regelfall nur jeweils eine Erzieherin allein für eine bestimmte Anzahl Kinder zuständig bzw. anwesend ist, wird deutlich, dass alles Beiwerk nebenher erledigt werden muss. Anderswo sind stets zwei oder mehr Erzieherinnen in einer Gruppe anwesend. Einerseits stellt sich hier die Frage des Alleinlassens der Gruppe nicht, denn vermutlich wird nur jeweils eine Erzieherin zur Toilette gehen. Andererseits kann aus dieser Konstellation der falsche Schluss gezogen werden, dass die Kindergruppe niemals aus den Augen gelassen werden darf. Das könnte erstens bei einer extremen Krankheitswelle die Grenze der Zumutbarkeit im Hinblick auf die Befriedigung körperlicher Bedürfnisse überschreiten. Und zweitens: Wenn es eine solche Verpflichtung gäbe, müssten überall die entsprechenden Arbeitsbedingungen geschaffen werden.

Ein Blick über die eigenen Arbeitsbedingungen hinweg hilft demnach weiter. Es ist gut, sich zu vergewissern, dass der Gang zur Toilette im Grunde nur ein Beispiel dafür ist, dass im pädagogischen Alltag von Erzieherinnen noch weitere Tätigkeiten der Verrichtung harren. Manches davon gehört zu ihren beruflichen Verpflichtungen, anderes zu ihren Rechten. Es ist falsch anzunehmen, dass die Aufgabe einer Erzieherin sich darin erschöpft, die Kinder im Blick zu haben oder sich ausschließlich mit ihnen zu beschäftigen. Zum Berufsbild von Erzieherinnen gehören die Zusammenarbeit mit Eltern ebenso wie Beobachtung und Dokumentation und die Mitwirkung bei den Notwendigkeiten der betrieblichen Organisation. Auch dafür muss Zeit aufgewandt werden, nicht alles kann im Beisein der Kinder erledigt werden.

Wenn es an der Tür klingelt, könnten Eltern davor stehen und Zutritt zu ihrem Kind begehren – dabei möchte ich nicht die Frage stellen, warum es überhaupt verschlossene Türen gibt. Wenn das Telefon klingelt, dann vielleicht, weil eine wichtige Information über ein Kind übermittelt werden soll. Darauf zu reagieren, gehört zur Rechtspflicht einer Erzieherin. Zu ihrem Recht gehört eine ordentliche ungestörte Pause im Rahmen des Arbeitszeitgesetzes. Auch das kann dazu führen, dass die Kinder weniger direkte Beobachtung genießen (!) als zu anderen Zeiten des Tages. Doch, wie erwähnt, weder die weiteren Verpflichtungen noch die eigenen Rechte dürfen zu jeder Zeit erfüllt werden. Die Vermeidung absehbarer Gefahren hat Priorität, nicht aber kann jede Gefährdung ausgeschlossen werden.

Nochmals zurück zur Pädagogik. Gerade der vermeintliche Zwang, alle Kinder zusammenhalten zu müssen, führt in der Praxis häufig zu gefährdenden Momenten. Will zum Beispiel eine Erzieherin mit ihrer Kindergruppe in den Garten gehen, kann das im Winter oder bei Regenwetter bei kleinen Kindern zu einer größeren Aktion werden. Alle müssen entsprechend um- und angezogen werden. Das dauert. Insbesondere für die ersten, die fertig sind, wird die Wartezeit zur Tortur, wenn sie nicht schon vorgehen dürfen, während die Erzieherin den anderen assistiert. Bis alle Kinder fertig sind und die Erzieherin auch, kann es dazu kommen, dass warm angezogene Kinder in einer gut geheizten Garderobe sich im wahrsten Sinne des Wortes Luft machen müssen. Die Situation eskaliert. Schreien, schubsen, hauen. Wie viel einfacher und gefahrloser hingegen ist das Öffnen der Tür in den Garten. Entzerrt die Erzieherin eine solche Ballungs- und Belastungs- also auch Gefahrsituation, indem sie zulässt, dass ein Kind nach dem anderen hinausgehen kann, erfüllt sie ihren Erziehungsauftrag. Indem sie das Risiko verlagert, mindert sie es. Ein Fehlverhalten wird ihr nicht vorzuhalten sein.

Das Beispiel zeigt, dass sich Risiken nicht gänzlich vermeiden lassen, doch kann man mit ihnen verschieden umgehen. Das Beispiel zeigt außerdem, dass Gruppenzwang bestimmte Risiken produziert, eine offenere Arbeitsweise jedoch Möglichkeiten eröffnet für Kinder und Erzieherinnen. Dazu ist es notwendig, selbstbewusst angemessene Entscheidungen zu treffen, sonst bleiben die pädagogischen Ziele am Garderobenhaken hängen.

Zumutbarkeit

Die Einschätzung dessen, was einem Aufsichtspflichtigen zuzumuten ist, beeinflusst die Entscheidungsfindung vor Gericht.

Eine Erzieherin sollte allerdings schon bei Abschluss des Arbeitsvertrages klären, was ihr durch die Übernahme des Erziehungsauftrages an Arbeitsleistung zugemutet wird, und was sie sich selbst zumuten kann. Die Klärung muss von Zeit zu Zeit wiederholt werden, denn Arbeitsbedingungen können geändert werden, und die Kompetenzen der Erzieherin sind nicht für alle Zeiten festgelegt.

Die Überprüfung der Zumutbarkeit einer Handlung ermöglicht zu überprüfen, ob die verschiedenen, sich manchmal gegenseitig ausschließenden Aufträge im angemessenen Verhältnis abgewogen wurden. Wurden beispielsweise die pädagogischen Interessen mit den Interessen des Kindes und anderer Personen nach Sicherheit in vernünftige Beziehung gesetzt oder war es der Erzieherin zuzumuten, besondere Vorsichtsmaßnahmen zu überlegen und gegebenenfalls sogar durchzuführen?

Die Zumutbarkeit wird im Einzelfall interpretiert. Wie andere unbestimmte Rechtsbegriffe auch, wird sie innerhalb eines allgemeinen Rahmens konkret mit Inhalten gefüllt.

Dazu ein Beispiel: Die allgemeinen Arbeitsbedingungen eines Trägers legen fest, wie viele Kinder von einer Erzieherin betreut, gebildet und erzogen werden. Sie soll mit der vorgegebenen Zahl von Kindern den landesgesetzlich bestimmten Erziehungsauftrag erfüllen. Sofern die Kinderzahl den allgemein üblichen Vorgaben entspricht, kann grundsätzlich erst einmal davon ausgegangen werden, dass die Arbeitsbedingungen – Kinderzahl im Verhältnis zum Erziehungsauftrag – für die Erzieherin zumutbar sind.

Im konkreten Einzelfall bestimmen weitere Umstände die Einschätzung der Zumutbarkeit. Ist beispielsweise genügend Personal in der Kindertageseinrichtung anwesend, so wie es die Personalausstattungsvorschriften vorschreiben oder betreut die Erzieherin gerade zwei Gruppen? Wer hat dies zu verantworten? Hat der Träger der Erzieherin vielleicht zusätzlich zu ihrer Arbeit mit der Kindergruppe die Aufgabe übertragen, Einladungen zum Jubiläum zu schreiben oder regelmäßig das Essen zu kochen, weil die Köchin eingespart wurde? Weder sind diese Arbeitsbedingungen als zumutbar zu bezeichnen, noch ist von der Erzieherin eine hundertprozentige Erziehungs- und Aufsichtsleistung zu erwarten, wenn der Träger die zusätzlichen Leistungen einfordert.

Was einem Menschen objektiv nicht zugemutet werden kann, jedoch tatsächlich abgefordert wurde, dafür kann er nicht verantwortlich gemacht werden. Auch das Gegenteil ist richtig, was jemandem zugemutet werden kann, das wird von ihm erwartet. Zumutbarkeit hat

den Kern der Sache stoßen und sich unbehaglich und unterschwellig diffamiert fühlen als Menschen, die ihr Kind vorsätzlich in Gefahr bringen würden, nur um der Erzieherin eine Falle zu stellen. Die Verpflichtung, dass *die in den Einrichtungen tätigen Fachkräfte mit den Erziehungsberechtigten zusammenarbeiten* (§ 22a Abs. 2 SGB VIII / KJHG) sollen, wäre nicht einzuhalten. Eine vertrauensvolle Zusammenarbeit dürfte sich auf dem Wege einer pauschalen Absicherung kaum verwirklichen lassen.

Aufgabe der Erzieherin ist es, die Kinder abzusichern, nicht sich selbst. Denkt die Erzieherin vorrangig an die eigene Sicherheit, hat das Kind nichts davon. Fördert und befähigt sie jedes einzelne Kind, sichert die Erzieherin vorrangig das Kind und zugleich auch sich.

Absicherungsrituale sollten vermieden werden. Anstatt alle Eltern und alle Situationen über einen Kamm zu scheren, sollte eine Erzieherin überlegen und zu einer vernünftigen Entscheidung darüber kommen, wie sie jeweils aktuell und individuell reagieren muss oder will. Wenn jemand anruft, dessen Stimme sie nicht kennt, darf sie das Kind nicht gehen lassen. Wenn der anrufende Elternteil stark angeheitert ist, wird sie versuchen, eine bessere Lösung zu finden. Wenn sich er oder sie auch vorher schon als unzuverlässig erwiesen hat oder wenn ein Sorgerechtsstreit kurz vor der Entscheidung steht (und die Erzieherin nicht sicher ist, ob das Kind überhaupt zu dem anrufenden Elternteil gehen darf), wird sie die Leiterin oder eine Kollegin zu Rate ziehen. Pauschale Verhaltensregeln, gar bloße Rituale sind fehl am Platze. Diese Aussage erweitern wir für sogenannte Absicherungen auf schriftlichem Wege.

Eine prophylaktische Unterschriftensammlung taugt in der Regel nicht einmal als Beginn einer Autogrammsammlung. Unterschriften der Eltern als Einverständniserklärungen sollten in Kindertageseinrichtungen nur dort verlangt werden, wo sie entweder vorgeschrieben sind (zum Beispiel für die Schwimmerlaubnis) oder wo ausgesprochen ungewöhnliche Aktivitäten durchgeführt werden (wie wäre es mit Drachenfliegen?). Das Einverständnis der Eltern mit der pädagogischen Konzeption und den Aktivitäten der Einrichtung ist wichtig, es muss nicht bei jeder Kleinigkeit bestätigt werden.

Das hätte sogar einen ausgesprochen nachteiligen Effekt. Mit jeder Unterschrift für eine Aktion macht eine Erzieherin deutlich, dass diese Aktivität eher ungewöhnlich ist und nicht zum üblichen Angebot der Bildungseinrichtung gehört. Je unüblicher aber die Aktion, desto eher muss sich die Erzieherin dafür rechtfertigen. Dies hieße, den Teufel mit dem Beelzebub auszutreiben. Aus der beabsichtigten Absicherung ist eine Relativierung der pädagogischen Arbeit insgesamt geworden.

Gesetzliche Unfallversicherung

Es klingt vielleicht merkwürdig, aber an der Entwicklung der gesetzlichen Unfallversicherung (GUV) lassen sich die Fortschritte des Bildungswesens in der Bundesrepublik Deutschland ablesen.

Am 01.01.1885 trat das Unfallversicherungsgesetz für Beschäftigte in Unternehmen mit besonders hohen Unfallrisiken in Kraft. Von 1942 an umfasste die Versicherung Schutz für alle Arbeitnehmer und Arbeitnehmerinnen. Als erkannt wurde, dass Bildung einen gesellschaftlichen Wert darstellt, der (auch) gesellschaftlich abgesichert werden muss, wurden dann ab 1971 Schüler und Studenten sowie Kinder in Kindergärten in die Sozialversicherung einbezogen. Für sie galt nun ein staatlich finanzierter und abgesicherter Unfallversicherungsschutz durch das »Gesetz über die Unfallversicherung der Schüler und Studenten sowie Kinder in Kindergärten« (BGBL. I 1971, S. 237), das den einschlägigen § 539 Abs. 1 Nr. 14 Buchstabe a) bis d) der »Reichsversicherungsordnung« (RVO) änderte.

1971 wurden Kindergärten versicherungsrechtlich als Elementarbereich des Bildungswesens anerkannt und deshalb den anderen Bildungseinrichtungen wenigstens in diesem Bereich gleichgestellt. Nicht gesetzlich unfallversichert wurden aber nach wie vor Kinder, die in Krippen, Horten oder ähnlichen Einrichtungen betreut wurden. Als politisch nicht gewünschte und daher wenig geförderte Einrichtungen blieben sie Angebote zweiter Klasse.

Die Situation wurde mit dem KJHG geändert. Seit 1991 gehören Betreuung, Bildung und Erziehung zum Auftrag aller Kindertageseinrichtungen (§ 22 Abs. 3 KJHG/SGB VIII). Folgerichtig wurde das Gesetz über die Unfallversicherung geändert. Das »Unfallversicherungs-Einordnungsgesetz« trat am 01.01.1997 in Kraft. Als siebtes Buch des Sozialgesetzbuches (SGB VII) löste es die Regelungen der Reichsversicherungsordnung ab. Inzwischen sind alle Kinder »während des Besuches von Tageseinrichtungen, deren Träger für den Betrieb der Einrichtungen der Erlaubnis nach § 45 des Achten Buches oder einer Erlaubnis auf Grund einer entsprechenden landesrechtlichen Regelung bedürfen, sowie während der Betreuung durch geeignete Tagespflegepersonen im Sinne von § 23 des Achten Buches« (§ 2 Nr. 8 Buchstabe a SGB VII) in die gesetzliche Unfallversicherung einbezogen, denn alle Tageseinrichtungen gehören zum allgemeinen Bildungsangebot in der Bundesrepublik Deutschland, wie Schulen und Hochschulen (§ 2 Nr. 8 Buchstaben a und b SGB VII).

In welchem Umfang tritt die Versicherung ein?

Versichert sind alle Tätigkeiten der Kinder, die in einem zeitlichen, örtlichen und inneren Zusammenhang mit dem Besuch der Einrichtung stehen. Das sind u.a. die Veranstaltungen der Kindertageseinrichtung auch außerhalb des eigentlichen Geländes und natürlich alle Aktivitäten während des Tagesablaufs. Der Zusammenhang wird als gegeben angesehen, wenn die Aktivität von den Mitarbeiterinnen der Tageseinrichtung veranstaltet und im Rahmen der pädagogischen Arbeit durchgeführt wird. Indiz für den Zusammenhang ist regelmäßig die Zustimmung (Kenntnis ohne Widerspruch) des Einrichtungsträgers für einzelne Aktivitäten wie Sommerfeste, Reisen oder Übernachtungen.

Versichert sind zusätzlich alle Wege, die im Rahmen des Besuches der Einrichtung gegangen oder gefahren werden, das heißt mit ihm in einem zeitlichen Zusammenhang stehen. Wege der Kindergruppe zu Veranstaltungen/Aktionen gehören genauso dazu wie der tägliche Hin- und Rückweg. Es ist nicht erforderlich, den kürzesten Weg von zu Haus zur Einrichtung zu gehen, versichert ist vielmehr der übliche Weg, selbst wenn er länger dauert, weil er mehr Sicherheit bietet. Der Weg beginnt bzw. endet in der Regel an der Außentür der häuslichen Wohnung, doch kann im Einzelfall anders zu entscheiden sein (siehe S. 130: »Weglaufen von Kindern«).

Versichert sind alle betreuten Kinder und alle in den Einrichtungen tätigen Personen, seien sie fest angestellt oder vielleicht auch nur ehrenamtliche Helfer auf Ausflügen oder bei Sommerfesten.

Der gesetzliche Versicherungsschutz gilt auch für Helfer bei Unglücksfällen bzw. bei einem Tätigwerden in Gefahrensituationen. Es spielt keine Rolle, ob die Helfer zur Hilfeleistung verpflichtet sind oder nicht. Jeder Helfer bzw. jede Helferin in Not und gemeiner Gefahr (Überschwemmungen, Unwetter, Verkehrsunfälle, Brand, Unwetter...), der/die Gefahr für Leben, Körper oder Gesundheit anderer Personen abwenden will und dabei selbst verunglückt, ist gesetzlich versichert.

Ausführungsbehörden für die gesetzliche Unfallversicherung sind die sogenannten Träger der gesetzlichen Unfallversicherung, etwa die Berufsgenossenschaften, Gemeindeunfallversicherungen, die Eigenunfallversicherungen oder die Unfallkassen.[93]

Den gesetzlichen Unfallversicherungen sind durch Gesetz vorrangig drei Aufgabengebiete zugewiesen, §§ 1, 14ff., 26 bis 80 SGB VII:

a) Unfallverhütung

Prävention hat Vorrang vor den anderen Aufgaben. Die Unfallverhütung schließt sowohl die Feststellung und Beseitigung baulicher und sonstiger Mängel in Einrichtungen und an Spielgeräten als auch die vorbeugende Sicherheitserziehung ein. Hierzu informieren die Träger der gesetzlichen Unfallversicherung über verschiedene Bereiche der Unfallvorsorge, zum Beispiel Sicherheitsförderung im Kindergarten oder zu Bewegung und Kinderunfällen[94]. Darin werden die Erkenntnisse der Unfallforschung und Entwicklungspsychologie recht konsequent in elementarpädagogische Handlungskonzepte umgesetzt. Der Ansatz zielt darauf, den natürlichen Bewegungsdrang der Kinder zu fördern und ihre motorischen Kompetenzen zu entwickeln, weil festgestellt wurde,

93 Für Auskünfte, auch über Zuständigkeiten: Bundesverband der Unfallkassen, Fockensteinstraße 1, 81539 München, www.unfallkassen.de, dort sind auch viele Broschüren online erhältlich.

94 Bundesverband der Unfallkassen (Hrsg.); Kunz (Autor): Sicherheit fördern im Kindergarten. München 2004 und Bundesverband der Unfallkassen (Hrsg.); Dordel, S./Kunz, T. (Autoren): Bewegung und Kinderunfälle. München 2005

dass ungeschickte Kinder häufiger und schwerer in Unfälle verwickelt waren als geübte.

b) Rehabilitation der Verletzten

Rehabilitation der Unfallverletzten schließt alle notwendigen medizinischen Heilbehandlungen und den Ersatz von evtl. beim Unfall beschädigten Körperteilen mit ein, soweit sie überhaupt ersetzbar sind. Der Arzt oder das Krankenhaus rechnen direkt mit dem Träger der GUV ab; die Krankenkasse, bei der das Kind (über seine Eltern) versichert ist, ist von Leistungen freigestellt.

c) Entschädigung für Unfallfolgen durch Geldleistungen

Entschädigungsleistungen sind beispielsweise Rentenleistungen auf Grund bleibender Schädigungen der Person. Schmerzensgeldleistungen oder Ersatz von Sachschäden sind im Rahmen der gesetzlichen Unfallversicherung grundsätzlich nicht möglich, es sei denn, der Schaden wäre vorsätzlich herbeigeführt worden (OLG Nürnberg 2 U 2993/90).

Der zuständige Träger der Unfallversicherung muss seine Leistungen von Amts wegen erbringen, das heißt es muss kein besonderer Antrag gestellt werden. Grundlage ist im konkreten Einzelfall der Unfallbericht des Einrichtungsträgers bzw. der Leiterin der Kindertageseinrichtung. Sie sind zur Wahrung von Ansprüchen des Verletzten innerhalb von drei Tagen nach einem Unfall berichtspflichtig.

Sollte es vorkommen, dass die Entschädigung durch die GUV nicht von Amts wegen festgestellt wird, muss innerhalb von zwei Jahren nach dem Unfall ein Antrag nachgeholt werden, um die Ansprüche zu wahren.

Es kommt vor, dass hinsichtlich der Einschätzung des Umfanges versicherter Tätigkeiten oder hinsichtlich der zu gewährenden Leistungen unterschiedliche Auffassungen zwischen der versicherten Person, dem Unfallversicherungsträger oder dem Träger der Kindertageseinrichtungen bestehen. Zur Not kann nur auf gerichtlichem Weg eine Klärung erfolgen. Die Einschätzung des Unfallversicherungsträgers allein ist kein Maßstab. Dazu gab es schon zu viele Fälle in denen die Versicherung meinte, der Fall wäre nicht abgesichert, doch die Sozialgerichte sahen dies anders.

Ein Beispiel: Nach Auffassung der Unfallversicherung unterliegen private Aktivitäten auf Kinderreisen nicht dem gesetzlichen Versicherungsschutz. Die Schlafenszeit soll dazu gehören. Doch wo sie beginnt und endet, ist interpretationsfähig. Schon 1995 befand das Bundessozialgericht, dass die durch einen Lehrer auf einer Klassenreise verhängte Zeit der Nachtruhe nicht das Ende der Versicherung bedeutet, weil bei Kindern (im pubertären Alter) die Maßstäbe weniger streng zu sehen sind als bei Erwachsenen. Das altersabhängige Gruppenverhalten ist zu berücksichtigen, deshalb ist ein Schaden, der durch eine Rauferei im Schlafraum entsteht, als innerhalb des organisatorischen Verantwortungsbereiches der Schule anzusehen und deshalb versichert (3 RU 44/94).

Ausgeschlossen sind von der gesetzlichen Unfallversicherung sogenannte eigenwirtschaftliche Betätigungen. Manche Träger betonen, dass Einkäufe von Kindern ohne direkten Erzieherkontakt (im Rahmen der Erziehung zur Selbstständigkeit) nicht dazu gehören sollen. Demgegenüber hat das Bundessozialgericht in einem weiteren Fall (siehe S. 130: »Weglaufen von Kindern«) festgestellt, dass diese eigenwirtschaftlichen Tätigkeiten in Kindertageseinrichtungen kaum denkbar sind. Deshalb sind Kinder grundsätzlich während des gesamten Besuchs der Einrichtung versichert.

Berufshaftpflichtversicherung

Haftpflichtversicherungen decken die Risiken ab, die in bestimmten Lebenslagen auf einen Menschen zukommen und für die er/sie, falls verantwortlich, selbst aufkommen (haften) müsste, wenn er/sie keine Versicherung hätte. Manche Lebensrisiken werden als so wahrscheinlich und so gravierend eingeschätzt, dass der Gesetzgeber eine Haftpflichtversicherung zwangsweise vorschreibt. Andere Risiken werden als eher geringfügig eingestuft, so dass es jeder Person freisteht, ob sie sich versichert oder nicht. Das »Gesetz über die Pflichtversicherung für Kraftfahrzeughalter (Pflichtversicherungsgesetz)«[95] beispielsweise schreibt vor, dass Autos und andere Kraftfahrzeuge ohne eine Haftpflichtversicherung nicht zugelassen werden dürfen. Hier ist das öffentliche Interesse an einer Absicherung aller Verkehrsteilnehmer so groß, dass den Kfz-Haltern der Abschluss einer (nicht gerade billigen) Versicherung auferlegt wird. Erstens sind das Unfallrisiko und damit die Schadenswahrscheinlichkeit sehr groß, zweitens können sich erhebliche Schadensbeträge ergeben, zum Beispiel Schadensersatz, Krankenhauskosten, Renten. Privathaftpflichtversicherungen dagegen sind freiwillig, die Risiken des Alltags außerhalb von Autos sind geringer. Privathaftpflichtversicherungen sind auf den Privatbereich ausgerichtet, für Schäden, die die versicherte Person oder Familienmitglieder schuldhaft verursachen.

Eine Berufs- oder Diensthaftpflichtversicherung ist demzufolge als Absicherung des Haftungsrisikos gedacht, das eine Arbeitnehmerin in der Ausübung ihres Berufes eingeht. Die Berufshaftpflichtversicherung soll den Ersatz des Schadens übernehmen, für den die Versicherungsnehmerin sonst aufkommen müsste, falls die Verantwortung bei ihr »hängenbleibt«. Ansprüche aus Personenschäden oder Sachschäden sind denkbar.

Für ErzieherInnen besteht die grundsätzliche Möglichkeit, dass sowohl die zu beaufsichtigenden Kinder, als auch möglicherweise geschädigte dritte Personen Schadensersatz- und Schmerzensgeldansprüche gegen sie geltend machen können. Ein Risiko besteht ferner darin, dass im Wege des Regresses eine Krankenversicherung oder die gesetzliche Unfallversicherung Eigenleistungen ersetzt bekommen möchten.

Allerdings sind die Möglichkeiten, belangt zu werden, auf schädigende Handlungen aus Vorsatz und grober Fahrlässigkeit beschränkt (siehe S. 173). Damit ist das Schadensrisiko äußerst begrenzt. Warum soll man dann eine Versicherung abschließen? Vorrangig sollte sich jede Erzieherin klar darüber werden, wie wichtig ihr und ihrem Wohlbefinden der Abschluss eines Versicherungsvertrages ist. Als Entscheidungshilfe können vielleicht folgende Überlegungen dienen:

95 Von 1965 mit Stand 2008

- Der Gesetzgeber ordnet die Berufshaftpflichtversicherung nicht den Pflichtversicherungen zu, sondern stellt sie ins private Belieben. Daraus ist abzulesen, dass das tatsächliche Risiko relativ gering eingeschätzt wird.
- Berufshaftpflichtversicherungen sind preiswert – auch das ist ein Zeichen dafür, dass wenig passiert und die Versicherungen selten und/oder nur geringe Summen bezahlen müssen.
- Belangt werden Erzieherinnen, wie beschrieben nur bei Vorsatzhandlungen oder grober Fahrlässigkeit, sonst nicht. In diesen Fällen aber tritt auch keine Versicherung ein.

Andererseits:

- Wenn eine Versicherung günstig zu haben ist und man ruhiger schlafen kann, warum soll sie dann nicht abgeschlossen werden?
- Berufshaftpflichtversicherungen gibt es häufig kombiniert mit einer Privathaftpflichtversicherung. Wer selbst Kinder hat, braucht eine. Im Paket ist es preisgünstiger.
- Berufshaftpflichtversicherungen schließen (mitunter auch) den Verlust von Schlüsseln bis zu einer bestimmten Schadenssumme ein. Wer also manchmal ein wenig schusselig ist...

Es ist vor allem eine Frage der Lebenseinstellung, wie die Entscheidung getroffen wird.

Übrigens: Bei der Gewerkschaft Erziehung und Wissenschaft (GEW) schließt die Mitgliedschaft eine Berufshaftpflichtversicherung mit ein. Näheres unter www.gew.de

Danger
Children

Kapitel 4: Dickes Ende oder Happy End?

Vorab

Die Arbeit an diesem Buch war beendet, die Texte lagen überarbeitet, gesetzt und korrigiert fertig zum Druck, da bekam ich – eher zufällig, beiläufig – in einem Seminar zur kindgerechten Organisation des Alltags in Tageseinrichtungen mit Kindern im Alter von null bis drei Jahren Informationen, die mindestens in Teilen zu meinen Aussagen kontrovers waren und sind.

Es handelte sich dabei nicht um bloß geringfügige Unterschiede, welche auf Nuancen in der Interpretation rechtlicher Vorgaben zurückzuführen sind. Meines Erachtens geht es um mehr.

Selbst wenn jedoch die Unterschiede als geringfügig einzuschätzen wären, so hätten sie doch gravierenden Einfluss auf die Pädagogik, auf die Kinder, auf die Erzieherinnen.

Was hier so hypothetisch klingt mit »wären« und »hätte«, ist (aber) leider bereits Realität. Darum gibt es nun »aus gegebenem Anlass« zum Schluss dieses Buches einen zusätzlichen völlig neuen Artikel.

DIN Quichotte

Wer kämpft tatsächlich gegen Windmühlen? Kann der Autor am Schreibtisch den Kampf gegen die Hochsicherheitsexperten gewinnen und ihrem unermüdlichen Streben nach Sicherheit Einhalt gebieten? Oder kämpft das Deutsche Institut für Normung (DIN) mit allen anderen Sicherheitskräften einen aussichtslosen Kampf gegen die Risiken des Lebens?

Der Anlass

Mich erreichte eine beunruhigende Information. Sie bestand zunächst nur in der Behauptung, in Deutschland dürften Kinder unter drei Jahren nie aus den Augen gelassen werden. Außerdem müssten, um diese Verpflichtung besser erfüllen zu können, im Außengelände von Kindertageseinrichtungen neue Kleinkindbereiche durch Zäune abgeteilt werden. Als Beleg wurde mir der folgende Text vorgelegt:

In Deutschland besteht für Kinder, insbesondere für Kinder unter drei Jahren, eine gesetzliche Aufsichtspflicht (BGB), die nur dann erfüllt werden kann, wenn Kinder unter drei Jahren begleitet werden und die Begleitperson mitbestimmen kann, ob und welches Gerät vom Kind benutzt werden kann/darf.[96]

Daraus, so wurde mir versichert, wird bei den so genannten Begehungen zur Erteilung oder Überprüfung von Betriebserlaubnissen eindringlich die – angeblich – notwendige vollständige Überwachung der Kinder und Anwesenheit der Erzieherinnen abgeleitet. Und aus der Setzung der vollständigen Überwachung wiederum wird die Einzäunung separater Kleinkindbereiche auf dem Kindertagesstättengelände gefordert. Beleg hierfür:

Die bisherigen Erfahrungen der Unfallkasse NRW ... haben gezeigt, dass es sinnvoll und angemessen ist, Spielbereiche für diese Altersgruppe abzugrenzen und einzufrieden. Organisatorische und aufsichtsrechtliche Fragestellungen werden dadurch positiv beeinflusst und die Belastungen des pädagogischen Personals reduziert...

Zusätzlich besteht in Deutschland die gesetzliche Verpflichtung, Kinder unter drei Jahren auf Spielplätzen zu beaufsichtigen.[97]

Zum Inhalt und sachlichen Gehalt wird später Bezug genommen. Zunächst einmal gilt es, die Beteiligten vorzustellen. Wer sind die Autoren der Texte, wer die Vermittler, wer die Empfänger?

---

96 Agde, G./Beltzig, G./Danner, F./Lorentzen, H./Richter, J./Settelmeier, D.: Spielgeräte – Sicherheit auf Europas Spielplätzen. Erläuterungen in Bildern zu DIN EN 1176; 4., vollständig überarbeitete Auflage 2009. Berlin, Wien, Zürich, S. 6

97 Unfallkasse Nordrhein-Westfalen: Sichere Kita. Siehe www.sichere-kita.de

Die Beteiligten

Die Quelle, auf die sich letztlich alle berufen, heißt DIN. Jedes Schulkind kennt »Dinavierbögen« oder korrekter ein Blatt Papier im Format A4 des Deutschen Instituts für Normung e.V., kurz DIN A4. DIN kann sowohl für das Institut stehen, als auch für die Deutsche Industrienorm, meist mit einer Nummer zum besseren Einordnen ergänzt. Die DIN werden, das ist eine Folge des Zusammenwachsens in Europa, nach und nach abgelöst durch Europäische Normen (EN), welche manchmal weitgehend identisch mit den vormaligen deutschen Regelungen sind, manchmal auch ergänzend oder korrigierend wirken. Das DIN gibt Selbstauskunft:
Normen sind Regeln der Technik, die grundsätzlich empfehlenden Charakter haben und deren Anwendung daher freiwillig ist. Sie können jedoch verbindlichen Charakter durch vertragliche Vereinbarung oder auch Bezugnahme durch den Gesetzgeber erhalten.[98]

Normen spiegeln den Stand der Technik, den wünschenswerten Stand der Umsetzung und Anwendung. Sie sind nicht Gesetz. Sie können jedoch wichtige Informationen enthalten darüber, was in den normierten Bereichen technisch angemessen ist. Circa 3.000 Normen sind es allein für die deutschen Verbraucher. Papiergrößen gehören dazu, die physikalischen Eigenschaften von Zahnbürsten und eben auch Sicherheitsnormen für Spielgeräte und Spielplätze. Die DIN sind in weiten Bereichen Selbstverpflichtungen der deutschen Industrie. Das DIN wirkt als Lobby der deutschen Industrie im Inland wie für den Export.

Ebenfalls beteiligt ist die Unfallkasse Nordrhein-Westfalen. Ihre Sicherheitsexperten berufen sich auf die DIN und die dazugehörigen Erläuterungen, und auch das obige Zitat übernimmt fast wörtlich Aussagen von dort. Die Unfallkassen (der Länder) sind die Träger der Gesetzlichen Unfallversicherung (siehe S. 192ff.). Ihre Anordnungen haben zum Teil gesetzlichen Charakter. Das gilt jedoch nicht für alle Äußerungen, Empfehlungen oder Verlautbarungen, ob sie nun offiziell durch die Institution Unfallkasse oder ob sie nur von einzelnen Vertretern – als deren persönliche Meinungsäußerung – an die Öffentlichkeit gelangen.

Damit bin ich bei einer Unterscheidung angelangt, die in diesem Zusammenhang äußerst wichtig ist. Wie bei allen Arbeitsgebieten, die unmittelbar von der Art abhängen, wie die Leistung erbracht wird, kommt es vor, dass die Ausführung der Aufgaben mehr als zulässig oder offiziell gewünscht von Einzelpersonen interpretiert werden. Manchmal arbeiten sie zu lasch, manchmal überziehen sie und schießen über Auftrag und Ziel hinaus. Das gibt es bei Kellnern, Verkäuferinnen, Friseuren, Erzieherinnen und auch bei den Mitarbeitern der Unfallkassen vor Ort. Und schließlich trifft das auch auf Trägervertreter von Kindertageseinrichtungen zu, auf Fachberater und Fachberaterinnen mit und ohne Weisungsbefugnis, auf Qualitäts- und so genannte Sicherheitsbeauftragte; gemeint sind Menschen, die im pädagogischen Feld als Pädagogen Multiplikatorenfunktionen ausüben und auf mindestens einer hierarchischen Ebene über den Kindertageseinrichtungen für die Entwicklung des pädagogischen Angebots verantwortlich sind.

98 Agde, G./Degünther, H./Hünnekes, A.: Spielplätze und Freiräume zum Spielen. Ein Handbuch für Planung und Betrieb. 3., vollständig überarbeitete und aktualisierte Auflage 2008. Berlin, Wien, Zürich, S. 2

Auch manche von ihnen sind Beteiligte in dieser Fallstudie. Sie tragen die berichteten Informationen weiter oder lassen sie unkommentiert in die Tageseinrichtungen gelangen. Sie tragen zur Verunsicherung und zur Desorientierung der Erzieherinnen bei. Trotz ihrer Verantwortung für Entwicklung bremsen sie, wirken an Einschränkungen mit.

Die sachliche Klarstellung

In beiden Zitaten finden sich schwerwiegende Fehler. Zum einen werden Verkehrssicherungspflichten (siehe S. 86 und S. 123) und Verpflichtungen im Rahmen der Aufsichtspflicht miteinander vermischt. Das eine hat im Grundsatz mit dem anderen rechtlich nichts zu tun.

Der andere Fehler ist genau genommen ein doppelter. Es heißt, in Deutschland bestehe insbesondere für Kinder unter drei Jahren eine gesetzliche Aufsichtspflicht. Das stimmt nicht. Die Aufsichtspflicht besteht nach § 1631 BGB für alle Kinder von Geburt an bis zur Volljährigkeit – und zwar gleichermaßen. Dass verschiedene Faktoren die Form der jeweiligen Beaufsichtigung beeinflussen und dass das Alter der Kinder ein Faktor unter vielen ist, ändert nichts an der Tatsache, dass das Recht und die Pflicht der Eltern bei der Ausübung der Personensorge in Inhalt und Ziel gleich sind (siehe S. 28ff.).

Völliger Unsinn ist der Nebensatz, nach dem die Aufsichtspflicht *nur dann erfüllt werden kann, wenn Kinder unter drei Jahren begleitet werden.* Die gesetzliche Aufsichtspflicht ist gerade nicht festgelegt, sie kann nicht »nur dann ... wenn« erfüllt werden. Die Aufsichtspflicht ist ein unbestimmter Rechtsbegriff (siehe S. 21ff.) und darum gerade nicht normiert und nicht festgeschrieben.

Im Zitat wird der Versuch unternommen, eine unzulässige Verbindung herzustellen zwischen Verkehrssicherungspflichten, die in der Verantwortung von Betreibern von Spielplätzen und Spielplatzgeräten liegen, mit den Aufsichtspflichten in der Verantwortung der Personensorgeberechtigten und einer bestimmten Form der Aufsichtsführung, nämlich Begleitung im Sinne von persönlicher Anwesenheit. Damit ist die Aussage nicht nur sachlich falsch. Mit ihr wird auch in den Kompetenzbereich der Personensorgeberechtigten eingegriffen. Mit deutlichen Worten: Hier maßen sich zwei Institutionen fremde Entscheidungskompetenzen an.

Was für den Kompetenzbereich der Eltern gilt, hat Auswirkungen auf die Kompetenzen von Erzieherinnen in Kindertageseinrichtungen (siehe S. 38ff.). Anlass für diesen Artikel war doch, dass Ihnen eindringlich gesagt wurde, sie dürften die Kinder nie aus den Augen lassen und Kinder unter drei Jahren dürften sich nur in einem umzäunten Gebiet aufhalten. Besuchen Kinder mit Wissen ihrer Eltern und auf vertraglicher Grundlage eine Tageseinrichtung, so übernehmen Erzieherinnen die Verantwortung im Rahmen der Aufsichtspflicht. Erzieherinnen üben diese Pflicht an Stelle der Eltern im Rahmen ihres pädagogischen Auftrags und ihrer pädagogischen Kompetenz aus. Mit ihren Vorgaben greifen DIN und Unfallkasse NRW demnach nicht bloß in elterliche Kompetenzen, sondern auch in die pädagogischen Entscheidungskompetenzen der Erzieherinnen ein. Wären Erzieherinnen Beamte, müsste man von Amtsanmaßung sprechen.

Es erinnert an das Kinderspiel »Stille Post«. Einer flüstert seinem Nachbarn etwas ins Ohr und am Ende kommt etwas an und heraus, was mit dem Ursprungstext kaum in Verbindung zu bringen ist. Die Unfallkasse NRW schreibt vorsichtig, dass ihre bisherigen Erfahrungen den Sinn und die Angemessenheit von abgegrenzten und eingefriedeten Spielbereichen für Kinder unter drei Jahren gezeigt hätten. Manche Träger sehen sich nun unter Druck, einen Zaun zu ziehen, wenn sie ihre Kindergärten für jüngere Kinder als bisher öffnen; Erzieherinnen verlangen danach. Handelt es sich hier um Fälle, in denen die Vertreter der Unfallkasse zu massiv auftreten und die Vorgaben ihres Arbeitgebers schärfer auslegen, als sie gemeint sind? Handelt es sich um vorauseilenden Gehorsam und Fehlinterpretation der Träger, wenn sie bei Abgrenzung und Einfriedung ausschließlich an einen Zaun denken? Ist es die Unsicherheit von Erzieherinnen, die bisher nur wenig Erfahrung mit Kindern unter drei Jahren gemacht haben und häufig auch nicht ausreichend darauf vorbereitet wurden?

Vielleicht handelt es sich nur um ein weiteres Sprachproblem (siehe S. 68ff.). Die Broschüre zur Planung und zum Betrieb von Spielplätzen auf der Basis der DIN 18034[99] spricht von abgesonderten Räumen im Außengelände von Kindertageseinrichtungen. Und auch auf öffentlichen Spielplätzen sollen gegensätzliche Nutzungsarten (z.B. Bewegung und Rückzug) räumlich getrennt werden. Von Zäunen ist nirgends die Rede – schon gar nicht innerhalb des Außengeländes einer Einrichtung.

Genau genommen trifft diese Aussage auch auf die Umfriedung zu, die das Gelände der Kindertageseinrichtung vom Draußen trennt. In der Tat gibt es immer noch Kindergärten, die »nur« durch eine Hecke vor der Außenwelt geschützt sind. Sie zeichnen sich nicht durch überdurchschnittliche Unfall- oder Weglaufraten aus. Offenbar ist gute Pädagogik in dieser Hinsicht der Einzäunung ebenbürtig.

Die Empfehlung der Unfallkasse NRW wurde mit den bisherigen Erfahrungen begründet. Das gibt zu denken, wenn der Text vom August 2009 stammt. Alle Fachleute wissen, dass die Betreuung von Kindern unter drei Jahren in Tageseinrichtungen bis vor wenigen Jahren auf erschreckend kinder- und familienfeindlichem Versorgungsniveau lag. In Nordrhein-Westfalen beispielsweise gab es im Jahr 2002 nur 2,1 Plätze pro 100 Kinder.[100] Die meisten dieser Plätze standen in altersgemischten Gruppen (0 bis 6 Jahre) zur Verfügung. Dort gab es keine abgegrenzten Räume für die Jüngsten. Das hätte dem pädagogischen Konzept widersprochen.

So drängen sich mir die folgenden Überlegungen auf: Von welchen Erfahrungen geht die Unfallkasse NRW wohl aus und wie breit kann die dortige Erfahrungsbasis überhaupt sein, um eine einigermaßen qualifizierte Aussage treffen zu können. In den Bundesländern Hamburg und Berlin, die über viele Jahrzehnte Erfahrungen mit der Krippenbetreuung haben, kommen bestimmt nicht viele Leute auf die Idee, erneut Zäune aufzustellen. Die gab es zwar bis in die siebziger Jahre des abgelaufenen Jahrhunderts, doch heute findet man nur noch vereinzelt Reste davon – und nur mit der Funktion von Raumteilern. Sie schaffen ruhige Flächen, doch jedes Kind kommt gut drum herum. Zäune zwischen den Bereichen für die 0- bis 3-jährigen und die 3- bis 6-jährigen gab es obligatorisch auch bis 1989 in der DDR. Das lag

99 Agde, G./Degünther, H./Hünnekes, A.: Spielplätze und Freiräume zum Spielen. Ein Handbuch für Planung und Betrieb. 3., vollständig überarbeitete und aktualisierte Auflage 2009. Berlin, Wien, Zürich, S. 95

100 DJI: Zahlenspiegel 2005. München, S. 113

schon an der unterschiedlichen organisatorischen Zuordnung. Krippen gehörten zum Gesundheitswesen, Kindergärten zum Bildungsbereich. Nach der Wende wuchs auch hier zusammen, was zusammen gehört. Anders als in NRW die Unfallkasse, wünscht sich nur eine Minderheit abgrenzende bauliche Maßnahmen in Ex-DDR-Krippen zurück. Welches pädagogische Konzept wohl der Unfallkasse vorschwebt? Mit dem Kinderbildungsgesetz und der Bildungsvereinbarung in NRW kann es nichts zu tun haben.

Nicht einmal der zweite Satz aus dem Zitat der Unfallkasse NRW trifft vollständig zu, obwohl der doch so gut gemeint ist: *Organisatorische und aufsichtsrechtliche Fragestellungen werden dadurch positiv beeinflusst und die Belastungen des pädagogischen Personals reduziert...* Die Organisation wird vermutlich vereinfacht, weil Zuständigkeitsregelungen auch räumlich klar definiert werden können. Dem ist jedoch zu entgegnen, dass die Zusammenarbeit der Erzieherinnen durch räumliche Trennung nicht erleichtert wird. Man muss nämlich für jeden der Bereiche eine Aufsichtsperson bestimmen, obwohl eine einzige durchaus genügen könnte, wenn das Gelände nicht geteilt wäre. Bei knappem Personalstand ist das nicht unbedingt einfach zu organisieren.

Aufsichtsrechtliche Fragestellungen werden nur dann positiv beeinflusst, wenn man Aufsicht mit Absicherung gleichsetzt. Eine Aufsichtsführung, die dem Ziel der freien Entfaltung verpflichtet ist und Sicherheit der Kinder durch Selbständigkeit anstrebt, wird behindert. Bezeichnend für die Dominanz des Absicherungsdenkens ist, dass pädagogische Überlegungen und die Unterstützung des pädagogischen Personals bei ihrer Hauptaufgabe hier nicht vorkommen. Wieder einmal werden Nebenpflichten, die die Erfüllung der Hauptaufgaben Bildung und Erziehung unterstützen sollen, zum Selbstzweck erhoben (siehe S. 15f.).

Es ist zu bezweifeln, ob die Belastungen des pädagogischen Personals auf diese Weise reduziert werden, denn gleichzeitig wird doch die ununterbrochene Beobachtung der Kinder gefordert. Im Übrigen halte ich es nicht für vertretbar, wenn die Belastung der Erzieherinnen durch im internationalen Vergleich nicht zufriedenstellende Rahmenbedingungen mittels Einschränkung und Bewachung der Kinder reduziert werden soll.

Vermutungen zu Hintergrund und Wirkung solcher Aussagen

Können die zwei zitierten Aussagen wirklich so große Wirkung zeitigen? Es sieht so aus. Die mir berichteten Wirkungen sind gravierend, schränken Kinder, Erzieherinnen und Träger ein. Sie kosten viel Geld, das anderswo fehlt. Und das hier vorgestellte Beispiel steht stellvertretend für ähnliche in anderen Bundesländern.

In der hier zitierten Broschüre des Deutschen Instituts für Normung wird bis zur Seite 10 ganze fünf Mal der Sachverhalt mit der elterlichen Aufsichtsverpflichtung falsch, zumindest schief, dargestellt. Erst auf Seite 189 folgt die Richtigstellung:
Eine Altersgrenze ist im Gesetz nicht enthalten, die Aufsichtspflicht ist dem Lebensalter des Kindes und seiner »Reife« anzupassen.

Wie um diese Information sofort zu verwischen, folgen gleich im Anschluss daran wieder zwei falsche Aussagen, die man bestenfalls als völlig unverbindliche Meinungsäußerung durchgehen lassen mag:

Die Aufsichtspflicht kann von den Eltern übertragen werden an Erwachsene (Großeltern, Verwandte, Nachbarn, Erzieherinnen in Kindertageseinrichtungen), auch an Jugendliche, wenn sie entsprechend zur Sicherheitsvorsorge in der Lage sind (etwa ab zwölf bis vierzehn Jahren). Bei Kindern unter drei Jahren wird eine ständige Aufsicht bei Besuchen von Kinderspielplätzen – beim Spiel in unterschiedlichen Reichweiten (Sichtkontakt – manchmal auch Griffkontaktmöglichkeit) – gefordert werden müssen.

Weder ist bei der Delegation der Aufsichtspflicht eine pauschale Altersbegrenzung rechtlich vorgesehen, noch ist sie sinnvoll (siehe S. 180f.). Und zur angeblichen Verpflichtung einer ständigen Aufsicht, die im Zitatzusammenhang als Beobachtung zu lesen ist, wurde bereits vieles hier und im Artikel (siehe S. 94f.) ausgeführt.

Zwei halbe Wahrheiten sind eine ganz Lüge, sagt man. Wenn das stimmt, kommt hier einiges zusammen. Um dem Fass die Krone aufzusetzen wird in der so richtungsweisenden Broschüre nicht einmal der § 1631 Absatz 1 BGB richtig zitiert:
Die Personensorge (der Eltern) umfasst insbesondere das Recht und die Pflicht, das Kind zu pflegen, zu erziehen, zu beaufsichtigen und seinen Aufenthaltsort zu bestimmen.[101]

Falsch ist die Reihenfolge: die Pflicht steht im BGB vor dem Recht (siehe S. 34). Bereits 1998 wurde das BGB geändert! Elf Jahre später wurde es immer noch bzw. wieder falsch zitiert. Und selbstverständlich heißt es im BGB auch nicht seinen Aufenthaltsort zu bestimmen, sondern seinen Aufenthalt. Vielleicht erscheint dies pingelig. Doch für mich ist es das nicht. Wenn an entscheidenden Stellen so viel Falsches steht, wie kann ein Text dann ernst genommen werden?

Diese Frage zielt auf die Rezipienten. Doch noch möchte ich beim DIN bleiben. Schlampige Arbeit als Ursache möchte ich ausschließen, das würde doch von großer Überheblichkeit zeugen. Auch an Inkompetenz der Autoren mag ich nicht glauben. Wie in jedem Beruf gibt es auch bei Juristen und Spielplatzplanern mehr oder weniger qualifizierte Menschen, doch waren so viele beteiligt, dass es vermessen wäre zu unterstellen, sie hätten sich alle zugleich geirrt. Die sicherlich einfachste Möglichkeit besteht wieder darin, dass unterschiedliche Begriffe für den gleichen Sachverhalt gebraucht werden. Immerhin sehen sich die Autoren als Anwälte für die Interessen des Kindes. Dieser Begriff ist sicherlich ebenso unklar wie der unbestimmte Rechtsbegriff Aufsichtspflicht. Die Wahrscheinlichkeit unterschiedlicher Interpretation ist entsprechend groß.

Meine Überlegung gehen jedoch in die Richtung zielgerichteter Darstellung. Es wird ein bestimmter Zweck verfolgt. Hinter der Broschüre steckt ein Interesse – vielleicht auch mehrere. Für diese Vermutung gibt es Indizien.

Das DIN als Industrielobby

Einen ersten Hinweis erhält man durch das Lesen der falschen Behauptung und den unmittelbar darauf folgenden Satz: S. 6
In Deutschland besteht für Kinder, insbesondere für Kinder unter drei Jahren, eine gesetzliche Aufsichts-

101 a.a.O. S. 189

pflicht (BGB), die nur dann erfüllt werden kann, wenn Kinder unter drei Jahren begleitet werden und die Begleitperson mitbestimmen kann, ob und welches Gerät vom Kind benutzt werden kann/darf.

Deswegen müssen die Anforderungen von DIN EN 1176 in diesem Zusammenhang in Deutschland nicht angewendet werden.[102]

In Deutschland müssen die Anforderungen der Europäischen Norm (EN) nicht angewandt werden. Deutschland hat eine Ausnahme erwirkt. Es ist das einzige Land, das bei der Norm für Spielgeräte, die für die schutzbedürftigsten, weil unerfahrensten, Kinder gebaut werden, einen Sonderweg geht. Sind wir vorzüglicher Vorreiter oder schlapper Schluss, wenn wir die einzigen sind?

Nur wenig weiter zu lesen trägt zur Klärung bei:
Weil es die Aufsichtspflicht in Deutschland gibt, müssen die für Deutschland gebauten Spielplatzgeräte keinen »erschwerten« Zugang haben…

Die Bestätigung folgt:
Alle Anforderungen bezüglich Kinder unter drei Jahren, die in dieser Ausgabe durch »leicht zugänglich« ersetzt worden sind … gelten nicht für Deutschland aufgrund der gesetzlichen Verpflichtung, Kinder auch auf Spielplätzen zu beaufsichtigen.

Aller guten Dinge sind drei:
Die Anforderungen an Geräte für Kinder unter 36 Monaten … sind z.T. sehr restriktiv… Würde man auch in Deutschland die Europäische Norm in den betreffenden Punkten durchgängig anwenden, müssten viele Geräte umkonstruiert werden…

Das wäre natürlich hart für die deutsche Spielgeräteindustrie. Da spannt man doch lieber Eltern und Erzieherinnen vor seinen Karren. Damit das klappt, schieben die Autoren eine weitere falsche Behauptung, die zugleich eine versteckte Drohung ist, nach:
Die elterliche Aufsichtspflicht ist in Deutschland gesetzlich verankert. Entsprechend verhält sich die Rechtsprechung bei Unfällen. Hier können die Eltern oder Begleitpersonen eventuell verantwortlich gemacht werden, wenn ein Unfall eines Kindes unter 36 Monaten durch grobe Fahrlässigkeit der Begleitperson geschieht.

Was soll das heißen: Eltern können eventuell verantwortlich werden? Ist das schlimm? Eventuell kann man im Lotto gewinnen. Leider sind die Chancen, vom Blitz getroffen zu werden, zweimal höher, als einen Sechser zu landen. Tatsache ist, dass Eltern verantwortlich sind (siehe S. 35f.), nicht nur bei einem Unfall, sondern jederzeit bei ihrem minderjährigen Kind. Zur Verantwortung gezogen werden, ist die alltagssprachliche Redewendung, die weder bei Kindern unter 36 Monaten den Sachverhalt korrekt ausdrückt, noch ihn bei grober Fahrlässigkeit zutreffend einsetzen lässt. Wenn dann noch in einem Satz Eltern und Begleitpersonen getrennt aufzählt werden und am Ende ausschließlich die Begleitperson bei grober Fahrlässigkeit haften soll, dann wird der Unsinn so kompliziert, dass eine noch weiter gehende Analyse besser unterbleibt. Zur Aufsicht bei Kindern unter drei Jahren (siehe S. 94; zu Fahrlässigkeit siehe S. 173.

102 Agde, G./Beltzig, G./Danner, F./Lorentzen, H./Richter, J./Settelmeier, D.: Spielgeräte – Sicherheit auf Europas Spielplätzen. Erläuterungen in Bildern zu DIN EN 1176; 4., vollständig überarbeitete Auflage 2009. Berlin, Wien, Zürich, S. 6 ff.

Nur einen Aspekt möchte ich nochmals erwähnen: die Verpflichtung zur Aufsichtsführung orientiert auf das pädagogische Ziel Selbstständigkeit. Die Art der Aufsicht muss dem Ziel entsprechend gestaltet werden unter Wahrung von Sicherheitsaspekten. Dazu gehören der Schutz der Kinder ebenso wie der Schutz Dritter vor Schädigungen durch die Kinder. Eine Aufsichtsführung, die bloß auf die Absicherung der aufsichtspflichtigen Person hinausläuft, ist pervers. Der Gedanke an die Zielsetzung kommt in der obigen Formulierung nicht vor.

Dem Anschein nach kreisen die Gedanken der Spielgeräteindustrie weniger um die Sorge für die Kinder als um die Sorge für den Produktionsaufwand:
In den restlichen Ländern Europas ist die Rechtslage (für die Hersteller, R.P.) *in diesem Punkt schwächer.*

Deshalb gilt:
Für den Export bestimmte Geräte müssen diesen Anforderungen jedoch immer genügen.

Zusammengefasst: In der Bundesrepublik Deutschland können als einzigem Land, in dem Euronormen gelten, Spielgeräte gebaut und vertrieben werden, die geringeren Anforderungen genügen. Die überall anders erforderliche – und offenbar auch technisch mögliche – konstruktive Sicherheit von Spielgeräten durch technische Lösungen wird hier ersetzt durch menschliche Arbeitsleistung, genannt Aufsicht. In anderen Ländern wird das Wohlergehen von Kindern so hoch eingeschätzt, dass strengere Industrienormen als bei uns gelten. Dort jedoch kommt die deutsche Industrie der Euronorm nach. Sie produziert entsprechende Geräte, denn sie will ja nicht vom Markt gefegt werden.

Widersprüche, Fallen und Fehler

Was ich bis jetzt nicht zu meiner Zufriedenheit klären konnte und wofür ich nun durch die Darstellung hier mir Hilfestellung durch Leserinnen und Leser erhoffe, ist der folgende Widerspruch.

Bereits in den 1980ern hieß es u.a. bei Feldmann[103], dass ein Spielgerät nicht absolut sicher sein muss. Weder ist das möglich, noch wäre es wünschenswert. Das erkennt auch das DIN an, darauf bezieht es sich ebenfalls. Ein Spielgerät muss nur innerhalb seines bestimmungsgemäßen Gebrauchs sicher sein. Ein Faktor der Gebrauchsbestimmung ist das Alter der Zielgruppe. Deshalb kann z.B. ein Spielgerät für die Altersgruppe ab 14 Jahren aufwärts gewisse Risiken als Gebrauchsanreiz und Herausforderung aufweisen, die für jüngere bzw. weniger geübte Kinder als zu gefährlich eingeschätzt werden müssen. Die Forderung lautet nicht, solche Geräte auf öffentlichen Spielplätzen zu verbieten, sondern den Zugang so schwierig zu gestalten, dass Kinder, die nicht zur Zielgruppe gehören, das Gerät nicht benutzen können.

Dieser recht alte Grundsatz gilt einerseits immer noch, wie in den DIN-Broschüren nachzulesen ist. Andererseits wird vorgetragen, er gelte nicht für die Spielgeräte, die für Kinder im Alter unter drei Jahren vorgesehen sind. Mit eben dieser Begründung erreichte man die Ausnahme von der Euronorm. Um Geräte sicherer zu machen, das heißt dem ausschließlichen Gebrauch älterer, kompetenterer Kinder zu genügen und beispielsweise zu verhindern, dass kleine Kinder eine zu große Rutsche benutzen, genügt es oft, die untere Stufe zu entfernen. Der notwendige Schritt bzw. die Kletterleis-

103 Feldmann, P. v.: Spiel und Recht. München 1980

tung für den Gebrauch der Rutsche ist zugleich Prüfstein für die Geübtheit der Kinder. Wer diese Prüfung meistert kann mit hoher Wahrscheinlichkeit auch die Rutsche gefahrlos benutzen. Das rät im Übrigen auch die Unfallkasse NRW. Um den Zugang zu erschweren sollen zwischen Bodenfläche und Auftrittsmöglichkeit eine Differenz von 40 cm liegen. Dazwischen liegende Stufen etwa sollen entfernt werden.

Wenn dies alles so klar und einfach zu regeln ist, warum wird dann erst ein solcher Popanz aufgebaut? Weiß jemand eine Erklärung? Die einzige, die mir zurzeit verfügbar ist, nenne ich vorbeugende Absicherung. Das DIN möchte die Spielgeräteindustrie schützen, weil man meint, dass die europaweit geltenden Normen überzogen sind:
Auf diese Weise wird den Herstellern von Spielplatzgeräten und den Aufstellern eine Verantwortung übertragen, die man allein durch technische Vorsorge nicht erfassen kann.[104]

Die Argumentation des DIN gründet auf einer Falle. Der logische Fehler steckt in der Konstruktion der Norm, in dem was mit ihr geregelt werden soll. Einerseits geht es um alle Spielgeräte. Sie müssen – relativ – sicher sein. Andererseits geht es um spezielle Spielgeräte, welche auf Spielplätzen stehen.

Hier steht die Falle. Man kann sie erkennen, wenn die Spielplätze in drei Kategorien unterschieden werden: öffentliche und private und die dazwischen. Mangels eines offiziellen Begriffes bezeichne ich sie als halböffentlich. Die öffentlichen Spielplätze sind die offenen, von allen nutzbaren, frei zugänglichen Orte, die dem Kinderspiel ausdrücklich gewidmet sind und auf denen meist Spielgeräte zu finden sind. Von den privaten Spielplätzen interessieren hier nur die in ungeteilter Verantwortung der Eltern als Aufsteller der Geräte im häuslichen Garten, nicht die gewerblichen Betreiber von Indoor-Spielplätzen oder ähnlichen, für die ein Eintrittsgeld zu entrichten ist.

Die Spielplätze in Kindertageseinrichtungen oder Heimen als Angeboten der Jugendhilfe bezeichne ich als halb-öffentlich, weil sie nicht frei zugänglich sind für jedermann bzw. alle Kinder, denn sie sind umfriedet und Zutritt hat im Prinzip nur, wer angemeldet wurde. Aber Zulassung und Betrieb dieser Spielplätze befinden sich auch in öffentlicher Verantwortung, das ist bei den kommunalen Einrichtungen besonders deutlich zu erkennen.

Weil es sich in beiden Fällen um Spielplätze handelt, die bestimmte Sicherheitskriterien erfüllen müssen und mit häufig denselben, auf jeden Fall aber normgerechten Spielgeräten ausgestattet sind, wird auch in aufsichtsrechtlicher Hinsicht nicht weiter unterschieden. Das ist falsch. Verkehrssicherungspflicht und Aufsichtspflicht dürfen nicht vermischt werden. Dies gilt, ob mit der Vermischung eine Kompetenzüberschreitung verbunden ist oder ob sie innerhalb der pädagogischen Verantwortung stattfindet.

Für Fragen der Aufsichtsführung sind weitergehende Überlegungen relevant. Öffentliche Spielplätze sind frei zugänglich, das ist ein entscheidendes Merkmal. Damit sind bestimmte Risiken verbunden, anderswo nicht.

104 Agde, G./Degünther, H./Hünnekes, A.: Spielplätze und Freiräume zum Spielen. Ein Handbuch für Planung und Betrieb. 3., vollständig überarbeitete und aktualisierte Auflage 2009. Berlin, Wien, Zürich, S. 188

Kinder unterschiedlichen Alters und Entwicklungsstandes halten sich dort auf, manche in Begleitung der Eltern, andere nicht; die Spielkonstellationen der Kinder (Gruppen) entstehen zufällig; völlig fremde Personen haben Zugang auch zu Zeiten, bei denen keine Kinder anwesend sind; Hunde und andere Tiere können dorthin gelangen. Mit anderen Worten sind öffentliche Spielplätze für Kinder ein unsichereres Terrain im Vergleich zu halb-öffentlichen Spielplätzen, weil sie mehr Unwägbarkeiten aufweisen. Mindestens ein weiterer Gesichtspunkt kommt hinzu. In der Regel können junge, ungeübte Kinder nicht gefahrlos dorthin gelangen. Zu gefährlich ist der Straßenverkehr, zu ungewiss ist, ob das Kind ankommen würde. Es ist daher wahrscheinlich, dass ein Kind unter drei Jahren nicht allein einen öffentlichen Spielplatz in der Nachbarschaft aufsuchen darf. Es wird also vermutlich dorthin begleitet. Auf dem Spielplatz spielt es, die Begleitperson setzt sich irgendwo hin, liest, oder macht irgendetwas anderes. Ob das Kind jederzeit im Blick ist oder nicht, entscheidet allein die Aufsichtsperson nach ihren eigenen Vorstellungen.

Demgegenüber ist ein halb-öffentlicher Spielplatz einer Kindertageseinrichtung etwas völlig anderes. Ein Spielplatz in einer Kindertageseinrichtung gleicht vielmehr einem zu Haus. Man braucht nicht erst dorthin zu gehen, Wohnzimmertür auf und raus, reicht völlig aus. Wie zu Haus, wenn man eins hat, kann es heißen: »Geh raus spielen!« Die Geräte sind geprüft, das Gelände bekannt. Unbefugte halten sich dort nicht auf, auch von daher droht den Kindern keine Gefahr.

Es gibt im Hinblick auf die Aufsichtspflicht mit Sicherheit einen Unterschied, nämlich die Anzahl der Kinder. Die Größe der Kindergruppe und ihre Zusammensetzung sind ja Kriterien, die beachtet werden müssen (siehe S. 76f.). Ein weiteres Kriterium für die tatsächliche Aufsichtsführung hängt bereits mit der pädagogischen Konzeption zusammen. Es ist die Frage, ob sich die Kinder gegenseitig kennen und wie das in Bezug auf die Erzieherinnen ist. Werden die Kinder in geschlossenen Gruppen gehalten, kennen sie die Nachbarerzieherin nur wenig und diese die Kinder auch kaum, muss die Aufsicht anders organisiert werden als bei einer offenen Konzeption. Vergleichbares gilt ja, wenn die Kinder nur zum halbstündigen täglichen Freigang an die Luft kommen, im Gegensatz etwa zu einem anregungsreichen, naturnahen Freigelände, das als zentraler pädagogischer Ort der Selbsttätigkeit, Selbstständigkeit und freien Entfaltung der Kinder dient. Als Schlagwort: der Waldkindergarten als Vorbild.

Zu Haus sind die Eltern aufsichtspflichtig, in der Kita die Fachkräfte jeweils nach den gleichen Grundsätzen, jedoch nach verschiedenen Maßstäben. Wie es sich gehört, gestalten Eltern hie und Erzieherinnen dort die Aufsicht in eigener Verantwortung, das heißt auch in eigener Entscheidung darüber, wer wann wo mit wem was wie lange spielen darf.

Drei Fehler haben sich in die DIN-Broschüren in Sachen Aufsicht eingeschlichen. Argumentiert wird, dass in Kindertageseinrichtungen höhere Anforderungen an die Aufsichtsführung als z.B. in offenen Einrichtungen gelten, weil die Kinder den Erzieherinnen bekannt sind. Zwar ist richtig, dass z.B. auf pädagogisch betreuten Spielplätzen andere Voraussetzungen und andere Erfordernisse für die Aufsicht und die Verkehrssicherungspflichten zu berücksichtigen sind (siehe S. 115ff.), doch ist es ja gerade die genaue Kenntnis der einzelnen Kinder und ihres Verhaltens im Zusammensein mit anderen, die gewisse Spielräume des freien unbeobachteten Spiels eröffnet.

Die Kenntnis der Kinder und die Einschätzung ihrer Fähigkeiten sind wichtige Kriterien der Aufsicht. Wenn eine Erzieherin ein Kind überhaupt noch nicht kennt, muss sie seinen Freiraum enger ziehen, als wenn sie schon zwei oder drei Jahre seine Beziehungsperson ist. Die Vorteile begünstigen eindeutig die Erzieherinnen in den Kindertageseinrichtungen.

Ein weiterer Fehler taucht immer wieder auf. Es ist das Missverständnis, dass die Aufsichtspflicht einzig oder nur vorrangig unter Sicherheitsaspekten zu bewerten und zu diskutieren ist. Nein, man kann durch zu enge Aufsichtsführung genauso gegen die Verpflichtungen verstoßen wie durch zu nachlässiges Verhalten. Das pädagogische Ziel der freien Entfaltung darf nicht verloren gehen.

Ein letzter Fehler in der Argumentationslogik scheint unausrottbar: Aufsicht ist Blickkontakt. Manchmal trifft das zu. Meist nicht. Die Art der Aufsichtsführung bemisst sich nach vielen Faktoren. Die Palette der Überwachung von Kindern ist vielfältig. Eine Einschätzung dessen, was notwendig und angemessen ist, steht einzig und allein der aufsichtspflichtigen Person zu. Sie trägt die Verantwortung. Niemand kann und darf sie ihr abnehmen. Niemand darf vorgeben, durch ein ganz bestimmtes Verhalten ist alles bestens geregelt. Damit werden Aufsichtspflichtige in die Irre geleitet. Deshalb sind die pauschalen Aussagen in der DIN-Broschüre und der Unfallkasse hierzu letztlich als gefährlich anzusehen.

Aufsichtspflicht heißt nicht, Kinder ununterbrochen beobachten zu müssen. Aufsichtspflicht heißt:

- wissen, wo Kinder sich (ungefähr) aufhalten,
- wissen, was sie (wahrscheinlich) tun,
- damit sie sich und anderen keinen Schaden zufügen,
- auf jedes Kind achten.

Fach- und andere Kompetenzen, Motive und Interessen

Zu den Verfassern der DIN-Broschüren gehören Juristen und Landschaftsplaner. Die fehlerhafte Darstellung verschiedener Sachverhalte ist mir nur erklärlich, wenn ich bestimmte Interessen unterstelle.

Weil nicht alles, was gesetzeskonform ist, zugleich auch mit den Interessen der Versicherung konform ist (siehe S. 129), versuchen die Unfallkassen gern ihr generelles Interesse, möglichst wenige Schäden kompensieren zu müssen, durchzusetzen und greifen ebenfalls in fremde Kompetenzen ein. Meinungsäußerungen zu einer bestimmten Vorstellung von Aufsichtsführung, die in gewisser Weise als Anregung und zur Überprüfung dienen könnten, werden unversehens als Vorgaben und Vorschriften dargestellt. So wird der pädagogische Auftrag der Kindertageseinrichtungen missachtet.

Pädagogische Multiplikatoren können dem entgegentreten, können die Einflüsse filtern, können für Unterstützung und Orientierung der pädagogischen Praxis sorgen. Leider geschieht oft das Gegenteil. Das Hauptanliegen, so wird argumentiert, sei das Wohlergehen der Kinder, ihrem Schutz und ihrer Sicherheit müsse sich alles unterordnen. Auch das ist falsch, denn selbstständige Kinder sind sicherer als Verbote und Einschränkungen (siehe S. 24). Hinzu kommt, dass Erzieherinnen durch falsche Informationen, denen die Fachleute in den eigenen Reihen nicht widersprechen, desorientiert und verunsichert werden. Desorientierende Vorgaben führen in aller Regel zu Unsicherheit, die von den Erzieherinnen auf die Kinder übertragen wird. Unsicherheit wird mitunter durch Rigidität kompensiert, mit wieder der Folge, dass Kinder eingeschränkt werden. Führt Desorientierung ausnahmsweise nicht zu Rigidität, sondern zu Leichtsinn, leiden die Kinder erst recht.

So kann der Weg zur Sicherheit der Kinder mit Sicherheit nicht aussehen. Wozu dient das dann? Zu den vermuteten Interessen gesellt sich das Motiv der Absicherung. Statt wirklich Sicherheit für und mit Kindern zu suchen, trachten Erwachsene nur nach persönlicher Absicherung. Risiko, nein danke! Wenn nichts passiert, sieht es so aus, als hätten sie ihre Arbeit gut gemacht. Dann brauchen sie sich nicht zu verantworten. Ärgerlich, aber immerhin nachvollziehbar, wenn Absicherungsexperten dies anstreben.

Ärgerlicher jedoch finde ich, wenn Fachkräfte der öffentlichen Erziehung da mitmachen, dies unterstützen oder gar verstärken. Warum machen die das: Lassen sich ins Bockshorn jagen, fragen weder nach der Qualität (Gesetz oder Meinungsäußerung?), noch nach den Quellen von Informationen, holen keine Gegenmeinung ein, schränken lieber Erzieherinnen ein, als mutig mit gesundem Menschenverstand selbst Position zu beziehen? Und warum vergessen sie darüber ihren Arbeitsauftrag? Nun richte ich meine Fragen offensichtlich an Leserinnen und Leser dieses Buches, das heißt an Menschen, die sich für eine andere Sichtweise interessieren. Über Sie freue ich mich, es sind die anderen, die mir Sorge bereiten.

Niemand wird gezwungen, unsinnigen Vorgaben bedingungslos zu folgen, egal wie massiv sie vorgetragen werden. Jeder kann weitere Informationen einholen, z.B. in den zitierten Broschüren weiter lesen. Niemand muss ängstlich auf die einschränkenden Passagen starren und dort verharren. Man kann lesen und nachfragen, wie denn solche Sätze zu den Einschränkungen passen: Nicht unsere Spielräume sind gefährlich, sondern unerfahrene, ungeübte, unwissende Kinder. Oder wie die Einschränkungen mit der Feststellung übereinstimmen, dass die freie Natur wohl der beste Spielplatz wäre, wenn es sie noch gäbe, denn: *Eigentlich müssten somit alle Gefahren und Risiken, die wir in der ungeplanten Natur vorfinden, auch in gestalteten Spielräumen zulässig sein...*[105] Eigentlich – da liegt schon die erste Einschränkung. Nur weil etwas künstlich geschaffen werden muss, sollen Menschen gezwungen sein, für höhere Absicherungsmaßnahmen als im Original zu sorgen? Merkwürdig.

Ein letztes Beispiel. Ab Seite 266 der eben zitierten DIN-Broschüre erhält man in einem Tabellenvergleich zwischen beaufsichtigten Flächen und öffentlichen Flächen die Maßstäbe und Rechtsgrundlagen für die Sicherheit am Beispiel des Landes Rheinland-Pfalz. Bezeichnenderweise werden genannt: die Vorschriften der Gesetzlichen Unfallversicherung nach SGB VII, die Unfallverhütungsvorschriften, Normen und Gerichtsurteile. Nicht aufgeführt werden das SGB VIII, das Kindertagesstättengesetz oder das Schulgesetz. Diese Rechtsgrundlagen erscheinen hier nicht einmal als Maßstab, geschweige denn als Orientierung. Niemand aber braucht Sicherheit als Selbstzweck.

Thomas Mörsberger war Leiter des Landesjugendamtes Baden, als er das Verhältnis von Pädagogik und so genannten Sicherheitsnormen beschrieb und die Kompetenzbereiche erklärte. Sinngemäß:

105 Agde, G./Degünther, H./Hünnekes, A.: Spielplätze und Freiräume zum Spielen. Ein Handbuch für Planung und Betrieb. 3., vollständig überarbeitete und aktualisierte Auflage 2008. Berlin, Wien, Zürich, S. 13

Das Landesjugendamt ist die Behörde, die befugt ist, Betriebserlaubnisse zu erteilen. Brandschutz- und andere Experten helfen uns, unsere Entscheidungen zu treffen. ABER die Entscheidungen treffen wir! Wir haben die Verantwortung über die Sicherheit/Zulässigkeit der baulichen und sonstigen Gegebenheiten und nehmen sie wahr – ob es den Vertretern der anderen Disziplinen passt oder nicht. Wenn wir allen Absicherungswünschen nachkommen würden, könnte der pädagogische Auftrag nicht erfüllt werden, dann müssten wir die Einrichtungen schließen. Wir treffen die Entscheidung in Abwägung der Gesamtsituation.

Darum befragen Sie bitte sehr intensiv und genau die Vertreter der Unfallkassen und alle sonstigen Absicherungsexperten. Fordern Sie sie durch Nachfragen heraus. Fragen Sie: »Mit welcher Befugnis tragen Sie Ihre Bedenken vor? Wie und womit begründen Sie ihre Position? Wo steht das?« Bitten Sie um einen rechtsmittelfähigen Bescheid zu der mündlich geäußerten Auflage. Klären Sie die Kompetenzbereiche der Beteiligten. Sichern Sie allen die ihnen zustehenden Entscheidungskompetenzen. Entscheiden Sie selbst fachkompetent in Ihrem Bereich. Und denken Sie bitte stets daran:

Verordnungen, Richtlinien oder Auflagen, die dem Auftrag der Kita widersprechen, den Betrieb behindern und den Sinn der pädagogischen Veranstaltung »Kindertagesstätte« außer Kraft setzen, müssen nicht eingehalten werden. Sie mögen »in sich richtig« sein, aber sie sind insofern irrelevant, als ihre konsequente Einhaltung letztendlich die Schließung der Einrichtung bewirken würde. Das kann nicht der Sinn solcher Vorschriften sein. Sie dienen – ebenso wie die Aufsichtspflicht – nur dazu, dem pädagogischen Auftrag zu entsprechen und nicht ihn zu verhindern. Hierzu müssen immer wieder Auseinandersetzungen auf allen Ebenen geführt werden...

Das Prinzip der Auseinandersetzung mit dem immer neuen Versuch der Klärung von Sachverhalten zieht sich wie ein roter Faden durch sämtliche Rechtsfragen...

Das Wesen der Pädagogik ist die Auseinandersetzung, um Entwicklungen zu ermöglichen und gemeinsame Wege gehen zu können.106

106 Mörsberger, T./Prott, R.: »Geht das denn überhaupt?« Rechtsfragen bei der Entwicklung der Kindertagesstättenarbeit. In: Senatsverwaltung für Jugend und Familie Berlin: Perspektiven der Kindertagesstättenarbeit – Handlungsmöglichkeiten des Jugendamtes. Berlin 1994, S. 52

Kindertagesheim
der Ev. Gemeinde der Friedenskirche
Zutritt nur für Angehörige des
Kindertagesheimes

Der Autor

Roger Prott (Dr. phil., Diplompädagoge, Diplomsozialpädagoge und Erzieher) arbeitet als Bildungsreferent und Autor. Er besitzt praktische Erfahrungen in der Kleinkindpädagogik (Krippenerzieher) und Leitungserfahrung als Träger von mehr als 60 Kindertageseinrichtungen. Zu seinen Veröffentlichungen zählen das »Rechtshandbuch für Erzieherinnen«, »Chefsachen – ein Leitungs-ABC«, »12 Prinzipien für eine erfolgreiche Zusammenarbeit von Erzieherinnen und Eltern«. Roger Prott ist Mitautor der Kita-Bildungspläne in Berlin und im Saarland sowie Mit-Herausgeber von deren englischer und italienischer Adaption »Bridging Diversity: an Early Childhood Curriculum« bzw. »Integrare la diversità«. Zuletzt entwickelte er das Evaluationskonzept für die »Grundsätze elementarer Bildung« in Brandenburg und veröffentlichte eine Neubearbeitung von »Mit Krippenkindern unterwegs« im Videoformat auf DVD.

Als Bildungsreferent bietet Roger Prott zurzeit überwiegend Seminare in folgenden Themenbereichen an: »Pädagogische Arbeit mit Kindern unter drei Jahren«, »Leitung, Führung & Organisation«, »Konzeptionsentwicklung«.

Kontakt: www.rogerprott.de

Quellenverzeichnis

Pädagogik, die Kunst mit Risiken umzugehen – nicht sie zu vermeiden. Erstveröffentlichung in: KINDER in Europa, Ausgabe 19. Beilage zu Betrifft KINDER. Heft 10/2010

DIN Quichotte. Erstveröffentlichung in: Betrifft KINDER. Heft 3/2011

»Stadtluft macht frei« – Mit Kindern unter drei die Stadt entdecken. Erstveröffentlichung in: Theorie und Praxis der Sozialpädagogik. Heft 4/1988

Utopie und Wirklichkeit – getrennt durch das Damoklesschwert Aufsichtspflicht? Erstveröffentlichung in: Theorie und Praxis der Sozialpädagogik. Heft 2/1989

In der Regel ungeeignet! Über den üblichen Umgang mit der Aufsichtspflicht. Erstveröffentlichung in: Theorie und Praxis der Sozialpädagogik. Heft 4/1998

Für Kinder gefährlich ... sind Erzieherinnen, die ängstlich auf Vorschriften starren. Erstveröffentlichung in: Theorie und Praxis der Sozialpädagogik. Heft 5/2005

Was wir nicht wollen, dürfen wir nicht! Aufsichtspflicht – Ohnmacht oder Ausrede? Verfasst mit Gerd Harms. Erstveröffentlichung in: Welt des Kindes. Heft 3/1986

»Ein Paragraph muss her!« Erstveröffentlichung in: klein & groß. Heft 3/1999

Pädagogischer Auftrag und Aufsichtspflicht der Kindertageseinrichtungen. Verfasst mit Simon Hundmeyer. Erstveröffentlichung in: Zentralblatt für Jugendrecht. Heft 6/2005

Alle anderen Beiträge wurden neu geschrieben (Pädagogische Arbeit und Aufsichtspflicht in anderen pädagogischen Arbeitsfeldern) bzw. vollständig überarbeitet. Aus: Prott, R.: Rechtshandbuch für Erzieherinnen. 7. Auflage, Weinheim, Basel, Berlin 2001

Anhang

zum Abschnitt: Pädagogik und Recht/ Recht und Pädagogik, S. 21

(Viele Vorschriften und Dienstanweisungen sind praxisfremd. Der nachfolgend auszugsweise abgedruckte Entwurf soll den Un-Sinn solcher Regelungen im Allgemeinen und weitreichender Vorschriften im Besonderen verständlich machen. Wem könnte ein solches Gesetz nutzen?)

Entwurf eines Gesetzes über die Aufsichtspflicht in Kindergärten und Kindertagesstätten

§ 1: *Jede Mitarbeiterin in Kindergärten bzw. Kindertagesstätten ist für jedes sich in ihrem Einflussbereich befindliche Kind aufsichtspflichtig.*

§ 2: *Zu den Aufgaben nach § 1 gehören im engeren Sinne die Sicherstellung der körperlichen und geistigen Unversehrtheit der zu beaufsichtigenden Kinder sowie deren möglicherweise Dritte schädigenden Handlungen.*

§ 3: *Das Maß der Aufsichtspflicht bestimmt sich unter Berücksichtigung der kindlichen Freiheits- und Entwicklungsbedürfnisse ausschließlich nach Maßgabe dieses Gesetzes. Demnach ist sicherzustellen,*

a) dass alle Kinder im Alter von null bis zwei Jahren niemals allein, das heißt ohne Erwachsene im Umkreis von ca. 2 m bleiben dürfen;

b) dass Kinder von zwei bis drei Jahren zur Förderung der Kindergartenreife pro Tag eine halbe Stunde in Sichtkontakt (ca. 15 bis 20 m) ohne direkte Zugriffsmöglichkeiten der Betreuungsperson bleiben müssen;

c) dass sich Kinder im Alter von drei bis fünf Jahren ca. 30 bis 60 Minuten täglich allein, das heißt ohne Sicht- höchstens in Rufkontakt in der Einrichtung aufhalten müssen. Zusätzlich ist für diese Altersgruppe sicherzustellen, dass alle Kinder täglich auf Gegenstände (wie Bäume, Spielgeräte etc.) klettern müssen, die mindestens doppelt so hoch wie das jeweilige Kind sind;

d) dass sich Kinder im Vorschulalter täglich mindestens halbstündlich allein außerhalb der Einrichtung und des Geländes aufhalten müssen, um eine selbstständige Gewöhnung an den Straßenverkehr zur Vorbereitung des Schulweges zu gewährleisten. Der Umgang mit spitzen Scheren, Werkzeug sowie Feuer ist in der Regel unbedenklich;

e) Hortkinder unterliegen nur noch beschränkter Aufsichtspflicht, weil sie ohne das Kindertagesstättenangebot und bei berufstätigen Eltern auch ansonsten tagsüber der Aufsicht entbehren würden. Somit ist ausschließlich sicherzustellen, dass andere Personen und deren Vermögen durch Hortkinder nicht zu Schaden kommen.

f) In altersgemischten Gruppen ist dem Alter der Kinder jeweils Rechnung zu tragen gemäß obigen Ausführungen.

§ 4: *Unbeschadet der Aufsichtspflicht haftet grundsätzlich der Träger bei schadhaften Bau- und Ausstattungsteilen.*

§ 5: *Die Beweispflicht trifft den Geschädigten.*

Der Landesbeauftragte für Aufsichtsfragen